本书系湖南省教育厅重点课题（项目编号：16A085）、湖南省哲学社会科学课题（项目编号：14YBB039）、国家旅游局"万名旅游英才计划"项目（项目编号：WMYC20151032）的阶段性研究成果。

寻找理想与深度在场

论旅游者的"地方感"

周慧玲 王爱娥 著

中国社会科学出版社

图书在版编目（CIP）数据

寻找理想与深度在场：论旅游者的"地方感" / 周慧玲，王爱娥著．
—北京：中国社会科学出版社，2017.5
ISBN 978 - 7 - 5161 - 9149 - 1

Ⅰ.①寻…　Ⅱ.①周…②王…　Ⅲ.①旅游心理学　Ⅳ.①F590 - 05

中国版本图书馆 CIP 数据核字（2016）第 252519 号

出 版 人	赵剑英	
选题策划	刘　艳	
责任编辑	刘　艳	
责任校对	陈　晨	
责任印制	戴　宽	

出　　版	中国社会科学出版社	
社　　址	北京鼓楼西大街甲 158 号	
邮　　编	100720	
网　　址	http://www.csspw.cn	
发 行 部	010 - 84083685	
门 市 部	010 - 84029450	
经　　销	新华书店及其他书店	

印　　刷	北京明恒达印务有限公司	
装　　订	廊坊市广阳区广增装订厂	
版　　次	2017 年 5 月第 1 版	
印　　次	2017 年 5 月第 1 次印刷	

开　　本	710×1000　1/16	
印　　张	15.75	
插　　页	2	
字　　数	253 千字	
定　　价	77.00 元	

前　言

　　目前，我国正处于经济转轨、社会转型的特殊历史时期，旅游业被纳入国家战略，成为促进消费、提升人民幸福感的重要抓手，"促进消费"是旅游业经济性的体现，而提升人民幸福感则是旅游业的社会性和文化性的表现，当前形势下，我们要比以往任何时候更注重旅游业的"社会性和文化性"。旅游如何让人们更幸福这一问题必然要求旅游学者们将研究目光转向旅游者的心理，在旅游人地关系中寻求获取幸福的途径。探究旅游者的地方感理论有助于解答这一问题，这正是本书写作的背景。

　　人对地方存有情感是一个广泛存在的客观现象，在旅游情境中，旅游者对旅游目的地的情感也多可见，这种感情可以表现为旅游者在游前对某类旅游目的地"向往"的情结，在游中的深度体验和游后对旅游目的地的恋恋不舍上，无论是何种形式，均可归结为一种对"自我"的寻求与呵护。本书共分六章，前三章结合心理学和哲学相关知识，在对相关文献和理论进行梳理后，基于"朝向事物本身"的现象学原理，提出旅游者地方感的理论框架。在本书的后三章里，顺次介绍了旅游情境下的地方意象、地方认同和地方依恋相关理论。"地方意象"是旅游者地方感产生的源泉，旅游者的"自我"与地方意象相互嵌套，"诗意"地成为一个整体，共同演绎旅游者的地方感。地方认同和地方依恋是旅游者地方感的两种表现。地方认同贯穿于旅游前、旅游中和旅游后的全过程，在行为上表现为"寻找理想"，实际上是对理想本身的一种追寻。地方依恋在旅游者的实际旅游行为发生后才产生，行为上表现为在旅游目的地的"深度在场"。同时，在全书中穿插了有关旅游偏好、旅游地广告效应、情感、认知差距与地方依恋的关系等几个实证研究，将质性与量化研究方法结合起来，以质性研究为主，以量化研究为辅，试图将旅游者的地方感完整地展现于读者面前，期盼有幸能得到读者共鸣。在学术上，希冀能为旅游人地关系理论的建设贡献微薄之力，成为旅游心理学研究的一个有益补充。

　　本书是作者近十年来持续关注旅游者地方感这一话题的心血之作，在完成即将付梓之时，真诚地感谢给予我们无私帮助的那些良师益友：感谢湖南师范大学许春晓教授的点拨，促使作者在学术上不断成长；感谢北京大兴县旅游局焦深海先生在资料搜集上的帮助；感谢四川省都江堰市旅游局唐前松先生在问卷调查时所提供的鼎力支持；感谢中南大学何伟博士、湖南科技学院蒋亚军教授在数据处理上给予的尽心指导！

　　尽管我们对本书的内容进行了多次修改，但不妥甚至不当之处依然还是难以避免，诚恳地欢迎旅游学术工作者的批评指正，敬请读者提出宝贵意见。

周慧玲　王爱娥

2016 年 6 月 15 日

目　　录

第一章　绪论

一　地方感现象及其实践

"人非草木，孰能无情。"人是理性的存在，亦是感性的存在。人的思想、言论、行动，不仅受理性支配，而且为情感所影响，甚至被情感左右。从哲学层面上讲，情感是人对所感受对象的主观体验，是人的需要得到满足与否的反映。情感是人性的重要组成部分，是人的本质和力量之一。人类的伟大之处也往往体现在情感超越于理性的价值判断，因为有情感，我们深爱着那些有血缘关系的人。同时，也对毫无关联的人奉献着爱心；因为有情感，我们小心珍藏着那些爱着的人的物件，哪怕只是一张照片、一缕头发；因为有情感，我们念念不忘那片故土；因为有情感，我们希冀儿时和光屁股的小伙伴下塘捉泥鳅的场景能够重现。诸如此类，不胜枚举。对人、对事、对物、对地，情感的对象如此泛化，情感的内容如此丰富，以至于我们只能挂一漏万，管窥其一。

"为什么我的眼里常含泪水，因为我对这土地爱得深沉。"诗人艾青用这样直接、浓烈的抒情方式表达了对地方之爱，激荡灵魂，震撼人心。为什么能引起我们的共鸣？是因为我们感同身受，我们深陷于"举头望明月，低头思故乡"的情境，思量着"春风又绿江南岸，明月何时照我还"的时限，好不容易等来归乡，却又陷入"近乡情更怯，不敢问来人"的困惑，"思乡"就是这样一个真实存在的现象且又是亘古不变的话题。问题接踵而至，除了家乡，我们是否还对别的地方有感情呢？答案是肯定的："千里莺啼绿映红，水村山郭酒旗风。南朝四百八十寺，多少楼台烟雨中。"杜牧的这首《江南春》诗中所描写的景色，在空间上属于江

· 1 ·

南，在时间上限于春季，诗人一开始就动用了"千里莺啼"的听觉，随后用视觉见到了绿叶丛中，姹紫嫣红，酒旗到处迎风招展，楼台佛寺随处可见，使得地方感鲜明突出。如果说上述诗歌对地方的描述停留在感性认识上的话，那么还有一种更为深厚的情感值得一提："客舍并州已十霜，归心日夜忆咸阳，无端更渡桑乾水，却望并州是故乡。"唐代诗人刘皂的《渡桑乾》前两句写久客并州的思乡之情，后两句描写的是十年之后，更渡桑乾，返回到家乡咸阳，却又怀念起并州来。在"无端更渡"以后，"忆咸阳"和"望并州"在作者心里，究竟哪一边更有分量，难以判断，这也是每一个有久客还乡生活经验的人的共同心理。"千山鸟飞绝，万径人踪灭，孤舟蓑笠翁，独钓寒江雪。"柳宗元谪居永州，十年一心想再返长安，永州的山水在他眼里便只是孤独。一地久居，便有了感情，尽管有时难以区分到底是"依稀是故乡"之爱还是"千万孤独"之愁苦，人对不仅仅是故乡的居住地存在感情已毋庸置疑。那么，人对没有去过的地方有无情感呢？也是有的。东晋诗人陶渊明臆造了一个和平宁静、没有压迫的理想世界桃花源。不仅寄托了作者的政治理想，还表达了其忧国忧民的深厚情感，留下了《桃花源记》的名篇佳作，引来景仰者甚多。佛教中的西方极乐世界、基督教中的天堂等都是信徒们没有去过的地方，但是，他们却虔诚地顶礼膜拜着，并希冀自己有朝一日能到达这些魂牵梦绕的地方。因此，地方是多么的神奇而且迷人，它充满着深沉的爱、沉重的悲哀和巨大的慰藉，它交还我们身为大地之子与生俱来的权利，使我们归化于人间又超越于人间。

人们已对地方感经验进行实践应用，其中尤以在建筑设计领域用得最为多见，德国柏林的犹太人博物馆就是一个优秀的案例。在这里，你看不到太多枯燥的文字和晦涩的图片，取而代之的是建筑，建筑师用建筑这样一种作品承担起无声的解说员的责任。当你置身于这样一个空间，触及对比强烈的光影，不规则的线条和图形，让参观者不由自主地产生对这个苦难民族的同情和对战争的厌恶，激发人们对美好生活的向往。那么，建筑师丹尼尔·里伯斯金（D. Libeskind）又是怎么做到让建筑自己讲故事从而让参观者产生以上的那些情感的呢？首先，在外观设计上，如图1-1所示，用连贯锯齿闪电形、幅宽被强制压缩的长方体建筑，使参观者一看到便产生生命被压迫、想要反抗的欲望。图1-2

的外立面上刻上了许多犹太名人，在墙壁上留下一道道像伤口一般的线条连接着这些人名，使人感受到犹太人所遭受到的苦难。图1-3的

图1-1　外观

图1-2　外立面

图 1-3　屠杀塔

"屠杀塔"呈不规则四边形，四面墙壁向中间收紧，只有上方一个光源，每一个游客走到塔中，都会向空中凝望，看到的是遥不可攀的光明，纪念塔中空无一物，映射到参观者的内心也空荡荡的。图 1-4 的"毒气室"高而狭窄，只有在极高处，有道垂直的狭缝泄漏进一线光亮，人处于这个空间，一如在一口深井底部，可以清晰地感受到那种被关在毒气室中，等待死亡的绝望。图 1-5 的"流亡之轴"，墙壁上只有线条状的开缝能射入一些光来，走在这样的甬道中，让人不由自主地想扒开那些线条状的窗户，户外便是四周包围着水泥墙的倾斜的花园，即便是花园也不令人产生多么美好的感觉，但是至少在花园里，能见得到更多的光亮，因而还是让身处囚笼的人向往，这样的空间，让参观者体会到犹太人当时的艰难处境。图 1-6 是一件名叫"秋之落叶"的现代艺术品，步入这空荡的空间后，只见地板上满满地铺叠着整整 10000 个圆形的铁铸人脸，人脸直径大小如一个手掌，张口瞪目，似呆还怨，仿佛一个个

图 1-4　毒气室

呐喊的灵魂，游客踏步其上，人脸交叠碰挤发出声音，一步一呻吟，一步一心悸，试图唤醒人们对柏林历史中犹太人被消弭而去的记忆。

中国古典园林设计也是利用人们地方感经验的典范，在造园艺术上师法自然，主要包含两层内容：一是总体布局、组合要合乎自然。山与水的关系以及假山、涧、坡、洞等各景象因素的组合，要符合自然界山水的生成规律。二是每个山水景象要素的形象要合乎自然规律。如假山峰峦是由许多小的石料拼叠合成，叠砌时要仿天然岩石的纹脉，尽量减少人工拼叠的痕迹，水池常作自然曲折、高下起伏状，花木布置应是疏密相间，形态天然。在必须要用建筑来分隔空间时，也力求突破园林实体的局限性，使之融于自然，表现自然，参观者身处其中，仿佛身处大自然，产生"天人合一"的审美体验。至此，人对地方（无论是否居住，真实或虚构）存有感情已清晰可辨，且地方感的经验已被实践应

图 1 - 5　流亡之轴

图 1 - 6　秋之落叶

用，并在不断的探索中，"地方感"的确是一个值得进一步去研究的客观现象。

二 旅游者的地方感真实存在

21世纪是旅游大众化全面开启的时代，这意味着，经过旅游这一人地交互式活动，越来越多的人会与家乡以外的其他地方产生某种情感上的联结。为了更好地描述"旅游者的地方感"这一广泛存在的客观现实，本书的第一作者以普通旅游者的身份阐述本节内容。

（一）自我讲述

我是一个典型的普通人，在小城永州生活至今。高中的时候，和所有同龄人一样，我迷恋上了金庸的武侠小说，"上关风，下关花，苍山雪，洱海月"，这是金庸在《天龙八部》里对云南大理的描述。一看到这样一个"风花雪月"的人间仙境，我便念念不忘，多年来一直心向往之，终于在工作后得以成行，一偿夙愿。

我的姨父早年在西藏林芝驻守边疆，90年代的一个夏天，我有幸陪同我的姨母和她5岁的女儿去探亲，那时的我也才不过19岁。我们从永州坐火车来到成都，再从成都乘坐西南航空公司的飞机来到拉萨，接着转乘公共汽车到达林芝。三个女性辗转了几千里，来到了四周都有白雪皑皑的山体围绕着的营地。在这里，到处都生长着野生当归，只要一出门，就可以用一把钥匙挖取当归；在这里，姨父带我到当地老百姓家里穿藏服、喝青稞酒、品酥油茶；在这里，从山上倾泻而下的水，是那么的冰凉而纯净，站立在这样的水里，一如进入"无人之境"；在这里，我第一次与军人近距离地接触……如今，于我来说，路途的疲惫、环境的不适应、因高原氧气稀少导致被磨破的脚迟迟不愈合、或多或少的高原反应统统无法割裂内心的这段美好回忆。二十多年过去了，对于这趟西藏之行，我甚至还记得我每天穿着什么样的衣服！多年来身在旅游行业，出行已成习惯，没有哪一次能比得上19岁的那趟入藏令我记忆深刻。并盘算着，有朝一日我还得再去一次。

孩子 6 岁以后，便可以带他去旅游了，孩子的喜好成了选择目的地的一个重要影响因素。孩子每次在回答去哪里玩的时候，总会说，到有水的地方玩，有水的地方就让我开心！亲水可能是小孩子的天性，因而，每年的暑假我都在为寻找有水的地方煞费苦心。海边、温泉以及水上乐园，虽然地方不同，但亲水的实质内容却相同。因为孩子要去这些地方，作为母亲，我也必须要去，因为孩子快乐，所以这些地方也令我快乐！

如果说去大理是我的情愫，发自内心的追寻，从朦胧到成行，才一了心愿。那么西藏之行便是我的情结，厚重绵长，深存记忆，犹如一坛陈酿，一旦开启便浓香四溢。到有水的地方便快乐，是因孩子乐而乐，这是一种喜于外形的情感。这些"非家乡"之地，终究能激发一些别样的感情，使得旅游更有意义，人生更完满。

（二）由己及人

"人同此心"，这些现象在"他者"身上也同样存在。我的一个女学生，体质羸弱，却在一年的暑假过后，我惊讶地得知，她刚刚和她的男朋友完成了"骑行西藏"，我不敢相信，马上找到她询问原因，她告诉我，骑行西藏是她的梦想，她一直想到这样一个离天堂最近的地方去看看，她的男朋友为了完成她的梦想，一路陪同。经过这样一件事情，他们的感情更深厚了。西藏，终究有怎样的魔力，值得人们筚路蓝缕地追寻？在旅游博客、旅游攻略等记叙旅游活动的网页上，我们经常可以看到这样的字眼："早就想到某地了"。这样的句子，是否意味着这个地方，在没有来之前就已经深植于人心，激发了人的情愫，引发了向往，才有这趟行程？更有无数的父母为了寻一处地方绞尽脑汁，这些地方的某些特质或功能能让孩子快乐，旅游者的地方感在"自我"和"他者"身上都如此真实，因而值得我们做进一步的研究。

为认识旅游者的地方感，我于早年组织 5 位调查人员开展了一次访谈调查，访谈提纲如下：1. 人口学背景：性别、年龄和职业；2. 是否对某地有某种感情；3. 这个地方是否是家乡；4. 这种感情产生的原因；5. 是否去过这个地方；6. 如果去过，是否去过多次；7. 如果没有去

过，是否想去这个地方，问卷调查表详见附录 A。访谈对象共计 252
人，其中男性 133 人，女性 119 人，年龄从 10 岁到 70 多岁不等，其
中，表示自己对某地没有感情的仅 23 人，也就是说，有 229 人即
90.8% 的访谈对象表示对某地存在某种感情，这其中还包括了 34 人表
示这个有感情的地方是自己的家乡，这不在本研究的讨论范围之列，因
此，去掉无地方感和仅对家乡有地方感的样本，有 195 个有效数据，占
总样本数的 77.4%，其中，92 人为女性，103 人为男性，10—20 岁的
30 人，21—30 岁的 110 人，31—40 岁的 14 人，41—50 岁的 21 人，
51—60 岁的 13 人，61—75 岁的 7 人，也就是说，有超过一半的访谈对
象认为，自己对除了家乡以外的某地存在某种感情，并且跨越了各个年
龄层次，更令人感兴趣的是，有 82% 的人承认他并没有去过这些他们
认为有感情的地方，这其中 100% 的人都表示，如果有机会会去这些地
方。因此，旅游者对某地存在一定的感情，是一个普遍存在的现象，这
个结果也令旅游工作者感到兴奋，如果一个旅游目的地能有效地对接旅
游者的地方感，从而获得更多的忠实游客，这将有助于旅游目的地的
"人情化" 建设和实现 "靶向" 营销，意义重大。正是带着这样的愿
望，我开始了对旅游者地方感的探索。

　　在问及对某地有感情的原因时，访谈对象的回答各异且复杂，但归
纳起来，有以下四种，或是仅缘由其一，或是多种相互纠葛，共同
作用。

　　1. 景物吸引

　　一般来讲，旅游地的自然和人文景观都相对丰富，景物吸引是旅
游者对旅游地产生某种情感最为多见的一种原因，也大量存在于访谈
记录中。例如：某男，21 岁，学生，对桂林存在一定的感情，原因
是 "桂林风景很吸引我，阳朔的西街风格也很独特"；某男，24 岁，
职员，对凤凰存有一定的感情，原因是 "喜欢古镇风情和凤凰的夜
景"；某男，75 岁，退休职工，对杭州和桂林有感情，因为 "喜欢山
水型的旅游"；某男，58 岁，教师，对北京有感情，因为 "北京是大
城市，是中国的政治、经济、文化中心"；某女，23 岁，公司职员，
对某地有感情，因为 "喜欢那儿的美食，以及优美的自然风光，喜欢

那里的大海";某女,45岁,因为"喜欢那里的大都市气息,以及购物环境"等;某男,54岁,建筑工作,他对韶山有感情,是因为"我对韶山毛泽东故居有特别感受,那里一定很好看,他是伟人住过的地方,肯定很神秘";某男,48岁,商人,对大海有感情,因为"大海一定很辽阔,我们内陆人看见过大河小溪,但没见过大海,内陆什么都有就是没有大海,所以想去看海"。

一般来讲,能吸引旅游者的景物,通常是生活中不曾多见的。天天宿在西湖边,西湖就只是一潭清水;日日穿梭于峨眉山,峨眉山就只是一座高丘。熟悉的地方没有风景,在一个地方待久了,就会有到远方去的冲动,这是人天生就有的探索异域的好奇心。南方的人向往北方的雪,北方的人思念南方的水;中原的人渴望驰骋在一望无际的草原,内陆的人对无边的大海如痴如醉。有多少中国人对北京有着莫名的憧憬,又有多少人对主席家乡韶山有着长久的依恋?正如汪国真的小诗《旅行》所表达的:"凡是遥远的地方,对我们都有一种诱惑,不是诱惑于美丽,就是诱惑于传说,即使远方的风景,并不尽如人意,我们也无须在乎,因为这实在是一个迷人的错,到远方去,到远方去,熟悉的地方没有景色。"熟悉的地方没有景色,所以值得去感受。人类通过这样的探索来了解自然和人文,这也是旅游活动的一个基本动机。

2. 由性(人、事)及地

现实生活中,由于某种机缘使得旅游者对某地心存好感,从而形成某种情愫或情结的情况非常常见。一是某地具有的特质符合旅游者的个性而产生地方感。如某女,21岁,学生,在访谈时她承认对上海有某种感情,其原因是"本人性格开朗追求时尚元素,上海很现代、繁华"。二是由于与此地相关的某个(些)人而产生地方感。例如:某女,24岁,"我想回到我的大学门口的那家餐厅,在那里我和我的男朋友经常一起吃饭,那里可以让我想起很多美好的回忆,可是他出事故死了";某女,23岁,对北京有情感,因为"我留恋的人在那里";某男,24岁,已去过一次凤凰,在看了《边城》以后,更向往凤凰;某女,22岁,对青岛有感情,因为"小时候有个玩得很好的朋友,她说她想考上青岛的大学,从那时候起,我也喜欢上了青岛,我很想去那里，我知道那里一定很美"；某女，22 岁，"记得那年我参加完高考，因为填报志愿的原因和家里人闹矛盾，我就去那里游玩，在那里我碰到了很多好人，那里的景色也很美，它是黄河最大的湿地，我很喜欢那里"；某男，25 岁，农民，"黄铺镇一个鞋厂里，那里是我和她爱情开始的地方，那时候无论下班有多晚，我们照样每天晚上去楼顶聊天，到什么时候也忘不了"；某男，70 多岁，退伍军人，对一地产生感情是因为"儿子在那儿上班，有在那儿待过，对那儿有感情了"；某女，42 岁，"女儿在那儿读书，想让女儿带着走走看看"。三是因为某些事而产生地方感，例如：某男，26 岁，"看了《笑傲江湖》后，想去看一下'华山论剑'那个地方"；某女，42 岁，会计，"我想去苏州，在我上小学的时候，曾经有一篇写苏州园林的文章，从那时起我就喜欢上了苏州，现在工作很忙不能去，将来有时间了我会去的，那里有桥有水有船，可以听昆曲，最重要的还是它的园林建筑了，那里集江南园林之大成，很美丽"；某男，20 岁，大学生，"从我知道马尔代夫这个地方起，我就想去，我从电视上、书上看到那里很美，在我死之前一定要去一次，哪怕是借钱我也要去那里"。

人和事物总是存在于特定的时空，人的感情是那么的玄妙，以至于"爱屋及乌"，将好感延伸到这些人和事物所在的地方。这些地方或许去过，或许还没有去过，这并不妨碍我们产生或深或浅的地方感。我们去一个地方，只为一偿夙愿；我们去一个地方，只为寻找回忆；我们去一个地方，只为探亲访友。诸如此类的旅游活动非常多见，也有许多旅游地为了塑造这样神圣而高远的旅游目的地费尽心机。

3. 由景入心

有一部分访谈者谈到，他们对某地有感情，是因为此地能带来某种心情。例如：某女，22 岁，喜欢大海，因为"我喜欢的是海边，当然近的就是我们学校门口的河边，我喜欢望着潺水，吹着风，静静地享受一切，会让我的心变得非常平静，而且非常快乐"；某女，20 岁，对某两地有感情，"觉得这两个地方都能给人一种宁静古朴的感觉"；某男，21 岁，"凤凰有一种古朴的静谧，能让我静下心来思考问题"；某女，21 岁，对某地有感情，只是"就喜欢那里的感觉，那份安静"。

由景入心，五感全开，自由、平静、完美，这些地方能洗涤现实的忙碌、浮华和嘈杂，也许我们终究不是为了觅得美轮美奂的风景，只是为了找到一个不一样的，或者称之为本真的自己而对这些地方充满着无限的向往。

4. 享受过程

在访谈中，还存在这样一类潜在旅游者，他们对一地的感情来源于享受去往和在此的过程。例如：某男，21岁，承认对某地有感情，是因为"和恋人一块去的，景色不是重点，重点是氛围，美好的记忆难忘"；某女，22岁，因为"喜欢征服感，喜欢登山的感觉、注重过程，注重和谁去，不在乎沿途风光"而喜欢山体景观。还有一些骑行西藏的旅游者表示，他们对西藏有感情，是因为他们"喜欢有挑战性的旅游"。

虽然风景或行程中总会出现不尽如人意之处，有人因此抱怨，不该去这种地方。但是随之又会释然，有此经历下次我就会选择更适合的旅游目的地。因此，坏的结果并不会消磨旅游的愿望，正如花朵不会因为枯萎而伤感，花落花开一季又一季。我们的旅游活动，总是在进行时，更不用说在旅游的过程中，我们结识了朋友，深厚了情感，不管在哪里，不在乎风景，只在乎看风景的人，这种美好的过程值得细细品味，同时也相依于这样的一个地方。

综上，旅游者因景、因人、因地、因事或因过程对旅游地存有或深或浅的、有时说得清，有时又道不明的感情。而这个地方或许去过，或许没去，但这并不妨碍旅游者去珍藏或是去向往。从"熟悉的地方没有景色"开始旅行，到用心享受旅游的过程，再达到我们期望的境界。我们的旅游就这样从悦耳悦目到悦心悦意，再到悦志悦神。虽有遗憾，终能包容，用汪国真先生的散文《我喜欢出发》来总结本节最恰如其分：

凡是到达了的地方，都属于昨天。哪怕那山再青，那水再秀，那风再温柔。太深的流连便成了一种羁绊，绊住的不仅有双脚，还有未来。

怎么能不喜欢出发？没有见过大山的巍峨，真是遗憾；见了大山的巍峨没见过大海的浩瀚，仍然遗憾；见了大海的浩瀚没见过大漠的广袤，依旧遗憾；见了大漠的广袤没见过森林的神秘，还是遗憾。世界上有不绝的风景，我有不老的心情。

我自然知道，大山有坎坷，大海有浪涛，大漠有风沙，森林有猛兽。即便这样，我依然喜欢。

打破生活的平静是另一番景致，一种属于年轻的景致。真庆幸，我还没有老。即便真老了又怎样，不是有句话叫老当益壮吗？

于是，我还想从大山那里学习深刻，我还想从大海那里学习勇敢，我还想从大漠那里学习沉着，我还想从森林那里学习机敏。我想学着品味一种缤纷的人生。

人能走多远？这话不是要问两脚而是要问志向；人能攀多高？这事不是要问双手而是要问意志。于是，我想用青春的热血给自己树起一个高远的目标。不仅是为了争取一种光荣，更是为了追求一种境界。目标实现了，便是光荣；目标实现不了，人生也会因这一路风雨跋涉变得丰富而充实。在我看来，这就是不虚此生。

是的，我喜欢出发，愿你也喜欢。

三　地方感研究的当代价值

随着世界各国大步迈向现代化、全球化，我们在享受着这些变化带来的种种利益的同时，也应该看到了诸如极权主义的兴起、生态环境破坏、社会监督机制的乏力等现代化后果。同时，同质化的地方发展使得人们地方认同的弱化和虚无，无止境的移动很难让人对地方产生依恋，地方面临着消亡。正如吉登斯所说，时空分离是现代性的一个重要特征，每一个社会、每种文化都有其特殊的空间感知。在前现代社会，空间和地点总是一致的，因为对大多数人来说，在大多数情况下，社会生活的空间维度都是受"在场"的支配，即地域性活动支配的。现代性降临，通过对"缺场"的各种其他要素的孕育，日益把空间从地点分离了出来，从位置上看，远离了任何给定的面对面的互动情势。在现代性条件下，地点变得捉摸不定：即是说，场所完全被远离它们的社会影响所穿透并据其建构而成，时空成为了虚空①。GDP 主导下的千篇一律的城镇建设，割裂了地方历史和文化，造成无地方感的切肤之痛，地方正面临着"无地方化"或"非地方化"的境况，"无地方"给人以情感上的虚无，"非地方"也使得人们感觉"不得其所"。地方感缺失，人成为空洞的人，灵魂便无处安放。

作为生活感知与认同机制的一个重要部分，地方感依托于特定的社会关系与实践领域而形成，能将人们的身份归属意识、社会集体记忆、精神价值投射再现于特定的空间场所与行动实践之中。今天，"地方"已是现代性身份政治中的一个关键概念，而"地方感"的塑造则成为认同机制中的主要内涵。今天，地方理论在地方营销、地方形象塑造、场所营造和城市规划等方面具有较强的指导作用，尤其是在城市规划中，创造"地方性"已经成为西方发达国家解决城市空间社会问题的基本设计理念和规划方法。城市中的各类建筑、广场、绿地、公园、街区等功能要素是一种附有情感和文化内涵的物质载体，也是城市精神形象传播的媒介。在设计中融入民众的地方感，方能彰显城市完整的时空发展脉络和文化灵魂。借助地方理论，一方面，有助于保留有地域特色的山水以寄托人们的地方感。地方感是需要载体的，当故土被改变得面目全非或是千篇一律时，就会导致居民文化身份认同的缺失，从而产生不安、害怕甚至抵触等情绪。在传统文化山水观的影响下的中国人看来，地方感可以安放在一座山里，一池水中，一棵树下，寄情于山水是中国人的惯常思维，山水是地方感的延伸，也是自我概念的延伸，因而在城镇化中要慎挖山、慎填水、慎砍树，尽可能地保留居民心中那些能隐喻自我的山水景观。另一方面，有助于创造科学的人居环境以引导地方感。地方感的形成从来就不是一个内生性的过程，而是与其所处的复杂的社会关系体系产生的一种联系，地方感是可以被适当塑造的。因而，城镇化不仅要让居民从平房搬上高楼，还要特别重视打造具有鲜明地方特色的城镇形象。建立具有地域特征的城市格局，建设便捷的交通

① ［英］安东尼·吉登斯：《现代性的后果》，田禾译，译林出版社 2000 年版，第 15—18 页。

系统。更要注意营造具有人本关怀的开放空间，如广场、绿地和城市观景点等。在满足居民基本生活需要的基础上，关注他们更高层次的需求，培育新的地方感的产生和理性升华，达到人和地方的和谐统一。地方从根本上说是一个在广泛时空架构下，由内生与外向的社会关系建构而来。随地方的变迁发生变化，是稳定与动态的统一体。诗意的山水能维系地方感，科学的人居环境能引导地方感。当今的城镇化中，应注意引入地方理论，关心人和地方的关系，注重地方性的建构和地方感的产生。

地方感在游憩领域研究中的应用较为常见，成果也十分丰富。旅游是一个复杂的社会现象，地方感缘何及如何介入旅游学研究中关乎旅游的本质。谢彦君认为旅游的本质是体验，用余暇和异地将这种体验与其他体验分享出来，赋予其独有的特征。[①] 王宁认为旅游的本质是寻找存在的真实，旅游者通过旅游来追求自身的存在性。[②] 杨振之则认为旅游是诗意地栖居，人类通过旅游，将居住的生活走向遥远，去寻找遥远的自我现身，获得自我。人在旅途，体验到大自然的完美，并因完美而停留；在旅游中、在天空下、在大地之上，人类获得光明。旅游，虽然是人的形式上的空间移动行为，但本质上却是走向遥远生活的居住，是获得自身显现的诗意地居住。人，因此获得存在的意义。[③] 诚然，学者们运用了妥善的论证、大量的论据证明了自己的观点。但其共通点却都落在了人（旅游者）与地方的关系上，通过旅游活动使旅游者找到自我。正因为如此，地方感的介入顺理成章。然而，令人遗憾的是，当代旅游学研究中的地方感，绝大多数停留在地方感与他者关系的计算科学上，没有真正将其落实在旅游者对地方的情感关系以及旅游情境下，当地居民对地方的情感关系上。"感觉、感性、体验也是直达旅游本质的路径，而且，认知虽然是理性的，感性也能促进认知，思想永远是最可贵的"[②]。带着这样的理念，本书试图直击旅游者地方感的本质，用事实、

---

① 谢彦君：《旅游的本质及其认识方法》，《旅游学刊》2010 年第 1 期。

② 王宁：《旅游、现代性与"好恶交织"——旅游社会学的理论探索》，《社会学研究》1999 年第 6 期。

③ 杨振之：《论旅游的本质》，《旅游学刊》2014 年第 3 期。

用感悟、用语言来帮助理解这个人类经验中复杂的现象，探索在人文地理学大师段义孚看来是人本主义地理学应该始终贯彻的行动准则的两个问题，那就是：它意味着什么？它究竟会塑造什么？

四　研究设计

（一）研究对象

由于时空与事物的不可分割性，人的生活不可能超越现有时空。因此，可以认为，只要有人这个主体，地方感就或多或少地存在。旅游情境下的主体有很多，如旅游者、旅游从业人员、旅游行政管理人员等。不同的旅游利益相关者都会有性质不同的地方感，范围过大往往不利于研究的深入。因而，本书仅对旅游者这个主体的地方感进行研究，并进一步限定于旅游者对旅游目的地的地方感，排除了旅游者对家乡或常住地的地方感，并始终将旅游者与旅游目的地放置于一个场域中进行整体性讨论，紧紧抓住旅游活动的实质进行研究，深刻阐述旅游者地方感是什么，它究竟意味着什么的问题。必须要交代的是，根据是否产生旅游活动来分，可将旅游者分为潜在旅游者和现实旅游者，前者在适当的可支配收入、闲暇时间和旅游动机的作用下，可以转化为现实旅游者。

（二）研究思路

1. 以现象学方法为本

思考地方感的意义所援引的主要哲学之一便是来自胡塞尔的现象学以及海德格尔对现象学的修正。现象学是现代哲学的分支，是对立基于实证发展所形成的科学与知识进行反思，且现象学对人类有更多更重大的意义与重要性。对人本主义地理学的地方感研究，同样有着深刻的指引作用。现象学的基本方法是"悬置"，主要的手段是将整个世界存在放入括弧存而不论，因为生活世界是现象学的思索对象，必须透过存而不论搁置一切外在世界的关联，才能还原进而达到认识事物本质的可能，为科学寻求一种没有任何先入之见和超验之物的纯粹的本原客体。现象学的悬置不等于笛卡儿的怀疑，怀疑具有否定的意味。而悬置并不导致否定，仅仅是"存而不论"，也不是随心所欲地把"正题变成反题，把肯定变成否定"，而是使它失去作用，我们不去"使用"它，同时，悬置也不是主观唯心主义，仅仅是"中止不考虑"。悬置的目的是为了达到"还原"，还原事物的本质，还原的方法有三个步骤：第一，现象学还原，用意在将一切所欲转变为意识的现象，完整地呈现出来，胡塞尔特别强调直观，唯有通过直观才能在当下抓住整体的事物。第二，本质还原，将事物的本质呈现出来，而不相干的部分则存而不论，并透过本质直观，去掌握不变的根本结构，也就是认识事物本身。第三，先验还原，即针对现象的建构历程进行分析，返回意识的本源及所有意义的根本基础。现象学是关于本质的研究，是一门严格的科学哲学探究，但是，同样对于我们生存于其中的时间、空间及世界也提出解释，它尝试提供给我们如同经验一般的直接描述。随后，现象学考察可以进入第二个阶段，即本质直观，对于经验论者来说，直观的被给予性就是感觉材料，现象学更强调对普遍之物的存在，于是，被给予性便从个体直观的感觉材料转向了普遍性的本质。紧接着，进入现象学考察的第三个阶段：对象构造，这种自身被给予性可以伸展到多远，以声音为例，当我们感知一首乐曲的时候，不仅听到了零碎的声音，而且听到了完整的旋律，即声音在时间中得以延续，对象的本质开始被"构造"。

　　"朝向事物本身"是现象学方法提出的一个口号，也是一个基本原则。"合理地或科学地判断事物，这意味朝向事物本身，也即追问它的自身给予，并清除一切不合事理的先入之见。"在现象学派看来，世界里的事物绝不是与其他事物不发生任何关系而孤立存在的，一定是处于与另一事物的关系之中。在现象学派海德格尔《存在与时间》的书里，继续肯定了老师胡塞尔有关"朝向事物本身"的论断。他认为，事物本身的对立面是无根据的建构、突发奇想和无根据的思想。因此，在探讨心与物的关系这种认识论的基本问题时，不做事先假定，不犯"窃取推理"的错误，坚持朝向事情本身的原则，坚持现象学还原。虽然仍然带有"唯心主义"色彩，但其实质注重客观事物与人的内心的联系，在胡塞尔的理解中，它是界于"唯物"和"唯心"之间的一种"先验唯心主义"。"先验"不是某个具体的人的主观概念，而是思维主体的思维结构是固有的，一切思维主体都必须服从于这个固有结构，即"先验"在经验之前但又能够在经验之中得到验证。

在本书中，笔者借用这一名言来指导建立旅游者的地方感的理论框架体系。一是因为虽然有关"地方感"的研究数量繁多，但被实证计量研究统领，朝向"地方感"本身的研究思想仅零星散见于这些文献中，将地方感的主体具化为"旅游者"的思辨论更是凤毛麟角，拾捡尚且不易，"悬置"便有可能。而"悬置"恰好是现象学"朝向事物本身"的基本方法之一。二是旅游者的地方感，其内涵便是旅游者眼中的地方，探讨的是人（旅游者）与地（旅游地）的关系，以关系的视角切入旅游者地方感的理论框架建构中，正是现象学所倡导的。用现象学观点来看旅游目的地，旅游目的地便不再是一个作为"自在之物"的自在世界，而是作为"为我之物"的一个为我的世界，一个具有温度的"主客合一"的世界，一个色彩斑斓的有意义的世界。这正是一个我们所希望看到的旅游者的地方感。因此，借用"朝向事物本身"这一看待问题的方式，揭开"旅游者的地方感"的神秘面纱是可能、可行的。

2. 以"我者"和"他者"双视角切入

孔子说，"己欲立而立人，己欲达而达人"，"己所不欲，勿施于人"。这里的"己"和"人"对应着西方哲学中的"自我"（Self）和"他者"（Other）。"一切形象都源于'自我'与'他者'。"前者指个体对自我以及与周围世界关系的认知，以自己为中心进行的观察，重点在于"自我"是怎么看待事物和现象的。后者指"自我"以外的人或事物，以他者为中心对事物和现象进行观察，重点是"他者"是怎么看待事物和现象的。因为"我"并不是"他"，因而，由我来观察别人是怎样看待世界，本身就深深地打上了"我"的烙印，"'他者'不过是相对于此一'主体'的'对方'"，只因为"他人有心，予忖度之"，我便能感知他，也能理解他。

任何人的自我意识，总是在"他者"的压力下觉醒。真正的自我又正是在与他人的社会关系和人生经验中确立起来，任何"我者"，相对于"他者"来说，都是"他者"。因此，只有在"他者"的角色中寻找自己的根，在交互主体性的意义上来经验世界，即这个世界不是单个的"自我"与"他者"为主体的世界,而是一个超越了这层关系上的交互性的客观世界。"自我"与"他者"这两种研究视角如一对孪生兄弟,在东西方哲学中不断呈现,并始终保持着调和的姿态。

基于这样的考虑,在本书中,"我"首先是一位普通的潜在旅游者,阐述自我经验的地方感。同时对"他者"进行观察、访谈,触摸他者视域下的地方感,采用"由己及人"的方式搭建起旅游者地方感的理论框架。

3. 结合使用"质的研究"和"量的研究"

质的研究是以研究者本人作为研究工具,在自然情境下,采用多种资料收集方法,对研究现象进行深入的整体性研究,从原始资料中形成结论和理论,通过与研究对象互动,对其行为和意义建构获得解释性理解的一种活动。量的研究通过测量、计算和分析,以期把握事物的本质。两者的区别主要表现在以下几个方面:一是在研究目的上,质的研究侧重于解释,而量的研究侧重于证实;二是在研究内容上,质的研究针对整体、过程或意义进行研究,而量的研究更关注事物的局部和因果;三是在研究设计上,质的研究以演化为主,而量的研究在于预设;四是在研究手段上,质的研究以文字或图片为主,而量的研究多使用数据;五是在资料收集上,质的研究以访谈、开放观察或实物分析为主,而量的研究多采用问卷或封闭观察的方式;六是在资料的分析上,质的研究多采取归纳的方法,而量的研究以演绎为主。

本书基于质的研究思路,主要采取开放观察法,将旅游者和地方纳入一个场域中进行整体分析。但并未完全摒弃量的研究方法,一些必要的研究方法如结构方程模型、SPSS统计分析等在某些章节中得以使用,用以补充质的研究方法,以便更深刻地把握旅游者地方感的本质。需要说明的是,过往的地方感研究曾走过一段眼花缭乱的量化分析,冷冰冰地展现处理结果的时代,这与地方感本身充满着人文蕴意严重相悖。因此,在本书中,笔者无意炫耀这些量化手段,只愿"朝向问题本身"做一些富有人情味的研究,使旅游者地方感温情脉脉地展现于众人面前。更有幸者,如果能让读者产生某些共鸣,便是已经超出作者的期望了。

第二章　相关研究述评及基本理论

一　国内外相关研究述评

（一）地方感研究的哲学基础

正如绪论所述，思考"地方感"所援引的主要哲学之一是胡塞尔的现象学，以及他的学生海德格尔对现象学的修正。现象学是关于本质的研究，是一门严格、科学的哲学探究。它对于我们生存于其中的时间、空间和世界提出解释，并尝试提供给我们如同经验一般的直接描述。胡塞尔现象学提出"还原"论，即"存而不论"，也即生活世界是现象学的思考对象，必须透过"存而不论"搁置一切外在世界的关联，才能"还原"进而达到认识事物本质的可能，并提出现象学还原、本质还原和先验还原三步骤。[①] 在地方观的认知上，海德格尔在《存在与时间》中提出，人居住的世界是由人与人、人与地、人与物互相影响过程中塑造出的世界。而这个世界不只是遮风避雨，还是对世界真实理解下发生生活的空间，也即场所。在海德格尔观念里的"空间"和本书要探讨的"地方"意义十分接近，他反对从亚里士多德到笛卡儿的"空间实体化"的概念，即将空间视为具有长、宽、高的一个实体存在。人与空间的关系根植于定居，人定居不只是为了寻求遮蔽，更多的是可以确定自己的方位，认为环境经验是有意义的；定居意味着更安全，受到了保护，更重要的是一种自我认同；定居可以保护存在本性的

---

① 邓晓芒：《胡塞尔现象学导引》，《中山学刊》1996 年第 6 期。

自由，人类诗意地栖居于大地上是人与空间相处的完美结局，这就意味着，自然、神灵与人类彼此依存，形成人类的世界观，人诗意地栖居于大地上便呈现出天、地、神、人四位一体的意义。因此，人类的生存观照着存在。定居是存在的基本特征，这个理念已暗示了有意义的空间即是地方。正因为如此，瑞夫（E Relph）指出，若地理学是以人类为尺度来了解人们，那么现象学可提供更多更重要的帮助。① 莱温斯尔（D Lowenthal）也指出，正规的地理学知识应该根据对生活世界更多的、更基本的每日的接触所获得的认知所形成。② 这两位现象学者的看法充分展现了现象学对研究地方感的哲学意义。由此可见，现象学对地理学中的"地方感"研究有重要的指导作用。有鉴于此，本书也将现象学作为本书的哲学依据。因此，下面就"地方感"研究的现象学观点进行讨论。

在什么是"地方"问题的解答上，恩却肯（JN Entrikin）认为地方是人类情感依附的焦点及意义的中心，而不只是在物理空间上的点而已，这是当代人文主义地理学的传统概念赋予存在的意义。③ 透过对人们学习、工作、休息娱乐等日常生活行为的连续性和重复性发现生活的韵律感。而这种韵律感和动作的连续性恰似芭蕾舞蹈之韵律，因而有了身体芭蕾（body ballet）概念。西蒙（D Seamon）利用现象学，在身体芭蕾的基础上提出地方芭蕾（place ballet）的概念。认为主体在日常生活、为实践各种活动而展现出有意义的时空路径，且该路径具有"地方—芭蕾"特性。"地方—芭蕾"并非简单地指一个地点，而是在"移动"、"休憩"和"会遇"的条件同时满足时才能"芭蕾"起来。"移动"指生活环境中可供移动的空间，即"地方"。"休憩"指人与地方之关系，即"依附"。"会遇"指人们与人们之间价值观及世界观的互

---

① E Relph, "An inquiry into the relations between phenomenology and geography", *Canadian Geographer*, Vol. 14, April 1970, pp. 193 – 201.

② D Lowenthal, "Geography, Experience, and Imagination: Toward a Geographical Epistemology", *Annals of the Association of Amerian Geographers*, Vol. 51, March 1961, pp. 241 – 260.

③ JN Entrikin, "Contemporary humanism in geography", *Annals of the Association of Amerian Geographers*, Vol. 51, June 1976, pp. 615 – 632.

相认同。"地方—芭蕾"是由多人习惯性时空路径的共同滞留点交织而成，从而形成有意义的滞留点。由此可见，西蒙经由"有意义的滞留点"指出在时空、识觉上的具体空间，经由人际与人地互动中转换成心理层面上的实质空间，因而形成社会赋予人们依附所在地的意义与象征。大卫·西蒙指出，现象学著作都是诠释性的，根植于仔细的看视与瞭望，属于描述人一生生活的经验与意义，且导出对生活经验的一个清晰的意象，指出地方感是人们的环境经验的本质，也即人们以怎样的方式（肉体的、情绪的、认知的等）经验空间、自然、地景构成的环境。①

瑞夫（E Relph）在现象学著作《地方与无地方》（*Place and place-lessness*）中认为，人类生活在充满有意义地方的世界中，人要拥有并了解自己的地方。由此可确定，真实的地方感（authentic sense of place）是一种在地的直接经验（direct experience），一种稳定的不会被扭曲的真实情感。地方经验的中心是使人感到"在内"的程度，即安全非暴露、舒适非紧张、归属感非漂泊感等，瑞夫提出由不同的地方关系而产生实用空间、感觉空间、生存空间和认知空间四种不同的空间②。由此可知，瑞夫的地方感建构于日常生活环境，透过现象学方法追寻上述四层次的空间意义。

将人的感情介入"地方"研究中是人本主义地理学的特点。谈到人本主义地理学，段义孚（YF Tuan）的有关人本主义地理学的建构和地方感的研究成果都是无法绕过去的经典，他深受现代哲学的影响，对地方感的研究是在哲学分支——现象学视野下展开的。人本主义地理学派极其重视人对地方的感觉，人的感觉并非由独立的个别感受形成，而是长期的许多经验的记忆和预期的结果，地方感正是由这种长时期的经验累积而形成的。在现象学中，时间是以"在场"和"不在场"描述的，在场对于那业已过去的不在场的把握，称之为"记忆"，而对尚未

---

① D Seamon，"Humamnistic and phenomenological Adavances in Enviormental Design"，*The humanistic Psychologist*，Vol. 28，February 2010，pp. 353 – 368.

② E Relph，*Place and Placelessness*，London：Pion Limited，1976，pp. 63 – 78.

到来的不在场的认同，称之为"想象"。对于人类的群体而言，经验是"记忆"和"想象"的叠加产物。而哲学视野下的地方感就是探索关于地理场所的这种集体记忆和想象力的形成。在空间与地方之间，段义孚反复地提到"家"的概念。在他看来，家首先是宇宙结构的焦点，人类将自己的家认作是这个世界的中心。这一中心并非指地球上某一特定的地点，而是一种"神话思维"：由于对乡土的依恋（attachment）而产生的对自我居住地的深层价值感。① 段义孚的思想在世界各国引起共鸣，台湾的地理学者们同样也相当重视人的地方精神。苏扬期等指出，"场所精神"赋予人和场所生命，两者互为主体性。而要针对"场所精神"的体验，就要置于"脉络"中，才能了解空间结构的"特性"与"意义"，"场所精神"的"方向感"和"认同感"就自然而然地浮现。②

正如前者所述，全球化带来的一个副作用便是"无地方"的切肤之痛。地方被建设得千篇一律导致人们的地方感缺失，因为失去了地方依存，人便失去了根。因此，有关生态身份的迷失是生态批评关注的重点。作为美国生态哲学的开拓者，梭罗（HD Thoreau）也对故乡康科德有深切的地方依恋与地方认同，在此前提下，他把故乡的依恋感与认同感又转化为对整个自然及自然界万物生灵的依恋与认同，这正是生态哲学整体思想的最佳诠释。梭罗曾经隐居于瓦尔登湖畔，在这里，他抛下了优越而富足的城市生活，卸去了身处外界所拥有的浮华，返璞归真，回到一种简单、相互和纯净的原生态生活状态。他在田园生活中感知自然，与大自然水乳交融。更为重要的是，这也是梭罗认真思索人生、重新认识自我的一生中最为关键的时期。这种哲学思想与中国的"天人合一"的古代哲学思想很是接近，同时，也是人与地方完美关系的最佳诠释。

"他者"是发端于现象学的一种重要的哲学观场。黑格尔（GWF

---

① YF Tuan, *Space and Place*: *The Perspective of Experience*, Minneapolis: University of Minnesota Press, 1977, pp. 8 – 9、10、16 – 19、117、127、144、149、164.

② 苏扬期、王柏山：《"地方感"研究观点的探讨——从人本主义地理学、行为地理学到都市意象学派》，《社会科教育研究》2010 年第 10 期。

Hegel）认为：“每一方面只有在它与另一方面的联系中才能获得它自己的‘本质’规定，此一方面只有反映另一方，才能反映自己，另一方也是如此。所以，每一方都是它自己的对方的对方。”简单地说，“我”与“他”之间互为反面，但又互为各自存在的前提条件。根据“他者”的理论视角，可以认为地方感是地方产生的并由人赋予的一种体验，而地方内的“我们”与地方外的“他者”对于地方感的构建同等重要。在地方感的构建中，“我们”并不是形成地方感的唯一建构主体，“我们”的地方感也必须借由“他者”的映照得到确认。段义孚认为，中国哲学虽然是一种相对独立的思维体系，但也在很多方面彰显了了他所主张的地缘情结。在《逃避主义》一书中，段义孚强调维特根斯坦提出的自然（Nature）是一个广义的自然，而自己是在地理学的意义上使用小写的“自然”，但是，这并不代表后者不能带来地方的感受。在段义孚看来，无论尺度如何，“地方”的经验都可能发生。在谈论中国人的“自然”哲学时，他的陈述则颇有亲切之情，他称这一文明是“更具备自信心”并且“乐观、坚韧、沉着”①。

（二）地方感研究的文学艺术视野

对地方感进行研究，可基于不同视角，如哲学视角、文学艺术视角、地理学视角、旅游情境视角等。然而，在这诸多视角之中，文学视角却是最富诗意的一个。其一，文学艺术作品本身就是地理信息的富集。比如说，提及小说，人们首先想到有关它的学科为文学，但其实它还具有地理学属。因为小说的世界是由位置和背景、场所与边界、视野与地平线组成。不管是小说里的角色还是小说叙述者抑或朗读时的听者都占据着不同的地理位置和空间。任何一部小说都有可能提供形式不一的地理知识，从而可使人对某个地方达到感性认识，进而达到对某个地区甚至某个国家的地理知识有系统了解和地方感认知。其二，文学艺术的写作具有“主观性”。地方感是人对地方的亲身感受、心理体验，不同的人面对同一个地方，其地方感会有所不同，即便同一个人，在其不

---

① ［美］段义孚：《逃避主义》，周尚意等译，河北教育出版社 2005 年版，第 22 页。

同的生命周期阶段，对同一个地方的感知也会有所区别，因此，地方感具有主观性特点，而文学艺术作品的写作也正有如此特点。想象和心灵是文学的重要元素，作者通常都是通过想象和心灵这两个元素，根据自己所处的生活环境和自身的见闻，将自己对地方的情感感受在文学作品中体现出来。因而，读者通常能从戏剧文学、电影、地域文学、纪录片、诗词等诸多文学作品的字里行间窥见作者内心的地方情感。

第一，戏剧文学中的地方感。"地方"在文学中被描述，早期以戏剧演出为较形象的"地方"展现。戏剧文学中的"地方"通过剧场中的道具、布景来进行客观重现。比如，莎士比亚在他创作的8个喜剧中通过来自不同地方人物角色的介绍来展现了第二地方的印象。这种第二地方的印象具体又主要是通过对狂欢节仪式的模仿，运用婚礼、舞会、欢宴、乔装、假面等狂欢节变体形式，利用乔装打扮、误会、巧合、面貌相似或设圈套、开玩笑等手段，人为地制造一些离奇曲折、变幻莫测的戏剧情节和滑稽可笑、意趣横生的场面，来带给人们一种狂欢化的精神感受，来构建一个喜剧的"绿色世界"。而这些"绿色世界"是由绿色森林、美丽花园、神话仙境等构成，大多在南欧，具有异国风光、异乡情调，浓烈地展现出了第二地方的印象。

第二，电影中的地方感。随着时代的进步，"地方"的表现形式日趋多元，如通过可视、可听的电影等大众媒介可构造出更加立体化的"地方"感。地方感其实是人对地方的一种强烈的情感体验，而观众对地方的情感和认同可间接地来自电影，当电影中的人物与某个地方不断地互动，观众便可感受到人物对那个地方的情感体验，从而在想象中产生地方感。所以，在电影史上，产生深远影响并被广泛赞誉的地方认同的作品正是那些具有强烈地方感的影片。例如，电影《卡萨布兰卡》使摩洛哥及其最著名、最大的一座城市卡萨布兰卡成为人们眼中最具神秘感、最浪漫的地方，使得人们对其趋之若鹜。在电影《廊桥遗梦》中，女儿阅读妈妈的日记后对家乡形成了新的情感和认同——新的地方感，认为自己应该回家。在强烈的地方感和浪漫的感情投射的结合上，台湾影片《海角七号》是个最佳范本。电影主人公阿嘉阅读逝者的情书后，对自己的家乡和人生重新恢复了认同，影片的成功让台湾最南端的海边小镇恒春一跃成为"爱情圣地",这种意外的效果源自影片的爱情主题和叙事中蕴藏的地方感。类似影片还有《罗马假日》之于罗马、《悲情城市》之于台湾小镇九份等。

再比如,兴盛于 Web 3.0 时代的网络电影短片——"本土微电影",从故事情节的编排、场景的选择、拍摄的角度、剪辑的方法等诸多方面有力地书写着所在城市。比如,《爱,在四川》系列微电影先后分别推出美食篇、熊猫篇、温江追梦篇、汶川篇、风情篇等主题,为广大受众介绍四川的饮食文化、风土人情和自然风光,使得四川的许多城市呈现出浓郁的"地方感",同时也让受众得以享受"地方感审美",并引导着人们带着"爱"走进四川。此外,《武夷源武夷缘》《我和南京有个约会》《北京我爱你》等微电影也分别向世人呈现出武夷山、南京城和北京的浓厚"地方感"。

第三,地域文学作品中的地方感。《小城畸人》是舍伍德·安德森(Sherwood Anderson,1983)的代表作。它作为地域文学的典型小说,描写了生活在俄亥俄州小镇温士堡的 22 个有着各种各样怪异行为的"畸人",他们或因受过心理创伤,或因过度情感压抑,或因沟通障碍而表现出各种怪异行为。这些古怪行为恰恰是对人和地方关系断层后人们所遭受痛苦的一种反应。而这种人和地方的断层其实就是因为地方的变迁而导致的地方感和归属感的缺失。① 在我国,自古以来,地方感厚重的地域文学作品也比比皆是。例如,从风格迥异的《十五国风》到丽藻遒文的《楚辞》,从北朝民歌中敕勒川的阴山长风到南朝民歌中金陵的桃叶小渡及南朝梁吴均的青绿江南,从边塞诗文中的大漠孤烟到山水诗文的辋川石湖,再加之谢灵运在永嘉、杜工部在夔州、柳宗元在永州、苏东坡在黄州等写下的留芳百世之诸作,无一不饱含着"地方"丰富的文化景观,无不饱含着作者心中的浓浓的地方感。

第四,纪录片中的地方感。在大众媒体全面渗入生活角角落落的时代,大众传媒所扮演的不仅仅是传统的信息传播者的身份,还扮演着重

---

① 唐建南、郭棣庆:《"地方感"的失落:重读〈俄亥俄州瓦恩斯堡镇〉》,《外语研究》2011 年第 3 期。

要的形象塑造者和文化传承者的身份。地方感所承载的地方文化、地方情愫、地方认同通过大众媒介进行渗透式传达。借助大众媒介的渗透式传达，地方符号被不断放大，"我们"的自我认知与"地方感"塑造浑然一体。家喻户晓的著名美食纪录片《舌尖上的中国》就是纪录片塑造地方感的一个佳例。《舌尖上的中国》凭借极具冲击力的精美电视画面，并用饱含诗性和深情的解说方式对经过悉心遴选的美食、人物及故事进行解说，使得不管是画面中的美食还是人物抑或故事，无一例外地被烙上了浓厚的地方色彩，将人与地方之间的情感联结表现得淋漓尽致。根据黑格尔（GWF Hegel）二元论观点可知，在地方感的构建中，构建者通常是以"我们"和"他者"这种二元对立的方式出现且为彼此存在之前提。在《舌尖上的中国》中，"我们"与"他者"虽并未直接说明，但却以隐性缺位的方式进行呈现，通过彼此的合力来形塑纪录片中随处遍藏的地方感。

　　吴瑶就分别从地方感的构建者和构建方式两个方面深入剖析了《舌尖上的中国》是如何完美形塑纪录片中随处遍藏的地方感的。首先，地方感的构建者。从宏观层面来讲，吴瑶认为《舌尖上的中国》中地方感的建构者是以观众为坐标原点建立第一视角——"我们"以及片中一个个鲜活平凡的人物——"他者"。"他者"在讲述人物、食物、地方之间难以割舍的情感的同时，字里行间处处渗透出"他者"的地方感。这些看似与"我们"及"我们"的地方感没有直接联系，但实际上，"我们"通过"他者"及"他者"与地方之间的千丝万缕的情意来反观自身与地方的感情，或是产生融入其中的切身体会；或是联系实际、油然而发产生投射感；或是仅仅是一丝由于地方感的缺失而产生怀旧式向往，因而，观众——"我们"总能将自身的"地方感"与片中"他者"的"地方感"进行振荡呼应。从微观叙事层面来讲，"我们"是居于城市的孤点，"他者"是乡村朴实自然的农民；城市中"我们"对地方感的感知是借助乡村中"他者"的地方感放大而被凸显。《舌尖上的中国》是从城市人的视角出发，向城市人展现相对遥远并陌生的自然状态和乡村生活，主要描绘各地乡村中农民（也包括牧民、渔民等）捕获和加工最普通的食材，来唤起人们对朴实自然的敬畏与向往。其次，地方感的构建方式。吴瑶认为以陌生化的方式展现美食是《舌尖上的中国》中构建地方感的一个重要手段。地方感的形成，是人与地之间一点一滴逐渐累积而成的，是稳步而成的熟悉感与亲切感，多表现为一种怀旧、念旧之情，在对地方感的表现中，更多的是"旧"，而非"新"。因此，《舌尖上的中国》作为艺术表现，在建构地方感的基底之上，采用"陌生化"的表现手法，将地方感建构所不可或缺的"旧"与审美需求的"新"很好地结合起来。片中的食物选取的大多不是山珍海味、奇材珍品，而是普通人较为熟悉的食材。普通的家常菜以"陌生化"方式展现，这使大部分生活在城市中的观众，产生了既新鲜又陌生的美食感受和文化感受，进一步唤起他们的地方感。

第五，诗词作品中的地方感。诗人最擅长对文字的拿捏和运用，他们通常通过诗词作品中精练的语言来描述自己内心的感受，并通过艺术升华将地方要素赋予独特的地方体验，并将其转变为地方感载体。诗人将地方感倾注于诗词的字里行间，通过凝练的语言或对景物的描绘或对事件的叙述来构建和表达地方感，诗人将家国和个人情感映射在对地方的描述中，情景交融。这些地方往往便带有了诗作中所标签的情感，如唐代张继的《枫桥夜泊》："月落乌啼霜满天，江枫渔火对愁眠。姑苏城外寒山寺，夜半钟声到客船。"在一个秋天的夜里，诗人乘舟来到了苏州城，用前两句的所见和后两句的所闻描写了江南水乡幽静的景象，"对愁眠"描写了诗人愁苦的心境，"夜半钟声"更是衬托出了夜的寂静，舟内的人与舟外的景物交融，成为绝唱，千百年来为人传诵。谁又能说，继张继之后来此地的人，不被张继的情绪所感染？

南北朝时期的民歌《敕勒歌》："敕勒川，阴山下。天似穹庐，笼盖四野。天苍苍，野茫茫，风吹草低见牛羊。"诗句描写的是在敕勒川这个特定地点，天空像敕勒族人毡制的圆顶帐篷盖住了草原的四面八方，这种苍茫辽阔的地方感在诗里得到充分体现。

再比如，诗词作品中的长安应制诗在描述古代长安庄严、雄伟、雍容、大气的帝都这种独特的"地方感"时，也是一个成功的范例。所谓应制诗讲的是臣子奉君主、王侯、太子及嫔妃之命而作的诗，这种诗的创作在唐朝时期达到了鼎盛。只要我们细细品读长安应制诗，就可以清晰地体会到"以北为尊"的中心感设计理念对诗人、对长安城的"地方空间感"感知有着潜移默化的影响，自然也能明确地体会到古代长安人以北为尊的"地方感"。王维的《奉和圣制从蓬莱向兴庆阁道中留春雨中春望之作应制》可以说是长安应制诗中的经典之作。"渭水自萦秦塞曲，黄山旧绕汉宫斜。銮舆迥出千门柳，阁道回看上苑花。云里帝城双凤阙，雨中春树万人家。为乘阳气行时令，不是宸游玩物华。"读诗作之余，我们不得不赞佩王维在诗中把"位置"经营得如此精妙：人只要登高远眺，便可望见北边的渭水如带，西边的黄山环绕，南边的近处是含元殿两侧高耸入云的翔銮、栖凤二阙，远处则是绵绵细雨中如棋盘般整齐、严正的皇城和外郭，诗人在水平方向极目所见，然中心是长安城北龙首原上的大明宫：兼含远近、大小、广狭的俯视图景。诗人为何要在诗中倾尽其力来描述这种极目所见？无外乎是为了抒发帝家的"普天之下，皆是王土，四海之内，皆是王臣"的"皇权"思想。这种"以北为尊"的"地方感"充分表现出了长安城庄严、雄伟、雍容、大气的帝都气质。

　　地理环境对文化和文学的影响还可从部分宗教经典中得以体现。如基督教宗教经典《圣经》中亚伯拉罕献祭自己的儿子以撒和诺亚方舟的故事是可以说明地理空间是如何推进《圣经》的叙事发展的，且地理空间的变化也使得《圣经》更具有吸引力。《圣经》描述了一个由真实和虚拟空间组成的变化莫测的宗教世界，且通过巴勒斯坦的物化背景和历史场景以及本地动植物，《圣经》创造了一种地方感进而构建了家园感，而这些反映了地理环境对文化和文学的影响；反过来，文学和文化也影响着地方感和家园感的创建。

（三）地方感研究的地理学正源

　　除了文学刻画，地方感也被地理学家敏锐地捕捉，成为人地关系研究中重要的组成部分，人地关系即人类与地理环境之间的相互关系，这里的"人"是指在一定生产方式下，在一定地域空间上从事各种生产活动或社会活动的人和人类社会，"地"首先界定为由自然地理环境开始，而后囊括人文地理环境。人地关系是指人类与地理环境之间互感互动的关系，一方面反映了自然条件对人类生活的影响与作用，另一方面表达了人类对自然现象的认识与把握，以及人类活动对自然环境的顺应与抗衡。人地关系中的地域系统便是地理学的研究核心，它已被深深打上了人类活动的烙印。人地关系被人不断认知、总结而形成理论，我国古代已出现了诸如"天人合一"、"人定胜天、天定胜人"等朴素的人地关系理论。近代而来，世界范围内逐步出现了地理环境决定论、二元论、人地相关论（或然论、可能论）、适应论、人类生态理论、景观论、生产关系决定论、唯意志论、人地协调论等人地理论，不断深化人们对人地关系的认识。地方感的核心是人对某一特定地理环境的情感反映，它以地方为原型，以人对地方的感受为研究对象，具有极强的人文特质，人地的情感关系思想也零星反映在上述部分人地关系理论中。如或然论的代表人物，法国著名的地理学家维达尔主张地理学要研究人类和地理环境的相互关系，认为同样的生活环境对于不同的生活方式的人具有不同的意义。生活方式是决定某一特定人群将会选择哪种可能性的基本因素，他的学生白吕纳继续传承和发扬这一学派。认为心理因素是人类与自然的媒介和一切行为的指导者，自然是固定的，人文是无定的，两者之间的关系常随时代变化，这些观点直到今日仍有较强的借鉴意义。然而令人遗憾的是，正因为"人文的无定"，二战以来，无论是以美国为首的人文地理学西方阵营掀起了区域研究、空间分析等计量地理学的高潮，还是以苏联为代表的人文地理学社会主义阵营以经济地理学为研究重心，都以计算和科学的名义，忽视了人地情感关系的研究。由于美国和苏联的全球政治经济影响，人文地理学研究在20世纪60年代以前被计量地理学和经济地理学统治。二战中，一些地理学家由于对地方研究浮于表面而对地方研究产生怀疑。同时，在战后以专业化为规范的背景下，许多地理学家强烈感受到使地理学更为严谨精确的必要性。因此，二战结束后，作为人文地理基本概念的地方及其相关研究被"打入冷宫"。新一代的地理学家学习与运用数学和统计学方法，努力将地理学打造成为一门空间科学，地理学也不再努力探寻其个性化和独特性，而试图像物理学家那样发现相似性、规律性和普遍性，以心理因素为研究视角的人地关系研究被边缘化。

　　但是，这种对数量化研究近乎新教徒般的狂热，又将地方研究推向绝境，成了"没有人的地理学"。空间科学是"非人文的"，它忽视了人类生存中的主观的、定性的、情感的方面。在有些地理学者看来，"地方"表示的是一种对世界的态度，强调主观体验而非空间科学的冰冷生硬的世界。人们不是生活在地理空间的框架中，而是生活在充满内涵的人的世界中。"地方研究是地理学的主题，因为地方意识是立即而显见的真实的一部分，而非精细复杂的论题。地方知识是个简单的经验事实"①，在经历了 20 世纪中期的暗淡之后，地方重新成为地理学的核心概念之一。其实早在 20 世纪 30 年代，美国地理学家哈特向（Hartshorne）首次提出将"地方"作为地理学研究的重点。他认为，地方对于地理学学科特点的构建具有重要作用，地方是使地理学成为独特学科的原因，地理学应当研究唯一性而非普遍性。"地方"这个概念出现在 1947 年地理学者怀特（J Wright）的"未知的土地：地理学想象的地方"中被定义了，认为地方是承载主观性的区域。这个充满着人文关怀的概念在当时并未引起人们足够的重视。直至 20 世纪 70 年代，以段义孚（YF Tuan）、瑞夫（E Relph）为代表的人文主义地理学者重新将"地方"引入到地理学研究中来，发轫了人文主义地理学的研究，也初步完成了人文地理学的"心理"转向。由于人的文化性，在文化地理学的分支中也对"地方"有所涉猎。

　　当代华裔地理学家段义孚先生的名字在本书中多次出现，很有必要对其作一个简介，段义孚先生 1930 年出生于中国天津的一个上层阶级家庭，受教于中国、澳大利亚、菲律宾和英国。1951 年在伦敦的牛津大学获得学士学位并在此继续深造取得硕士学位。之后，他去了加利福尼亚继续他的地理教育并获得了博士学位。1968 年段义孚成了明尼苏达大学的一位教授，开始专注于人文地理学。在明尼苏达大学十四年后，他来到威斯康星州继续他的学术生涯。由此可见，段义孚先生到过数个地方，但是这些地方都没能给他一种根的感觉，引发了他对"地

---

　　①　朱竑、刘博：《地方感、地方依恋与地方认同等概念的辨析及研究启示》，《华南师范大学学报》（自然科学版）2011 年第 1 期。

方"的思考。在地方的诠释中，他注重人性、人情，称自己研究的是"系统的人本主义地理学"（Systematic humanistic geography）。以人为本，就是他的"地学"特征。他在著作《空间与地方》中论述了地方的含义，他认为："地方可以用很多方式定义，其中之一是，地方是任何能够引人注目的固定目标。注视一方全景时，视线只会驻留在我们感兴趣的点上，每次停顿都足以产生地方意象，在我们的视野中，暂时形成庞大的阴影。"他主张将一座城市整体作为一个地方，认为"城市是一个地方，主要是意义的中心。它具有许多极为醒目的象征。更重要的是，城市本身就是一个象征。传统的城市象征了超验与人造的秩序，而与现世或地狱的自然之狂乱力量相对抗。其次，它是理想的人类社区之代表"。段义孚是人文主义地理学集大成者，其思想包括三个核心：地方的感受价值、强权的心理学、文化与想象力[①]，在西方乃至世界的地理学界，产生了重大影响。他将人的种种主观情性与客观地理环境的丰富关系进行了极具智慧的阐发，吸引了众多学者以及有同感的普通人的目光。他的名字也因此蜚声于世界人文地理学论坛，写下了《恋地情结》《恐惧景观》《支配与喜好》《逃避主义》《无边的恐惧》和《经验透视中的空间与地方》等大量著作。从人的感觉、心理、社会文化、伦理和道德的角度来解读人与地理环境的关系，开创了人文主义地理学的研究范式。地方感是人文主义地理学三核心之一，段义孚认为除了可以通过视觉、听觉、触觉和味觉等官能感知世界，主体还可以通过多种感知的混合作用即通感获得一种生动的感知并产生共鸣，如"颜色张扬的领带"、"刺骨的寒冷"等，这是其他方式无法做到的。第三，我们用诗意的语言将我们自身和大自然连接在一起，一是借助比喻，将不熟悉的甚至危险的自然界比喻成我们身体的各部分时，自然界就变得那么的熟悉而愿意被接纳，如河口、海湾等，二是用优美的语言来表述与地理环境的关系，"南京久客耕南亩，北望伤神坐北窗"，杜甫的诗作中，经常性地保持了这样一种北望的身体姿态，渴望回归北方中原，在

---

① 宋秀葵：《地方、空间与生存——段义孚生态文化思想研究》，中国社会科学出版社2012年版，第199页。

情感上与熟悉的北方中原故土取得一定的方向联系，借此来获得一些心理慰藉。段义孚的著作，将人的地方感从隐藏在日常生活和文学、艺术中的地理学经验中显现出来，并总结出一个明确的结构，以便于科学的解释，给予冷冰冰的计量科学一个温暖的人文情怀，酣畅淋漓地给了我们一个"说得清，道得明"的地方感，值得一再地研读。

在 20 世纪 70 年代，人文地理学先驱瑞夫（E Relph）还是加拿大多伦多大学的博士生，当时他的研究工作是探索加拿大标志性景观与加拿大民族身份的关系。随着项目的进展，他越来越不满意在哲学上缺乏对"地方"的成熟的定义。一个真正的人在历经真正的"地方"时，怎么能缺少具有深度的地方依恋、地方感或者是地方认同的概念呢？最终，瑞夫放弃了，调整了自己的研究方向，将重点转移到有着广泛深意的"地方"的研究上来。《地方与无地方》是瑞夫在多伦多大学作为地理学博士的毕业论文。在我们的日常生活中，地方既非独立的经验，亦非可以用地点或外表的简单描述所能定义清楚的个体，而是在场景的明暗度、地景、仪典、日常生活、他人、个人经验、对家的操心挂念以及与其他地方的关系中被感觉到。[①] 地方的本质是并非来自其位置，也不是来自其服务的功能，亦非来自于居住其中的社群，或是肤浅俗世的经验。地方的本质主要在于，将地方定义为人类存在之奥秘中心的、无自我意识的意向性。地方是被意向定义的对象，或是事物群体之脉络背景，它们自己可以成为意向的对象。地方是通过对一系列因素的感知而形成的总体印象，这些因素包括环境设施、自然景色、风俗礼仪、日常习惯、对其他人的了解、个人经历、对家庭的关注以及对其他地方的了解。瑞夫很注重自我与地方的双向建构，他认为地方的独特品质是它的权力秩序和聚焦于人的空间性意义、经验和行为，地方身份是人的一个本质属性，人与地方具有持久的同一性和统一性。这种持久化标识由三部分组成：（1）该地点的物理环境；（2）活动、情况和事件；（3）通过人的经验和意图创造的个人或团体的含义。瑞夫认为，"在地方"或"在外面"是理解"地方"这个概念的最根本的贡献。如果一个人"在

---

① 王志弘：《流动·空间与社会》，田园城市文化事业有限公司 1998 年版，第 148 页。

地方"，便能感到安全而不是威胁，封闭而不是暴露，自在而不是紧张。一个人越觉得自己"在地方"，他就越能感受自己的地方身份。相反，一个人离开自己的"地方"，就会感受到某种生活的分裂。比如说，在一个新地方所产生的思乡之情，对一个地方原汁原味的感觉是"身份的整复的直接和真正的体验"。瑞夫的书出版后，"地方"的研究开始流行，该书在 1977 年便创造了 357 次的引用。之后的 20 年内，每年大约被引用 10 次以上，并在心理学、社会学、城市研究、建筑学等学科得到应用。后西蒙在地方芭蕾的理论上取得了建树性进展，这已在前一部分予以了阐述。

总的来说，在当代人文地理学中，地方一般有三重含义：作为地方讲，它是地球表面的某一个点；作为地方意识讲，它是个体或群体对地方的主观感受，包括地方在个人和群体中的作用；作为场所讲，它是人们日常生活和交往的背景和场所。

80 年代后，国外对于地方感的研究取得了重大进展，研究的范围更广，内容更深入和系统化，主要表现如下：

第一个方面是对地方感概念的研究。斯蒂尔（Steele）正式提出了"地方感"概念，认为地方感是人与地方相互作用的产物，是由地方产生的并由人赋予的一种体验，从一定程度上讲，是人创造了地方，地方不能脱离人而独立存在。[1] 简单地讲，地方感是一种满足人们基本需要的普遍的情感联系。从产生过程看，地方感是人与地方不断互动的产物，是人以地方为媒介产生的一种特殊的情感体验，经由这种体验，地方成为了自我的一个有机组成部分，其意义不能脱离人而存在。以上对地方感的阐述强调个体的"生活世界"体验无可取代，但也常在"理所当然"的情境下被忽略。当我们的"生活世界"越来越相似，直至达到基本相同时，"地方差异性"才会被重视。地方感是个体或群体的那份只属于自己的独一无二的"生活经验"，也是具有相同"生活世界"人们之间的共有的回忆与标记，同一区域的人回忆大家公认为重要的事情时，会引起精神上的共鸣。因此，地方感可透

---

① F Steels, *The sense of place*, Boston：CBI Press, 1981, p. 100.

视人群间的那种"局内人"的默契，一种或看到或听闻到或心想到某地时，所拥有的同样悸动的那份或淡或浓的乡土情愫。与地方感相关的概念还有地方依恋（place attachment）[①]、地方认同（place identity）等，一般认为，地方依恋与人文地理学中的地方感在核心内涵上基本等同。只是地方感强调地方，而地方依恋则偏重心理过程。威廉姆斯等（Williams & Reggenbuck）提出了"地方依恋"（Place attachment）的概念，并将其解构成"场所依靠"和"场所认同"两个层面，制定了量表[①]，至今仍然在地方依恋的研究中使用。目前，普遍接受的地方依恋的定义是指人与特定地方之间建立起的情感联系，以表达人们倾向于留在这个地方，并感到舒适和安全的心理状态。地方认同指的是个人或群体与地方互动从而实现社会化的过程，通过这一过程，个人与群体将自身定义为某个特定地方的一分子，从而通过地方来构建自身在社会中的位置与角色。

第二个方面是地方感维度的研究。学术界对地方感维度展开过专门研究，但不同学者的观点不尽相同。观点一：地方感是一维概念，是一个可满足人们基本需要的普遍的情感联系。观点二：地方感是一个要比地方依恋和其他术语（地方认同和地方依赖）包容性更强的术语，但是其本身的含义却相对模糊。观点三：地方感是由地方依恋、地方认同和地方依赖三个维度或由地方依恋、社区感和地方依赖三个维度构成，其中地方依恋又包括情感、认知和行为三个维度。

第三个方面是地方感层次的研究。地方感除有维度差异外，还有层次上的差异。有学者将地方感划分为根植性、异化、相对性和无地方性四个层次。另有些学者认为地方感有认知、行为和情感三个层次。还有些学者认可将地方感分为知道所在的地方、对地方有归属感、对地方有依恋感、愿意为地方牺牲四个层次。

第四个方面是有关地方感影响因素和形成机理的研究。有些学者认为影响地方感的因素包括年龄、居住时间等。另一些学者认为公共

---

① DR Williams, JW Roggenbuck, "Measuring place attachment: Some preliminary results", *Proceeding of NRPA Symposium on Leisure Research*. San Antonio, TX, 1989, pp. 1–7.

空间和基础设施的利用及对周边社区的态度等是影响地方感形成的主要因素，认为物质环境和社会归属感影响地方感的形成。还有部分学者认为影响地方感形成的物质环境因素包括大小、规模、多样性、结构、装饰、颜色、气味、噪声、温度等，影响地方感形成的社会环境因素主要包括基础设施、社会联系等。有些学者认为建筑环境、社会经济地位、福利和健康等是地方感的主要影响因素。归纳以上各地方感影响因素，可将其归入个人因素、物理环境因素和社会环境因素三大类。这三类因素互相交错、互相作用，共同影响于地方感的形成。

地方感是人与地方不断互动的产物，是人以地方为媒介产生的一种特殊的情感体验。有的学者认为当地的环境、建筑风格、人的价值观、旅游动机、文化程度、生活方式、情感、过往经历等与他们游览的环境相互作用后将产生游客地方感。也有的认为个人通过对某个特定地方的关注和情感投入而获得地方感，物质环境、离家距离、居住时间长短、个人性别、相关活动和生命历程被认为会产生地方感。还有的指出物质空间是地方感的基础，因此，物质空间有助于同时也约束地方感的产生。

国外学者在地方感理论研究的同时，也开展了应用层面的研究。主要研究了城市更新、区域变迁、社会邻里关系等对居民地方感的影响，探索居民地方感的形成机理取得了丰硕的研究成果，详见参考文献。

国外对"地方"内涵及本质的研究已相当成熟，在19世纪60年代时，就已呈现像段义孚、瑞夫、西蒙等这样的大家，"地方"的研究已达到相当的高度。后续的研究工作者一直在摸索"地方感"的测量，以期能把握这样一个在人们心中普遍存在却又似乎是一个难以道明的概念。在"地方感"的概念、维度和影响因素方面的研究成果较多，这对于把握"地方"和"地方感"的内涵非常有帮助。不仅如此，研究者们还将理论成果应用于实际的案例地，并从实证研究中，也提取了一些理论总结。总的来说，国外的研究已经在质性和量化研究均取得了不凡的成绩。但也存在一些不足，比如，在"地方感"、"地方依恋"、"地方认同"等概念的形成机制的探讨不足；对以上相似概念之间的联系和区别以及它们可否纳入一个研究体系中尚待澄清；对当代互联网＋的背景下的"地方"及"地方感"的讨论略显薄弱等。因此，对此领域的研究有进一步提升的空间。

国内对地方感的研究起步于21世纪以后，早先以文学和社会学角度介入。理论研究方面主要以引进、借鉴国外的地方感理论为主。2006年，黄向和保继刚第一次将"地方依恋"概念引入国内，在游憩领域掀起了研究的热潮。在这些人文主义地理学家看来，"地方"这个概念包括三个方面的内容：地理位置、物质形式以及它拥有的价值和意义。前两者构成了"空间"，有意义的"空间"才能被称为"地方"，空间转化为地方的过程正是地方感产生的过程。地方感的建构通常通过功能建构和意义建构两个过程来完成，功能建构针对的是在特定地理位置的空间中，进行物质形态的景观建造达到塑造地方感的目的，是地方感的物化载体。意义建构是通过生活在空间里的人对功能设施不断地认知，经内省后赋予情感，最终形成地方感。因而，地方感虽然是一种情感，但其必须要依托一定的空间。同时，地方感的产生是一个动态的过程，可以在顺应和维系记忆的基础上进行适当的引导和再造。唐文跃认为地方感是关于人们对特定地理场所（setting）的信仰、情感和行为忠诚的多维概念，主要包括地方依恋（place attachment）、地方认同（place i-dentity）、地方意象（place image）和机构忠实（agency commitment）等研究领域，并绘制了地方感研究中主要概念之间的关系及其维度构成并构建了地方感的 ODTG 研究框架。① 朱竑等认为地方感是一个动态变化的包容性概念，包括地方依恋与地方认同两个维度；地方依恋与地方认同是两个相关但各具独特内涵的概念，研究过程中应对其进行有效区分；地方依恋会影响地方认同，二者都有助于地方感的构建。② 盛婷婷等在文献回顾的基础上阐述了地方感的维度及层次划分，分析了地方感的形成机理及影响因素，总结了地方感的研究方法和研究对象，同时指

---

① 唐文跃：《地方感研究进展及研究框架》，《旅游学刊》2007年第11期。
② 朱竑、刘博：《地方感、地方依恋与地方认同等概念的辨析及研究启示》，《华南师范大学学报》（自然科学版）2011年第1期。

出我国的地方感进一步研究的方向。①

　　国内对于地方感的应用研究，首先，以旅游为主要领域。关于这一点，前文已讨论，在此不赘述。其次，地方感的应用研究涉及城市化变迁过程，如部分学者讨论了城市化对社区地方感的影响，得出居民社区依附程度差异导致了其地方感存在差异。另有部分学者探讨了空间变迁背景下的地方感知与身份认同。最后，地方感的应用研究还涉及开发区发展过程等。例如，有些学者深入讨论了经济技术开发区建设对周边居民归属感的影响，有些探讨了经济技术开发区周边居民社会空间的分异状况和地方感缺失的问题，还有些学者研究了经济技术开发区建设对居民地方感的影响。

　　明显地，国内的研究跟国外的研究存有较大差距。在"地方"内涵的讨论上多以借鉴、援引国外研究为主，少有基于中国文化以中国人视角切入到"地方"的研究成果。但是，国内对"地方感"、"地方依恋"等的形成机制研究较为成熟。目前仍处于百花齐放，难以达到共识的阶段，且对"地方感"的量化研究多使用结构方程方法，对用"实验"方法来探索人的地方感略有不足，尤其是对基于"现象学"、"扎根理论"等质性研究方法对"地方感"的整体性的观察和研究不够。因此，国内的"地方感"研究还有进一步深入的必要。

二　基本理论

（一）依恋理论

　　依恋（attachment）是一个心理学概念，也是心理学研究的一个重要话题。对其的研究始于1969年英国精神分析师鲍尔比（John Bowlby）对孤儿院儿童心理障碍的关注。依恋理论最初的研究主要集中于母婴依恋关系和类型，但依恋联结却是持续存在的，这一本质使依恋理论能够扩展应用。因此，20世纪80年代后期，人们开始关注青少年和成人的依恋研究，使依恋理论得以延展到人的一生。

----

①　盛婷婷、杨钊：《国外地方感研究进展与启示》，《人文地理》2015年第4期。

鲍尔比认为依恋是个人（主要是婴儿）与特定对象（母亲或照料者）之间形成的一种独特的情感纽带·关系。由于依恋被公认为是儿童早期生活中最重要的社会关系之一，是个体社会化的开端和组成部分，因而依恋研究大多聚焦于儿童早期，后来，青少年期依恋、成年期依恋受到重视。社会人格心理学取向的研究者将成人依恋定义为个体与目前同伴的持续和长久的情感联系。众多研究者承认和证实成年依恋与儿童依恋具有一定的传承性，依恋是社会化过程的一部分，依恋行为是社会性行为，不可否认，依恋在人的社会认知、情感调节、人际关系和个人适应等方面具有重要作用。

不同的心理学家对依恋的根源、实质以及内在的心理机制存在不同看法。因此，也形成了不同的依恋理论。其一，精神分析的依恋理论。一般认为，依恋理论起源于精神分析。精神分析的依恋理论认为，依恋的第一个信号出现在婴儿期，并且是性欲的，母亲在个体依恋形成中起着重要作用，母亲对婴儿需要的满足形成健全的母婴依恋关系。其二，习性学的依恋理论。习性学的依恋理论从进化的观点来解释依恋，认为依恋的实质是生物学上的本能反应，是人类长期进化的结果。习性学的依恋理论把依恋看成是母婴双方协调发展起来的过程。其三，学习的依恋理论。学习的依恋理论认为依恋的形成机制是基本需要被满足而获得的二级强化行为。如母亲总是满足婴儿的食物需要，减小了"饿"这个初级生理驱力，于是母亲获得了二级强化的性质，成了满足婴儿需要的客体，婴儿就产生了对母亲的依恋。后来，又认为照顾者与婴儿接触时所提供的触觉、视觉、听觉的刺激都是婴儿依恋形成中最重要的刺激。其四，认知的依恋理论。该理论强调认知能力对依恋发展的影响，认为儿童依恋必须建立在"会区分环境中不同的人"和"会认知永久客体"这两种认知能力上。如认知心理学家用"图式"来解释依恋的形成机制，认为婴儿在交往过程中会逐渐形成人和物体的图式。当与图式相似的刺激物出现，婴儿表现出愉快的情绪；当与原先图式略有不同的刺激物出现，会引起婴儿的兴奋、好奇和探索行为；当刺激物与原先图式差别过大时，则引起婴儿的害怕。其五，鲍尔拜（Bowlby）的依恋理论。鲍尔拜（Bowlby）的依恋理论是对以上各派理论的融合。该理论用"内部工作模式"解释了儿童对母亲依恋的机制，同时指出，尽管依恋行为在童年早期特别显著，但是在人类"从摇篮直到坟墓"的一生体验中都存在依恋。依恋之所以贯穿生命始终且相对稳定，是因为早期依恋所形成的"内部工作模式"是贯穿生命始终且相对稳定的。

近年来，部分研究者用依恋理论进行治疗并取得显著效果，显示了依恋理论在应用上的价值。因为该理论受多种学科多种理论的共同影响，因而它具有一定的普遍适用性。部分学者将依恋引入对地方的研究当中。相关研究显示，大学生对大学城、外来经营者对经营所在地、顾客对购物场所或旅游者对旅游地、居民对居住地都会形成依恋。虽然在某些方面，对人的依恋与对地方的依恋有所差异，但在依恋的本质特性和行为效果方面却是基本相似的。

对地方的依恋即地方依恋（place attachment），是近年人文地理研究的热点问题，"地方依恋"是威廉姆斯于1989年提出的概念，也被称为"场所依恋"，地方依恋应由地方依赖与地方认同两个维度构成。[①]吉根森等（Jorgensen & Stedman）认为地方认同、地方依恋和地方依赖都是从属于地方感（sense of place）一阶概念框架下的二级概念框架[②]，认为人对某个地方的情感会经历从"地方感"到"地方认同"到最终产生"地方依恋"这一过程。吕怡儒（2001）认为人通过自身的亲身体验而建构起对某地的地方感，再经过与地方的不断接触将产生地方认同，随着与地方接触的深入，个人将自己视为环境的一分子时，对地方的认同感越强，继而越会对该地产生地方依恋。[③]

① DR Williams, ME Patterson, JW Roggenbuck and AE Watson, "Beyond the commodity metaphor: Examining emotional and symbolic attachment to place", *Leisure Sciences*, Vol. 14, No. 2, February 1992, pp. 29 – 46.

② BS Jorgensen, RC Stedman, "Sense of place as an attitude: Lakeshore owners attitudes toward their properties", *Journal of Environmental Psychology*, Vol. 21, September 2001, pp. 233 – 248.

③ 吕怡儒：《台北近郊森林地方感之研究》，硕士学位论文，台湾大学，2001年，第85—87页。

（二）旅游凝视理论

旅游凝视是在"凝视"的基础上发展而来的。对"凝视"这一概念的讨论最早可追溯到西方哲学的"看"（或"视"）传统，西方多位学者，如拉康（Lacan）、福柯（Foucault）、吉登斯（Giddens）等均从不同视角对"凝视"进行了探讨。在各研究的积累中，"凝视"由一个观看的动作变成了一种观看方式。作为观看的动作，它是指有别于"浏览"（scan）和"一瞥"（glance）等快速观看行为的延长了的观看。而作为一种观看方式，"凝视"发展成为一个涉及认识与被认识、支配与被支配等非对等权力关系的概念。它是指具有权力和欲望等策略性行为的观看之道，它显然具有了社会特征及意识形态含义。

1992年，英国社会学家约翰·厄里（John Urry）在米歇尔·福柯（Michel Foucault）的"凝视"相关著述基础上提出了"旅游凝视"（tourist gaze）一词。遗憾的是，厄里并未对"旅游凝视"的概念进行明确界定。在《旅游者的凝视：当代社会的休闲与旅游业》《消费地方》和《游览的文化——旅行及其理论的转变》等一系列著述里，厄里构建了"旅游凝视"理论。其内涵主要包括旅游凝视的性质和分类、旅游凝视的有形化和旅游凝视与消费地方。西方学者一致认为旅游凝视理论改变了传统旅游理论的基础，并将其作为一种基本的研究路径和理论工具来引用。厄里认为，旅游者拍摄旅游地人文事象的摄影行为以及各类旅游宣传的广告图片等形式都是"旅游凝视"的具体、有形的表现方式。人们离开惯常居住地到另外的某个特定的地方去旅行，是寄希望通过"凝视"那些与自己所熟知环境完全不同的事物以获得愉悦、怀旧、刺激等体验。

厄里的游客凝视其实是一种隐喻的说法，不仅指"凝视"的动作，而是将旅游欲求、旅游动机和旅游行为融合并抽象化的结果，是旅游者施加于旅游地的一种作用力。游客凝视是基于差异的社会构建的产物，游客一直在追求日常生活之外的"超常"体验，选择那些能够提供"超常"体验的"地方"。

有学者指出"旅游凝视"理论存在不足，厄里强调旅游者对旅游地文化和居民的单方面凝视，同时暗指旅游者凝视处于主动、支配地位。但往往凝视是双方共有的。同时，伴随着旅游地的发展，当地人会反过来对旅游者的凝视产生重要影响。基于此，毛茨（D Maoz）提出"当地人的凝视"（Local gaze）和"双向凝视"（The mutual gaze）之概念①，重点考察了当地人的凝视与旅游者的凝视之间的相互作用和影响，提升了"凝视"理论的实际应用价值。

"地方"是厄里研究旅游凝视的重要的切入点，从而提出了消费地方（consuming place）的观点。旅游是建立在对某个特定地方的异质性的旅游凝视物的消费之上。旅游地为了增强自身对旅游者的吸引力而会主动、积极地开发自身的物质和符号性资源作为旅游凝视物，如艺术、建筑、典礼、仪式等，以此来激发旅游者对凝视地方的欲望，增强对凝视地方的感知，如在法国，随处可见年轻情侣旁若无人地激情拥吻，可见银发苍苍的老夫妇携手挽臂、蹒跚而行，可见塞纳河边的散步，可见香榭里舍林荫下的低徊，可见酒吧里的慢酌，可见咖啡馆里的细语……当目睹以上场景时，旅游者凝视的便不仅是所看到的对象，而是"永恒浪漫的法国"。这种体验可培养出旅游者与地方之间的亲密感，并可帮助旅游者建立对异地的地方感。

（三）消费者行为理论

消费者行为学产生于 20 世纪 50 年代，作为营销学理论的根基，一直受西方学术界的重点关注，并形成了理性决策消费行为模式、情感体验消费行为模式和行为主义消费行为模式三种理论范式。

首先，理性决策消费行为模式。它关注的是消费者的消费决策过程与影响因素。它假设消费者是理性决策人，消费行为是消费者寻求问题解决的纯粹理性过程。在此假设条件下，认知心理学派研究者认为：消费是作为"认知人"（Cognitive Man）的消费者为了满足需要而寻找商品服务的信息加工过程：先意识到问题存在，然后收集信息。在此基础

---

① D Maoz, "The Mutual Gaze", *Annals of Tourism Research*, Vol. 33, January 2006, pp. 221 – 239.

上评价、比较、筛选，最后作出购买决定。该理论假定消费者对有关商品的信息会经过感知、感受、冲动三个心理过程，而认知贯穿三个心理过程的始终，认知对行为会产生直接的影响。

总的来说，认知视角下的消费行为理论对营销活动的最大启示是如果要影响消费者行为，就必须让消费者接触到所提供的信息。如此说来，认知视角下的消费行为理论对地方感的研究也有同样的启示，即如果要影响旅游者对地方的感知，就必须首先让旅游者充分接触到与这个地方有关的方方面面的信息（也即旅游地为了增强自身对旅游者的吸引力而主动、积极地开发出来的能体现自身特质的物质和符号性资源）。

其次，情感体验消费行为模式。它重点从消费者个体心理感受的角度来理解消费者行为的内在根据。该理论认为：消费者是"情感人"，消费行为是一个消费者受内在动机驱动而寻求个体心境体验的情感经验过程。需要、动机、生活形态、自我概念、象征等消费者个性心理与消费购买行为的关系是他们的研究重点。除了情感，消费者的物理与社会环境也影响着顾客的消费行为。如消费者独特社会身份或角色对消费行为产生影响。同时，消费者民族认同感与自我认同感，特别是当消费者被唤起这种情感时，他会一并把这种情感融入购买行为中。因此，消费者的认同感可以提高其对所选择的产品与品牌的认知。营销人员须关注情感变量对消费者的刺激、关注店面布置与产品陈列、关注样品演示、关注促销人员的服务质量与氛围等。

那么，情感体验消费行为理论对地方感的研究同样具有理论指导意义。一方面，该理论认为消费者对消费品的消费受情感体验的影响，认为营销人员须关注情感变量对消费者的刺激。另一方面，根据厄里的"消费地方"（consuming place）的观点，旅游地就是旅游者的"消费地方"。而旅游者的地方感是在旅游者与旅游地——"消费地方"之间不断互动后产生的，是旅游者以与旅游地——"消费地方"为媒介产生的一种特殊的情感体验。因此，可以认为，旅游地——"消费地方"的地方感受旅游者的情感体验影响，作为东道主须关注情感体验对旅游者的刺激，从而影响旅游者对地方的感知和认同。

最后，行为主义消费行为模式。它把消费者视为按特定行为模式对环境刺激作出反应的"机械人"，认为消费是一个缘于环境因素影响的条件反射行为，并不一定经过一个理性决策过程，也不一定依赖已经发展起来的某些情感。环境影响下的学习、态度以及行为反应模式是其研究重点。

（四）环境—行为理论

环境通过一定的中介变量影响人的行为的相关理论构成了环境—行为理论体系，在环境心理学中，有环境和个体行为的关系理论，代表性理论包括唤醒理论、环境应激理论、环境负荷理论、行为场景理论等，主要讨论群体使用者与环境特征之间的关系，以下逐一进行简单的介绍。

唤醒理论的核心在于环境通过唤醒人的情感来影响人的行为，人在不同的环境中，会产生不同的情感，这在第四章的 PAD 三维情感还有体现。当环境中不确定性增加时，人的唤醒水平也相应提高，两者呈正相关关系。而人在环境中的快感程度与环境的不定性却是呈倒 U 的关系。这就是说，完全确定的没有任何挑战的环境很少能引起受众的兴趣，但面临着严重的不确定性环境中，人的快感会降低。环境心理学已经证实，环境的复杂性、新奇性、意外性和不和谐性均处于中等水平的对象可以被认为是最美的。其中，复杂性指的是环境组成要素的多样性与结构的复杂性；新奇性指的是环境中包含新的或以前未曾引起注意的特征程度；意外性指的是人们所预期的环境未被证实的程度；不和谐性指的是一种环境要素与其周围背景不一致的程度。

令人不愉快的环境刺激所引起的紧张反应称为环境应激，当个体把某一环境刺激经过认知评价后认为对自身构成威胁的条件下，人进入环境的应激状态，个体会有警戒、抗拒、衰竭三个阶段的适应症候群。从这个意义上说，所谓的环境威胁必须要经过主体自己的认知，如果环境本身是有威胁的，但主体并未评价为受威胁的，那么，该主体也不一定有警戒、抗拒和衰竭行为。在警戒阶段，个体对感觉有威胁的环境十分敏感，很容易就进入抗拒阶段。这时，个体会选择一些自认为是恰当的主动或被动的对策和行为。主动的对策如信息搜索、排除或制止应激物，用以进一步评价环境，如果仍然将环境评价为威胁，便极易步入衰竭阶段。被动的对策如采取逃避行为，远离应激物，因为，此时个体已离开环境刺激，也许就会调整心态。但若是不得已还需面对这样的环境，也会进入衰竭的第三个阶段。在衰竭期，个体会产生诸如愤怒、恐惧、焦虑等难以排遣的负面情绪，使主体的心理受到伤害。环境应激物可以分为灾变事件、个人应激物和背景应激物三种。个人应激物指的是个人的生活事件或日常琐事引起个体的烦恼；背景应激物指的是日常生活中难以避开的如拥挤、噪声、污染等对象，长期生活在这样的应激物下，会严重损害个体的身心健康。唤醒理论与环境应激理论可以解释旅游者逃离常住地这样的充满着日常琐事和难以逃避的背景应激物的环境，去追寻有着中等程度的复杂性、新奇性、意外性和不和谐性的旅游地，这样的活动是可以带给人愉悦的，旅游活动是个体的环境—行为结果。

　　将环境应激理论进一步阐发开来，即构成环境负荷理论。其核心论点是人的情感唤醒水平的高低在一定程度上取决于个体所接受的感觉信息的多少。高负荷的环境是传递大量感觉信息的环境，反之即为低负荷的环境。在其他条件相当的环境中，高负荷环境比低负荷环境具有更强的唤醒作用。但是，个体处理环境信息的能力是有限的，否则，就会发生信息超载。长时间的信息超载，如生活在大面积的人工建筑、复杂的街道、拥挤的车流人流、嘈杂的声音和各种各样的气味等的环境中，就会使人因注意力分散而感到疲劳，从而引发负面情绪。因此，旅游地的建设也要注意简化环境信息，提高人们的注意力，从而减少对无谓信息的关注而付出的努力，进而使人得到放松。

　　一般认为，环境信息的实际输入刺激与所需要的刺激相等时，环境处于个体的最优刺激范围内，就可以形成主客观之间的动态平衡。但通常这是一种理想的状态，个体常常处于最优刺激范围之外。一方面，可以面临的环境刺激不足，就会主动寻求刺激，进行广泛探索，增加环境信息。另一方面，如果环境刺激过多，可能就会出现信息超载，个体对环境产生警诫、抗拒和衰竭症状，继而采取应变策略。如果应对成功，就可以达到一种新的平衡，如果失败，则可能会导致心理疾病。

　　行为场景理论侧重于讨论群体使用者与环境的关系，环境与环境中的群体使用者的行为共同构成了场景。在特定环境中，群体使用者的行为大致一致。行为场景中所能容纳的最多人员数量称为容量，所需要的最少人员数量称为最小维持量。场景中的人员分为三类：执行者、非执行者和申请者，在场所中执行任务的人称为执行者，被服务的对象称为非执行者，没有在场的人称为申请者。在旅游行为场景中，前者称为旅游工作者，后者称为旅游者，那些正在购票进入景区的称为申请者。如果某一行为场所中的申请者人数低于最小维持量，则造成人员配备不足，最终会导致执行者的不足，从而使场所荒芜而不得不关闭，或改作他用。如果申请者的人数超过容量，就会造成人员过剩，对场所造成拥挤等环境信息，增加非执行者的信息负荷，从而影响场所的声誉。因此，申请者介于最小维持量与容量之间的行为场景人员配备最适当。行为场景理论是人类环境中最生活化的微观空间尺度的理论，它在潜移默化中通过他人的榜样行为来影响个人的行为。

第三章 旅游者地方感的理论框架

一 旅游者地方感的内涵

毫无疑问，旅游者的地方感是一种意识存在，地方这个客观事物被旅游者经验了以后，旅游者与地方建立了某种联系，这就是哲学中所谓的"意向性"，即意识总是对某物的意识或者意向的行为和意向的对象存在一种普遍的相互关联，或是意识总是包含着意识的对象或指向某个对象，这是一种"对物体的指向"或是"内在的客观"，如一个意识活动可以粗略地划分为两个方面，一个是意识活动本身，另一个是意识活动的对象或内容，从这个意义上来理解，"地方感"＝"地方"＋"感受"，感受是意识活动，地方是意识活动的内容，因此，地方感实质是主体对地方的一种感受，是一种意识经验，因而，解决"旅游者地方感"是什么，可以从三个方面来认识：一是意向的主体：旅游者；二是意向的对象：对地方的感受；三是意向的目标：地方。以下分别对这三者进行探讨。

（一）地方感的主体：人——旅游者

1. 人的本质

在宇宙万物中，唯有人既有血肉之躯，又有思想观念。人的本质是什么？这是一个很重要又很复杂的问题，人首先是实体性的存在物，是具有一定体积与重量的，是在一定的空间内以特定方式存在着的，并且是不断经历着时间进程的存在。由此点可得出，人就是一般的存在物。然而，这种一般性只是作为人的最为低级的、最具物质性的存在。除此之外，人需要阳光的温暖，水和雨露的滋润以及丰富多样的食物，需要在同他人的合作交往之中成长与进步。总之，人是有鲜活生命的存在物，人有生命这一点就把人归入了有机物的行列，从而与一切无机物区别开来。再深入地探索下去，人基于生产实践基础上的社会意识的发轫与提升，使人的活动具有了目的性，生命富含了意志性，而其他生物却只能在外界既定的原始条件下选择适应原始环境而不能对其进行丝毫改变，从这一点可以把人与其他生物明确地区别开来。众所周知，世界有自然、社会和思维三大领域，唯有人存在于这三大领域之中，并且是这三大领域的结合点。唯有人能使物质转化为精神，精神转化为物质。所以可以说，人的存在乃是宇宙的奇迹。那又应当如何从物质与精神的关系上来概括人的本质呢？既是物质实体，又是精神主体，是物质与精神相互联系、相互转化的结晶。人有双重本质、双重生命、双重需要、双重力量、双重创造，二者相互促进又不可相互取代，二者既协调又不协调，成为矛盾的双方。单独从物质性或精神性来理解人都是片面的，人的物质性与精神性互补，人的物质与精神是辩证的关系，即物质与精神二象性，然而物质与精神二象性的具体表现就是人的物质需求与精神需求。

所谓需求，是指人对客观事物的某种欲望。它同人的活动相联系，是人的行为活动的内驱力。人是由需求来引发行为动机的。需求是一种心理现象，是指人们对某种目标的渴求或欲望。人的需求是多种多样的，需求随着人的自身发展和社会生活条件的变化而发生变化。需求的层次也不断改变，因人而异。即使在同一时期内，人也有各种各样的需求和动机，它们发生相互作用，并结合成一个统一的整体，形成复杂的需要动机模式。不同的个人面对同一个环境之所以会出现不同的反应，或者不同的个人对环境的适应行为之所以有所不同，其重要的原因之一在于个人的需要不同。人为了满足自己的需求，便会用自己的行为去追求需求的实现。由于各人的需求不同，因此他们的行为也各不相同。人们为了生活，得满足各种各样的需求：食物、衣服和其他东西。一个人的行为，总是直接或间接、自觉或不自觉地为了实现某种需求的满足而产生。例如，由于口渴这一生理上的要求，便产生了对水的需求，或由于求知欲这一心理上的要求，就产生了对书刊的需求。可见，需求是产生行为的原动力，是个体积极性的源泉，需求可以因个体的需求而产生，也可以因社会的需求而产生。需求一旦被意识到，就会以动机的形式表现出来。

马克思主义需求观点认为，人的需求也就是人的需要，是人对其生存、享受、发展所需要的外在客观条件的一种依赖关系。它是人对现实生活的一种反应形式，是人的行为发生的内在动因。在现实世界中，社会中的人有许多需求，人的需求是无限发展的。正如马克思在《资本论》的《直接生产过程的结果》这一章中所说的"区别其他一切动物的是人的需求的无限性和广泛性"①，作为实践的存在的人，马克思在《德意志意识形态》中说："他们需要即他们的本性。"② 人的需要即人的本性，这是马克思有关人的需求理论的基本思想观点。在提到人的需要时，他又进一步指出，需要是人与生俱来的内在规定性，是人的生命活动的表现。

马克思在《1844 年经济学哲学手稿》中曾这样论述道："富有的人同时就是需要有人的生命表现的完整的人，在这样的人的身上，他自己的实现作为内在的必然性，作为需要而存在。"③ 这表明人类在满足生存的最基本的物质需要后，就会产生新的需要。而人的精神需要也会随着物质需要的发展而不断发展，因而也需要不断地给予满足，包括新的物质需要和精神需要。精神生产的动因和目的是与物质生产不同的，它们既有共性，又有个性。基于这一点，人类才由进行物质生产劳动，单纯满足生理需求，向追求奢侈、装饰、华丽、炫耀等需要的满足逐渐转换和发展。再到越来越强化和深化满足这种精神需求的生产，最终使精神生产以专业化，独立化的形态分化出来。这种变化，不仅是为更充分地满足人的越来越强烈的精神需求，而且是两种生产各自具有的特殊性要求。随着精神生产的规模和质量不断向更新的、更高的水平发展，整

---

① 中央编译局编：《马克思恩格斯全集》（第 49 卷），人民出版社 1982 年版，第 130 页。
② 同上书第 3 卷，人民出版社 1956 年版，第 514 页。
③ 同上书第 42 卷，人民出版社 1979 年版，第 129 页。

个社会成员文化素质的大幅度提高，精神需求的满足越来越成为人们追求的主要目标。

人的需求包括三个层次，一是物质需求。人和其他生命实体一样，作为自然界的一种普通物种，为了让自身得以生存下去和保证正常的身体机能就必须让基本的物质生活得到满足。马克思认为"我们首先应当确定一切人类生存的第一个前提，也就是一切历史的第一个前提，这个前提是：人们能够'创造历史'必须能够生活。但是为了生活，首先就需要吃、喝、住、穿以及其他一些东西。因此，第一个历史活动就是生产满足这些需要的资料，即生产物质生活本身"①，在这里，马克思指出了人的最初需要是生存的需要。作为现实的人，我们要让肉体得以存活，就要首先解决吃、喝、住等问题。作为吃这个行为我们首先是有这样一种需求，其次要通过自身的努力去外在于人的对象物中获得。因为吃既作为一种人的抑或是动物的本能，是自然存在的。作为食物是外在于人的本身而客观存在的事物，是本体的对象化；我们的需求只能从外在于人的对象物中获取以得到满足。在原始社会，生产力极其低下，人们只能群居生活以抵御自然灾害和外界侵扰。借助最简单的工具从外在于人的对象物中直接获取自然资源，如狩猎、采摘等来解决温饱、维持生命。然而，现阶段随着生产力的进步发展，人类的物质生产得到了丰富，人们也不再满足于温饱，而追求更高的生活品质。人的一切生产活动都是在自身肉体生存的基础上才能进行，如果没有了肉体的支撑，那么所有的活动都失去了物质承载体。自然需求是作为动物的一种本能，同时也是人性的体现。人的主观欲望是自然需求在人的观念上的体现，只有当这一自然需求得到满足，才能在此基础上产生新的欲望与需求。如果个人或人类本身的生存都不复存在了，那么，无论怎样的欲望，都是不可能存在的。

二是社会需求。马克思曾说"物质生活的生产方式制约着整个社

---

① 中央编译局编：《马克思恩格斯选集》（第1卷），人民出版社1995年版，第78—79页。

会生活、政治生活、精神生活的过程"①。人的基本物质资料得到了满足之后，就会有更高的需要。也在此基础上才产生了社会的政治、经济及文化等生活，这也是人区别于动物的所在。马克思曾形象地指出："一窝蜜蜂实质上只是一只蜜蜂，它们都生产同一种东西。"② 人的本质属性在于他的社会性，马克思主义的人是处在现实中的人，是一切社会关系的总和，因此人还具有社会需求。社会需要是个很广泛的概念，包括了交往的需要、劳动的需要以及金钱的需要，等等。首先是交往的需要。在马克思关于人的本质理论的叙述中，我们知道，人的本质是一切社会关系的总和。每个人生活在这个社会中，总是处在各种相互交织的关系之中。人的社会关系是个极其复杂的关系，包含生产关系、文化关系以及阶级关系，等等。其中，生产关系是最基本的社会关系，是其他关系的基础。人生活在这个社会，总要与他人产生联系、交往。特别是在当今市场经济条件下，社会分工细化。离开了社会群体，个人是不可能得到生存和发展的。长期的社会隔离会使人丧失人的特性以及许多作为人的能力。其次是劳动的需要。劳动是人类谋生的手段，是人获取生活资料的手段，在劳动的过程中产生了语言。根据马克思对于人的概念的论述，人有对自身的需要，这种需要得通过努力从外在于自我的客观对象物中获取。而知觉是人与客观对象物之间发生的直接关系，在此基础上，人再通过劳动活动获取生存生产资料。最后是金钱的需要。随着社会交往的发展、生产力的提高，物质产品在满足基本需要之后有了剩余。人类的历史也由物物交换到以货币为中介的等价交换，金钱孕育而生。在现今社会，市场经济高度发展，金钱更成为一种人的需要。马克思说："当我想要食物或者因我身体不佳，不能步行，想坐邮车的时候，货币就使我获得食物和邮车，这就是说，它把我的愿望从观念的东西，从它们的想象的、表象的、期望的存在，转化成它们的感性的、现实的存在，从观念转化成生活，从想象的存在转化成现实的存在，作为

---

① 中央编译局编：《马克思恩格斯选集》（第 2 卷），人民出版社 1995 年版，第 32 页。
② 同上书第 46 卷上册，1979 年版，第 195 页。

这样的媒介，货币是真正的创造力"①。在市场经济条件下，社会生产力得到巨大发展，社会分工明确，人们之间的交往越来越密切。货币作为交换的中介，促使市场经济主体为了获取利润的最大化，改善经营理念、提高生产效率，也推动了社会的发展。

三是精神文化需求。文化需求是随着社会经济的发展体现出来的。人类吃饱穿暖富裕起来以后，就要求乐，这是根本的精神文化需求。人与动物的最大区别在于人是有思想的动物。作为人所从事的一切活动，不单单是为了维持自身生存的需要和发展的需要，人还具有更高级别精神文化的需求。文化需求是人们在基本的自然需要与社会需要得到适当满足的前提下产生的更高层次的需要，脱离了精神享受，人会变得物质而无趣。

人的需求是客观存在的。人的需求首先是物质需求，正如"仓廪实而知荣辱"所描述的。然而随着人们对物质财富的追求，物质财富的积累达到了很高的水平，满足人的精神需求日渐显得迫切。因为只有物质的发展而没有精神的发展就像车子的轮子一样，只有外形的构造，而没有内在的轴承。那车子只能原地打转，众所周知，人是一种很复杂的动物，没有基本的物质条件不行。但只满足物质需求也不行，还需要得到心灵上的满足，实际上人区别于一般动物的高贵之处就在于人是有理想、有信念的，即人有精神需求。在经济高速发展的今天，虽然人们的生活水平提高了，却远远达不到理想中的幸福，经济发展水平与幸福指数不完全成正比。因此，我们在重视物质需求的同时，更要重视我们的精神需求。

矛盾辩证法告诉我们，矛盾双方是对立统一的，即矛盾双方不仅具有相异性和区别性，同时矛盾双方又是相互依存。互为存在的前提条件的"物质需求与精神需求"就是一对矛盾。因此按照矛盾辩证法原则，物质需求与精神需求既是对立的也是统一的。物质需求与精神需求不仅是相互区别的，各自具有自身的相对独立性。而且物质需求与精神需求

---

① 中央编译局编：《马克思恩格斯全集》（第42卷），人民出版社1979年版，第154页。

相互依存，互为存在的前提条件。正是在相互依存中，物质需求与精神需求获得了各自不同的规定性。也就是说，物质需求之所以是物质需求，精神需求之所以是精神需求，正是从二者的相互依存中获得了各自不同的规定性。

综上，马克思关于人的本质思想主要有三个命题：一是"劳动或实践是人的本质"；二是"人的本质是一切社会关系的总和"；三是"人的需要即人的本质"。关于第一个命题，马克思在《1844年经济学哲学手稿》中指出："人的类特性恰恰是自由的自觉的活动。"[①] 这一思想，提出人的生命活动具有特有的方式，即实践或劳动。实践活动是人和动物最本质的区别，也是产生和决定人的其他所有特性的根据，作为人的生命活动的物质生产，和作为动物的生命活动的生产之间有着本质的区别。人能利用自己的智慧创造工具，将自然界和自身当作认识和改造的对象，既改造自然界，也改造自身。马克思在《关于费尔巴哈的提纲》中指出："人的本质不是单个人所固有的抽象物，在其现实性上，它是一切社会关系的总和。"[②] 这是人的本质的第二个命题，凡是有某种关系存在的地方，这种关系都是为我而存在的，动物不对什么东西发生"关系"，而且根本没有"关系"。人类社会存在两种关系，即自然关系和社会关系，人离不开自然，但更重要的是由社会关系决定的，一切现实的人都是"一切社会关系的总和"。在一切社会关系中，生产关系是主要的社会关系，是"决定其余一切关系的基本的原始的关系"。在生产关系的基础上，人们进一步形成了政治的、法律的、道德的、宗教的以及行业间的等复杂的社会交往，并从不同侧面、不同层次映现着人的本质。马克思在《德意志意识形态》中提出了人的第三个本质："他们的需要即他们的本性。"[③] 在这里，马克思不仅赋予需要以前提性，而且赋予它以普遍性、永恒性和能动性，他把社会主义的前提下"人的需要的丰富性"的重要意义，视为"人的本质力量的新的

---

① 中央编译局编：《马克思恩格斯全集》（第42卷），人民出版社1979年版，第96页。
② 中央编译局编：《马克思恩格斯选集》（第1卷），人民出版社1995年版，第60页。
③ 中央编译局编：《马克思恩格斯全集》（第3卷），人民出版社1956年版，第514页。

证明和人的本质的新的充实。"① 人类发展史，就是一部人的需要即人的本性的不断改变和发展的历史，离开了人的需要，一切实践活动和一切社会关系都不复存在。马克思这三个关于人的本质的命题是相互统一又互相联系的，一方面，一定的社会关系是人的活动具体的历史形态，它的性质和变化都是由实践活动的性质和水平决定的，离开实践活动，就不可能产生人的社会关系，也不可能满足人的需要，人就失去了人之为人的具体本质，剩下的只是空洞。另一方面，社会关系作为人们活动的组织方式，又是人得以存在和人的活动得以进行的必要条件，离开一定的社会，人和人类活动都是不存在的，在现实人身上，实践活动是内容，社会关系是形式，人的需要是动力。因此，人的本质可以总结为"人基于某种需要在一定的社会关系中、在所从事的实践活动过程中不断生成的历史存在物，即为我的、自觉的、社会性的实践活动过程中的生成物"②。人正是由于在某种动力（需要）的驱使下，在一定的社会关系里所从事的改造世界的实践活动中，才获得人之为人的真正本质，成为具体的、历史的人。根据这一界定，可以这样理解：人之所以为人，区别于动物的最根本的特征是实践，群体之所以成为群体，能够相互区别开来的根本特征是实践中形成的不同社会关系的总和，每个人之所以为每个人，能够彼此区别开来的最根本的特征，是基于一定的需要在不同社会关系和不同社会实践中所形成的独特个性。总之，人的本质只能在实践活动中得到生成、体现和确证，这种实践，是基于某种需要所进行的实践，而离开人的需要的实践是不存在的。

2. 旅游者的本质

旅游者，字面的理解是从事旅游活动的人，旅游（Tour）来源于拉丁语的"tornare"和希腊语的"tornos"，其含义是"车床或圆圈；围绕一个中心点或轴的运动"。这个含义在现代英语中演变为"顺序"。后缀 ism 被定义为"一个行动或过程；以及特定行为或特性"，而后缀

---

① 中央编译局编：《马克思恩格斯全集》（第42卷），人民出版社1979年版，第132页。

② 陈曙光：《"斯芬克司之谜"再沉思——马克思人的本质思想解读》，《南华大学学报》（社会科学版）2007年第1期。

ist 则意指"从事特定活动的人"。词根 tour 与后缀 ism 和 ist 连在一起，指按照圆形轨迹的移动，所以旅游指一种往复的行程，即指离开后再回到起点的活动；完成这个行程的人也就被称为旅游者（tourist），2014年，我国国内旅游人数 36.11 亿人次，人均年出游 3 次，比上年增长10.7%；入境旅游人数 1.28 亿人次，中国公民出境旅游人数达到 1.07亿人次，旅游直接就业 2779.4 万人，旅游直接和间接就业 7873 万人，占全国就业总人口的 10.19%，一系列傲人的数据显示，中国的旅游产业正在阔步前行且又反哺造福人类，而这一切正是通过人的旅游活动实践成就的，什么是"旅游"？瑞士的汉泽克尔（Walter Hunziker）和克拉普夫（Kurt Krapf）早在 1942 年出版的《普通旅游学纲要》一书中就给出"旅游是非定居者的旅行和暂时居留而引起的现象和关系的总和，这些人不会导致永久居留，并且不从事赚钱活动"的定义，该定义结合了旅游的各种要素，以其综合性得到学界的普遍认可[1]。出于不同的研究目的和需要，旅游又有侧重于经济的、文化的、社会的、生态的等各种狭义定义的提法，可谓众说纷纭，在此不再赘述。人为什么会成为"旅游者"？因为旅游是"一种回应人类休闲本性的生存方式，是逃逸与追求的统一"[2]，人与动物在本质上的不同，正是在于人有其特别的精神本质这一天赋——休闲，这种在远古时代可能属于从生产活动的缝隙当中流泻出来的一点闪烁着自由和理想光辉的生活方式，反倒更能成为人类寻找本性甚至塑造本性的直接工具，多数旅游动机理论持有者认为，旅游是一种"逃逸"，更是一种"追求"，在日常生活尤其是现代化进程中的日常生活中，人的精神和情感陷入了危机，工作、学习、交往的压力，无休止的竞争把我们逼向痛苦甚至是崩溃的边缘，"被我们称为文明的东西在很大程度上造成了我们的痛苦"，这是弗洛

---

① ［瑞士］汉泽克尔、克拉普夫：《普通旅游学纲要》，转引自刘毅主编《中国旅游百科全书》（第 1 册），中国大百科全书出版社 1999 年版，第 1 页。

② 谢彦君：《旅游体验研究——一种现象学的视角》，南开大学出版社 2005 年版，第88—99 页。

伊德口中的"文明的缺憾"①，我们也许反抗成功，也许抗争无效或是根本无力反抗，种种负面情绪产生需要一种释放压力的途径，旅游，因其可以暂时离开这种情境而得到人的青睐，虽然总归是要回来面对困境，但是管它呢，在旅游的这一段时间，我们可以追求短暂的快乐，可以进行自我的调整，这种以退为进的方式可以让我们再次从容地面对困难，是一种自我实现的努力，因此，旅游是人的内在需求。

何为"旅游的本质"？在中国的旅游学界，主要有两种解答，一种是以谢彦君、曹诗图为代表的"体验说"②③，认为现象学视角下的旅游本质是愉悦和身心自由的异地体验，体验是一个心理过程甚至是思想过程，是一个对生活、生命和生存意义的建构和解构过程，因为体验是旅游现象所具有的最一般、最普遍、最稳定的共同属性；体验是旅游现象区别于其他现象的独特属性；体验是规定和影响旅游现象中其他非本质属性的根本；体验是旅游活动产生、变化及发展的依据。透过现象看本质，如果把旅游比作一座冰山，经济只是露出水面的冰山一角，文化是介于水面的部分，体验则是深藏在水面之下的冰山主体，是处于本质地位的。另一种以杨振之为代表的"诗意栖居说"④，以海德格尔的存在学为基础，认为"人诗意地栖居"是旅游的本质，"此在（人的）本质上包含有在世，所以此在的向世之存在本质上就是烦忙"⑤，烦忙，是人的生存惯常状态，我们生活在追名逐利的现实中，天、地、神、人难以归为一体，可以通过旅游体验而使人寻找到自我，这是常人都能获得的便捷途径，人居住之本质在于人诗意地栖居于大地上，旅游，虽然是人的形式上的空间移动行为，但本质上去是走向遥远生活的居住，是获得自身显现的诗意的居住，人，因此获得存在的意义。诚然，这种被

---

① ［奥］弗洛伊德：《一种幻想的未来文明及其不满》，严志军、张沫译，上海人民出版社 2007 年版，第 77 页。

② 谢彦君：《旅游的本质及其认识方法——从学科自觉的角度看》，《旅游学刊》2010 年第 1 期。

③ 曹诗图、曹国新、邓苏：《对旅游本质的哲学辨析》，《旅游科学》2011 年第 1 期。

④ 杨振之：《论旅游的本质》，《旅游学刊》2014 年第 3 期。

⑤ ［德］海德格尔：《存在与时间》，陈嘉映、王庆节译，生活·读书·新知三联书店 1987 年版，第 233 页。

称为"旅游"的人类活动，在动物界却被唤作"迁徙"，是人区别于动物的、在寻求身心补偿需求下的、闪烁着人类精神和情绪的光芒的一个典型社会活动实践当然且必然体现着人的本质，又反过来塑造着完美的人，正如网友强生博客中所说："旅行是我心中很执着很珍惜的一样东西，也许是因为我的知识库中让我从容面对生活的一切都是从旅行中学到的缘故，在东非草原上学习如何与团体相处，在尼泊尔的飞行员小镇中学习如何与珍爱的朋友告别从而知道要珍惜共处的时光，而在墨西哥的三个月，似乎是学习自己是什么样的人，就连去朋友家喝酒聊天之后把东西收好，都是住青年旅馆和 coach surfing 养成的习惯。旅行中看到的一切美景，其实都只是故事发生的背景而已，我们总以为自己旅行是为了看风景，其实很多很多年以后记住的却是故事，当然，还有人，其实我是在旅行中才成为现在的自己的。"①

综上，旅游者的本质首先符合人的本质，首先必须是一个鲜活的生命，具有物质、社会和精神追求，旅游活动对于旅游者来说，是一个在基本需求得以满足之后，以融入地方的状态追求一种愉悦体验的行为，"体验说"和"诗意栖居"在旅游者那里，是可以统一的，"体验说"强调旅游的"异地"身心自由的体验，"诗意栖居"则着眼于人与环境的和谐相处，如果说前者的体验给人带来的是愉悦的感觉，后者则是达到一种忘我的境界，两种情感都是依赖于地方，生长于人地交互式接触的关系中。旅游者从决定旅游开始，便与常住地与旅游地产生复杂的情感，这种情感相生相伴于整个旅游过程，它内隐于旅游的本质中。

(二) 旅游"地方"的内涵

地方 (place) 是地理学的核心概念，不同的地方概念界定方式体现了地理思想和社会地理形势的演变，学术界有关地方的定义，大致可以分为三种：（1）地方是地表上的特殊地点；（2）地方是地方感等感情产生的基础；（3）地方是日常活动和互动的场景。这些不同界定方

---

① 强生 ZJUTLS 的日志：《人为什么要旅行》（http://blog. renren. com/share/31545 0025/16670315381）。

式分别涵盖了传统区域地理学对地方特殊性的描述以及计量地理学有关均质空间中地理间关系的探究；人文主义地理学对地方意义、地方依附等地方感和地方是"在世存有"（being-in-the-world）之所在的关切；以及从马克思主义、女性主义和后结构主义等立场出发的地方建构观点，视地方为资本主义生产的社会关系、父权与异性态体制，以至于现代性、理性霸权建构的产物，概言之，第一种地方观指代的是地方的"几何说"，地方是有具体长、宽、高的空间形式，而后两种地方观的提法则是 20 世纪 60 年代以来被许多地理学家所倡导的"社会建构说"，地方是由人通过各种关系来建构的。全球化语境下，"几何说"中把地方固定在一个有边界的空间里显然已不能满足人类认识自然和社会的要求，也就是说，在认识地方时要考察某个地方的社会关系和过程，就必须超越均质恒定的地方观，同时掌握该地方的复杂差异性，以及与地方外部的各种联结和关系网络。这并不是说，地方已经失去了独特性，而是说，任何地方的特殊性质，都必须放在超越该地方的各种社会关系和过程网络里来看待，地方是跨界的、多重尺度的各种网络，交错叠加而形成的特殊组合或连续状态。基于此，由于旅游中人—地的不可分割性，旅游场域下的地方观，应将旅游者与地方的关系有机地融入进来。

基于这样的认识，第一种有关地方的观点实质指代的就是空间，后面两类才是人文主义地理学的研究范畴，学者们已基本认可"地方"（place）这个概念，包括三个部分：地理位置、物质形式，以及它拥有的价值和意义。"地方"是相对"空间"提出来的，空间只包括地理位置和物质形式两个部分，可以用矢量来精确表达。从这个意义上来讲，"地方"这个概念可以解构成两个层面，一为物质层面，包括地理位置和物质形式，二为精神层面，包括它所拥有的价值和意义，这是"地方"区别于"空间"的关键所在。从这个意义来看，"空间"与"地方"之间存在着密切的联系，前者是后者的基础和前提，后者是经人经验过的空间，那么，空间又是怎样成为地方的？段义孚曾举例说，如图 3-1 所示，从一个地方至另一个空间，开始时仅对进入点有认知，继而空间中更多的地标被确认，以便建立起移动的信心，最后组构一个

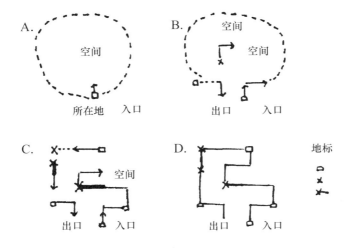

图 3 - 1　空间转化为地方的过程

资料来源：Tuan Yi-fu，*Space and Place：The perspective of Experience*，1977。

熟悉的地标和路径的空间网络，换言之，此时，地方开始出现①。从段义孚的理解来看，空间是必须经人的实质经历才能成为地方，与考察居民对常住地的感受不同的是，旅游至少是跨越两个地方、有抵离行为的活动，因此，旅游情境下的"地方"概念的认识应有其特殊性。首先，旅游者的旅游活动具有明显的短暂性，在这样一个短暂的时间内的旅游者眼中的"地方"与通常意义上的地方会否不同，可否细细刻画？其次，通常意义上的"地方"，是主体真实生存或经历过的空间存在，但是，一如前文所述，为什么有些没有去过的地方，会让旅游者魂牵梦绕？这样的地方，可否纳入旅游情境下的"地方观"中来？对此，需要进一步的思辨。在介绍以下内容之前，有必要对一些基础的概念做一个交代，按旅游者是否去过某地，可以将旅游者分为潜在旅游者和现实旅游者，前者是想去而未去某地，后者是已经在某地实现了旅游行为的

---

①　Tuan Yi-fu，*Space and Place：The perspective of Experience*，Minneapolis：University of Minnesota Press，1977，p. 71.

旅游者，另外，在本书中，还将旅游过程分成了三个阶段，即旅游前、旅游中和旅游后，旅游前指的是计划从常住地去往旅游地进行旅游活动的阶段，旅游中指的是正在旅游地进行旅游活动的那一个阶段，包括去往、游览和返程三个要素，旅游后是旅游活动结束已回到常住地后的那一个阶段。

1. 地方自在——原始意象

"地方自在"指的是真实存在于世界的那样一个地方，无论旅游者去或没去，关注或没有关注，"地方自在"就在那里，自然，"地方自在"有自己的唯一的地理位置，有一定的物质形式，也并非没有价值和意义，它的价值和意义是被"他者"解读的，只是由于某种原因没有被"我"知晓。因而，对"我"来说，是一个没有被"感知"的客观对象，以是否被"我"感知为标准，把被"他者"感知到的地方的价值和意义统称为"原始意象"。"意象"指的是客观物象经过创作主体独特的情感活动而被创造出来的一种艺术形象，与"印象"略有区别。后者指的是接触过的客观事物在人头脑里留下的迹象，相比而言，一是两者的心理过程略有不同，"印象"更注重对客观事物的认知，表现为客观事物在头脑中的如实反映；二是两者的目的不同，"印象"的目的主要是利于主体进行判断，使自己的行为更有方向性，更为明确，而"意象"的目的在于再创一个艺术形象，使其更富美感，更能与人产生共鸣；三是两者实现的途径不同，"印象"主要是指客观事物已被接触过，对没有去过的地方，不太适用于"印象"，而"意象"一词适用的范围可以更广，无论旅游者去没去过那个地方，都可以使用，因而，在本书中，用"意象"一词来表达"地方"在人脑中的价值和意义，是加入了个人情感的，带有主观色彩，因此古人说"登山则情满于山，观海则意溢于海"（《文心雕龙·神思》），借助的就是一种移情于山水的意象。在中国的古典诗词里，"意象"的艺术手段应用得最多，也最为成熟，如"月亮"代表"思乡"，如"床前明月光，疑是地上霜，举头望明月，低头思故乡"，再如"海上升明月，天涯共此时"等诗歌中的"明月"都代表一种思念之情，再比如"梧桐"代表愁思，如"金井梧桐秋叶黄，珠帘不卷夜来霜"，再如"一声梧叶一声秋，一点芭蕉一点愁，三更归梦三更后”等。

2. 概念地方——诱发意象

“地方自在”被我感知后，在“我”的头脑中形成的一个“地方意象”，是人脑对外界信息的一种反映，因为“我”本身并没有亲自经历过这样的地方，“地方”是一个虚构的物象，我们称之为“概念地方”，对应着“诱发意象”，“概念地方”和“诱发意象”已深深地打上了“我”的印记，其主体都是“我”，主体一经接触“地方自在”，就开始对它进行加工，两者在头脑中的形成过程同步，因此，在某种意义上两者可以混用。如果“概念地方”能得到“我”的认同，或是符合我内心的价值判断和情感需求，或是这个地方让我感觉它就是我的一部分，是自我的延伸，如此，才有可能引起“我”的兴趣，进而令“我”成为潜在旅游者。

3. 基模地方——复合意象

“基模地方”指的是“我”亲身到实地后的那个地方，简单地说，就是“我在”的那个地方，经过我的解读，头脑对“基模地方”进行加工，不断地与诱发意象进行比较，对其进行理性判断和感性认知，进而形成“复合意象”，这是一种实在的认知意象，直接影响到旅游者对旅游地的看法，如果与之前生成的“诱发意象”一致或者比“诱发意象”还要好，那么旅游者就会产生向别人推荐或重游此地的行为，反之，“基模地方”便只能成为一段“我”的人生经历，“复合意象”也只能是提供“我”下次旅游的经验教训，这样的地方或此类地方，短时间内或许不再涉足。

当然，从范围尺度来看，可以将旅游地方分为景点、景区和地方三个层次，对应的意象是景点意象、景区意象和地方意象，三者相互关联、相互影响，从旅游过程来看，是地方意象决定了潜在旅游者是否会采取旅游行为去往旅游地，而到了旅游地以后，便是由旅游者游览景点、景区的感受来决定地方感。

（三）旅游之地方“感”

情感这个词，可拆分为“感”和“情”两个字，前者与“感觉”、

"感受"相联系，后者包括"同情"、"体验"，因此，情感的基本内涵是感情性反应方面的"觉知"，它集中表达了感情的体验和感受方面。然而，在高级情感中，人们体验着深刻而稳定的体验感受；责任感、事业把人带入崇高心深邃的境界。与此同时，它们也是使人激动不已的情绪过程①。而情绪是"多成分组成、多维量结构、多水平整合，并为有机体生存适应和人际交往而同认知交互作用的心理活动过程和心理动机力量。"② 我们可以从以下几个方面来理解"情感"这个概念：

第一，情感是有层次的，通过浅层次的感觉官能感知，情感可逐步升华到高层次体验感受，最终才能进入深刻而稳定的情感境界，如图3-2所示，在心理学中，称之为一类水平、二类水平和三类水平。一类水平指的是反射性情感反应，是一种低级情感在突然发生的情境刺激下直接产生的情绪反应，如美味的愉悦感、疼痛感等，有相对简单的神经环路，它们不必经过思维加工而产生；二类水平被称为二级情感，产生于脑中间部位神经环路的加工过程，位于脑核心部位，称为感觉—运动情绪整合环路，这些部位协调相关的生理、认知、行为和情绪，如恐惧、愤怒、悲伤、兴趣和愉快等；三类水平被称为高级情感，发生机制定位在进化晚期的前脑，人类普遍存在的精细而深奥的社会情感在这里整合，如羞耻、内疚、轻蔑、羡慕、妒忌、同情等情感，它们与高级的

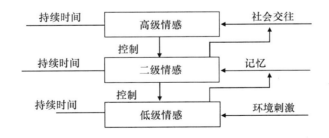

图3-2 情感层次模型

---

① 孟昭兰：《情绪心理学》，北京大学出版社2005年版，第8页。
② 同上书，第6页。

认知过程相联系而发生，这些情感更多地被认为是习得的，高级情感对低级情感有一定的调节控制作用，同级情感也可以调节不同各类的情感，使其产生迁移。

第二，促发情感的动力有内驱力和外部刺激两个因素。达尔文、詹姆士和弗洛伊德三位生物学、心理学和精神病学的开创者奠定了情感的内驱力说，尤其是弗洛伊德的精神分析学说，完全将情感放在内驱力的无意识的框架之内，内驱力是一种内部刺激，它通过调整活动的方向和类型去影响个体行为，每种内驱力都有一定的来源、目的和对象，来源于内在的物化学过程，其目的是向外释放，使有机体得到快乐，每种内驱力的对象可能不同，它们依经验的变化而定，内驱力还有一个重要特性，就是可适应性，它能够被转换、定位或替代，在意识中的动机发生冲突时，便出现压抑，而压抑的能量需要释放，这便形成了内驱力，包括饥饿、渴、性、攻击和逃避危险的冲动。由于情感的"内驱力"说对类似人在受到巨大惊吓之后精神失常等现象的解释力不够，部分学者如拉帕波特（Rapaport）对弗洛伊德理论进行补充和改进，将外界的刺激纳入情感的形成体系中，形成以认知—情感结构为主的新精神分析学派，将情感的心理场和外界刺激联系起来，长久地影响着情感理论的发展。

第三，情感是人的基本生存需要。情感同理智思维一样，是人脑的重要机制，也是人精神活动的重要组成部分，如果没有情感，个人的精神生活千篇一律，人类社会的文化、道德和审美也将无从建构，情绪的功能主义论者赫尔（Hull）、汤姆金斯（Tomkins）、冯特（Wilhelm Wund）等注意到情绪在人们生活中的作用，柴姆普斯（Campos）甚至直言："情绪是人与外界事件关系的维持和破坏的过程。"[①] 欧天里（Oatley）用一个人的生活中随处可见的案例进行了形象的说明："当你在马路上一边说话一边过马路时，突然听到刺耳的紧急刹车声，这时你会立刻停止谈话并跳回到人行道，你会发现此时你的心'怦怦'地跳，

---

① J Campos, "The new functionalism in emotion", *SRCD Newsletter*, Vol. 15, March 1994, pp. 1 – 14.

想到你可能会被撞伤，就决定要小心并不要在马路上谈话。"① 情绪能指导行为已被清晰论证。不仅如此，每一种不同的情感有不同的功能，不同的情感也能引发不同程度的趋近和回避行为，兴趣、好奇心让人去探索，快乐令人去追寻，恐惧让人躲避，同时，人也不能长久地维持在同一种情感状态中，这会令其感到不安。

第四，情绪是可以被唤醒的。学者建构了一个情绪唤醒模型，包括几个动力系统，如图 3 - 3 所示，包括：第一，对外界输入的知觉信息的"知觉分析"；第二，对知觉分析与已建立的内部模式（对现在和将来的需要，意向或期望的认知）进行比较与初步加工，即"认知比较器"，认知比较器附带着庞大的神经系统和生化系统的激活结构，它们与效应器官联系着；第三，对认知比较进行系统的加工。如果知觉分析与预期判断一致，事情即将平稳地进行而没有情绪发生，若出现较大的不一致，如出乎预料，违背意愿或无力应付时，认知比较器就会迅速发出信息，动员神经过程，释放化学物质，改变其激活状态，这时情绪就发生了。唤醒模型既强调了认知加工，又纳入了神经激活的干预，为其他多学科提供了一个良好的情感发生心理学基础。

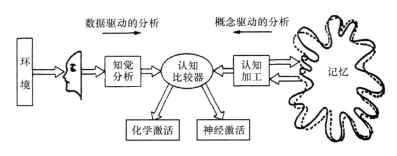

图 3 - 3　情感唤醒模型

对情感的结构进行研究有助于更为精准的认识情感，也易于与情感

---

① K Oatley, J Jenkins JM Jenkins, *Understanding Emotions*, Cambridge：Blackwell Publishers, 1996, pp. 20 - 21.

发生的主体——人之间产生共鸣，因此，情感结构是情感研究领域中一个重要的组成部分，有关情感的结构问题，目前有两种提法，一种是分类取向，另一种是维度取向。分类取向的思想源于达尔文的进化论，认为情绪是由相对独立的基本情绪以及在此基础上形成的多种复合情绪构成，达尔文在其名著《人与动物的表情》一书中认为，人与动物的表情，均系进化而来的遗传性行为，是动物在适应环境中自然保留下来的，发怒时咬牙切齿，是因为露出牙齿可以吓唬敌人，害怕时缩成一团是为了隐蔽自己，不让敌人发现。达尔文曾随英国皇家海军环世界，在南洋诸岛部落社会中，观察不同文化之下的不同种族的人，其基本情绪（喜、怒、哀、惧等）的面部表情，各种族间是一致的。之后，不断有学者对基本情绪进行研究，如约翰逊－莱尔德和奥特利（Johnson-Laird & Oatley）认为，基本情绪包括高兴、恐惧、愤怒、悲哀和厌恶；埃姆德（Emde）认为包括愉悦、恐惧、愤怒、悲哀、惊奇、厌恶、羞愧、害羞、郁闷、内疚和兴趣；特里维恩（Trevarthen）认为包括高兴、恐惧、愤怒、悲哀、接近和抑制①。不管基本情绪在学者们那里如何变化，依据主体与客体需求关系的不同将情绪分为四种形式：快乐、悲哀、愤怒和恐惧，这样的分类方法得到了基本认可。其中：快乐指盼望的目标达到和需要得到满足之后，继之而来的紧张性解除时的情绪体验；悲哀指的是热爱对象的遗失、破裂以及盼望东西的幻灭相联系的情绪体验；愤怒是由事物或对象再三妨碍和干扰，使个人的愿望不能达到或产生与愿望相违背的情景时，逐步积累紧张性而发生的情绪体验；恐惧是一种企图摆脱危险情境的情绪，基本情绪相互复合就构成诸如爱、恨、轻蔑等复合情绪。情绪分类理论认为每一种情绪都在行为反应、面部表情、心理体验、生理基础等方面与其他情绪不同，是中枢神经系统特定神经通路激活的结果。但是，有研究表明，首先，不同的情绪产生了相似的神经生理反应，而不同的神经生活活动也出现在相同的基本情绪之中，使得基本情绪在神经科学领域无法有效区分；其次，部分情绪

之间高度相关，如焦虑和抑郁，导致情绪的分类说不具有排他性，第三，据统计，情感的分类数量繁多，难以穷尽，据统计，人类能体验至少 100 种以上的复杂情感，一一研究实为不易，因而，维度取向的情绪结构应运而生。目前在情感的维度上，有三维度和两维度之分，情感的三维度模型"愉悦度—唤醒度—支配度"（Pleasure-Arousal-Dominance，PAD）组成，是由曼哈瑞伯等（Mehrabian & Russell）提出，愉悦度，意指积极或消极的情绪状态，如兴奋、爱、平静等积极情绪与羞愧、无趣、厌烦等消极情绪；唤醒度，意指生理活动和心理警觉的水平差异，低唤醒如睡眠、厌倦、放松等，高唤醒如清醒、紧张等；支配度，意指影响周围环境及他人或反过来受其影响的感受，如愤怒、勇敢或焦虑、害怕，前者是高的支配度，是一种有力的、主宰感，后者是一种低的支配度，是一种退缩度、软弱感[1]。在 PAD 后续的研究中，研究者发现愉悦和唤醒两个维度就可以解释绝大部分情绪，从某种程度上可降低情感的观察难度，因而，愉悦和唤醒维度的情感结构也较受欢迎。

在社会学家看来，情感是由人的进化而来，人的复杂情感的产生是社会化后的结果，并认为基本情感有不同强度之分，如表 3 - 1 所示，且四种基本情感中有三种是负性的，这些负性的情感阻碍人际交往，对社会秩序的生成起着破坏作用，因此，在人的社会化的过程中，必须要提高减弱负性情感的能力，以唤醒正性情感，这将有利于社会团结，也有利于产生更为复杂的使人之所以成为"人"的其他情感，在这样的认识下，社会学家们提出了来源于基于不同强度基本情感之上的"二次复合"说[2]，某种基本情感（其在所形成的新情感中所占的比例偏多）与另一种基本情感（其在所形成的新情感中占的比例偏少）复合以后会产生新情感来，一般表现为较多的高兴 + 较少恐惧可以产生惊奇、希望、痛苦减轻、感激、自豪、崇敬等情感，较多的高兴 + 较少的愤怒可以产生复仇、平息、平静、喜爱、得意、困惑等情感，较多的高

---

① 乐国安、董颖红：《情绪的基本结构：争论、应用及其前瞻》，《南开学报》（哲学社会科学版）2013 年第 1 期。

② ［美］乔纳森·特纳：《人类情感：社会学的理论》，孙俊才、文军译，东方出版社2009 年版，第 3—11 页。

兴＋较少的悲伤可以产生怀旧、渴望、希望等情感；较多的恐惧＋较少的高兴可以产生敬畏、崇敬和崇拜等情感，较多的恐惧＋较少的愤怒可以产生强烈厌恶、憎恶、敌对、不喜欢、妒忌等情感，较多的恐惧＋较少的悲伤可以产生畏惧、谨慎等情感；较多的愤怒＋较少的高兴可以产生谦虚、平息、粗蛮、安抚、正义等情感，较多的愤怒＋较少的恐惧可以产生与猜疑相关的情感，较多的愤怒＋较少的悲伤可以产生辛酸、抑郁、背叛等情感；较多的悲伤＋较少的高兴可以产生接受、郁闷、安慰、忧郁等情感，较多的悲伤＋较少的恐惧可以产生悔恨、凄凉、懊悔、悲怆等情感，较多的悲伤＋较少的愤怒可以产生不平、不满、不能实现、厌倦、忧伤、羡慕、愠怒等情感来。基本情感的第一次复合后的确产生了类型更多的情感，但仍然无益于帮助生成更稳定的、范围更大的社会联系，因此，基本情感再次发生第二次复合，如表 3 - 2 所示，羞愧是一种使自我感到渺小和无价值的情感，这种情感一般在当个体感到他（或她）无法胜任或者实现社会规范所期望的行为时而产生，主要源于对自我感到失望—悲伤，接下来是对自我的愤怒，以及对自我不能完全成该活动所造成后果的恐惧，这是一种强有力的社会控制情感，在功能上具有维持社会组织和惩罚个体违规行为的作用。为了尽可能避免让别人看起来个体是无能的或是侵犯了社会规范，羞愧能促使个体改变他们的行为。内疚是由对自我的失望—悲伤，对事件结果的恐惧以及对自我侵犯首先秩序的愤怒三种情感复合而成，个体如果做出了承诺，为了避免内疚的体验，会遵守承诺，这也有利于社会联系的广泛生成。疏离是第三种二次复合的情感，这种情感也是由失望—悲伤、对情境或社会结构的愤怒，以及对没有实现期望而产生的恐惧。疏离本身并不能促进较高程度的社会性，因为这种情感将负情情绪转换为退缩反应，降低了社会结构的集结水平，但是它的好处在于能够减弱愤怒的破坏性，使个体不至于在短时间内迅猛地破坏掉社会联系，给再次构建社会联系一个时间上的缓冲，因此，相较于愤怒这种基本情感，疏离对于社会联系的形成更有帮助。同时，也要注意到这些二次复合的情感与基本负性情感之间是可以转变的，如极度的羞愧就可能会转变为高强度的愤怒，极度的内疚会导致更强的悲伤，极度的疏离会演变为更强的恐惧，都会让个体陷入一种心理疾病中不能自拔。因此，在社会交往中，当个体出现了以上的三种二次情感时，就应避免再让个体承受压力，因为这三种情感均是社会意义上的"自省"性情感，能让个体自觉，并依社会秩序保持社会联系。

表 3 - 1　　　　　　　　　基本情绪的变化形式①

基本情绪	低强度	中等强度	高强度
高兴	满意、满怀希望、平静、感激	轻快、友好、和蔼、可亲、享受	快乐、狂喜、喜悦、欢快、得意、欣喜
恐惧	利害、犹豫、勉强、羞愧	疑惧、颤抖、焦虑、神圣、惊恐、失去勇气、恐慌	恐怖、惊骇、高度恐惧
愤怒	苦恼、激动、动怒、恼火、不安、烦恼、怨恨、不满	冒犯、挫败、气急败坏、敌意、愤怒、憎恶、仇恨、生气	嫌恶、讨厌、厌恶、愤恨、轻视、憎恨、火冒三丈、狂怒、勃然大怒、义愤填膺
悲伤	气馁、伤悲、感伤	沮丧、悲伤、伤心、阴郁、宿命、忧伤	悲痛、悲怜、悲苦、痛苦、悲哀、苦闷、闷闷不乐、垂头丧气

表 3 - 2　　　　　　　　羞愧、内疚与疏离的结构②

情感	基本情感成分的程度秩序		
	1	2	3
羞愧	对自我失望—悲伤	对自我愤怒	对事件可能对自我造成的后果恐惧
内疚	对自我失望—悲伤	对自我行为造成的结果愤怒	对自我愤怒
疏离	对自我、他人、情境失望—悲伤	对他人、情境愤怒	对事件可能对自我造成的后果而恐惧

---

①　[美] 乔纳森·特纳：《人类情感：社会学的理论》，孙俊才、文军译，东方出版社2009 年版，第 6 页。
②　同上书，第 9 页。

　　综上，情感是人脑的一项基本功能，也是不断进化而来，受人体内驱力促使，同时又被外界环境影响，受认知控制，同时又驱动行为，研究者对情感结构的成果既说明了情感是可以被认识的，又使我们掌握了一个基本的逻辑分析单元，据此就可以对那些在特定情境下，有具体主体的情感单元进行观察与分析，以便于人类更好地利用、管理与控制好自我与他人的情感。

　　显然，旅游活动是人区别于其他动物的一种体现人的本质的活动，在旅游的过程中，情感无时无刻不在伴随个体左右，选择旅游目的地时的"偏好"指向，害怕因为没有去热点旅游目的地而在人际交往中被"边缘化"，对旅游目的地在黄金周时异常拥挤的厌恶，惊奇于旅游目的地山水风光，沉浸于旅游目的地的宁静与自由，被旅游目的地所呈现出来的景象打动而产生深深的依恋，凡此种种，不胜枚举。人对"地方"的感情，归根到底，是"爱"和"恐惧"，这是人本主义地理学家段义孚先生对人地情感的一个基本论断，在他的专著《恋地情结》以及《无边的恐惧》里，都有相当多的论述，在段义孚先生的观念里，人对美好环境的向往，这是作为"人"的一种基本能力，问题接踵而至，旅游情境下旅游者对地方的感情又由哪些成分组成呢？本书依照段义孚先生的思考逻辑认为，喜欢和害怕是其中的两个基本成分。

　　1. 喜欢

　　积极情绪是当事情进展时，你想微笑时产生的那种好的感受，也是与接近行为相伴随而产生的情绪。积极情绪领域研究中的代表人物费瑞德克森（Fredrickson）认为积极情绪包括了快乐、兴趣、满足和爱，可见，爱是积极情绪的一个重要组成部分，爱自然产生于人与人之间的社会关系中，也不可否认的是，人对动植物、对事业、对物品、对地方等都会产生这种积极情绪，无论对象有无生命，爱总可以神奇地产生，有关人对地方的爱，在段义孚先生的《恋地情结》里，就有细致入微的描述，爱是一种发自内心的情感，是因长久陪伴而形成了习惯于该事物各种特性，并依赖于与之相伴的复杂情感，在 PAD 三维情感结构中，"爱"的唤醒度和支配度最高，在人对家乡和寓居地的感情中最为多见。

　　喜欢是由于被某事物所吸引而产生对该事物单纯的好感，是一种由内向外的，非迫切需要的，在维持自身生存之外的得到与占有，更多的是得到情感上的满足，从行为来讲，爱害怕失去，喜欢则是渴望得到，且爱比喜欢的利他行为会更多；从过程来看，喜欢是爱的必经之路，只有喜欢才能生成爱，如此，用"爱"来形容旅游者对旅游地的感情未免"言过其实"，因为旅游的异地性和暂时性规定了旅游者不具备与旅游地朝夕相伴的条件，因而，不能也不必对非常住地的旅游地有爱产生，对这样的地方，我们用"喜欢"更为贴切，这是原因其一；其次，在访谈中，被试在谈及对一个非家乡的地方的情感时，多数情况下使用"喜欢"这个词，如实的描述人的情感是情感研究中必须要贯彻的一个原则；再次，《礼记》中记载人有"七情"之说，包括喜、怒、哀、乐、爱、恶、欲，这一分类方法时至今日仍不时被人提及，在达尔文生物学对情感的观察中，"喜"也是其最基本的一个内容，"喜欢"可以作为一个情感的一个基本元素进行研究，因此，在旅游情境里，我们忠于事实地选取了"喜欢"一词来描述旅游者对旅游地的感情。

　　旅游者对旅游地的喜欢可分成两类，一类是从集体意识出发的一种"内发于心"的对某一类旅游地的喜爱，这有些类似于心理学精神分析学派代表荣格所提出"情结"的东西，是一种经常隐藏的，以特定的情调或痛苦的情调为特征的心理内容聚集物①，荣格认为人的心灵有三个层面，表层是意识，最深层是集体无意识，在这两个层面之间是个人无意识，荣格曾用一个十分形象的例子来对情结加以说明，他说我们可以把心灵想象成一个类似于太阳系的三维空间，自我意识是地球、大地和天空，这是我们生活的地方；地球周围的空间布满了星星和陨星，这一空间就是荣格所称无意识，而那些行星和陨星偶尔会划破夜空，有时会点亮我们的生活，这就是情结。情结通常由两个部分组成，一是产生创痛以及与此紧密相关的原型意象或心灵痕迹，二是个人人格包括气质等的因素，也就是说，情结部分地与生俱来，在人的日常生活中，原型

---

　　① ［瑞士］荣格：《分析心理学的理论与实践》，成穷、王作虹译，生活·读书·新知三联书店 1991 年版，第 49 页。

要素就是透过情结的经验被体验。从集体意识层面来看，"乡土情结"、"山水情结"是中国人对地方情感的两种表现，"乡土情结"是一张"世界通行证"，是无关国籍、种族和肤色的普世现象，越是久居在外，"乡土情结"就越浓，因此，回乡探亲访友是旅游的一个重要动机。中国人对山水的热爱之情由来已久，这自然是中国传统哲学思想"天人合一"影响下的结果，原始社会，人们敬畏山水，将山水视为祖先或祖先的灵魂附着之地，开启了原始的山水崇拜；先秦时期，儒家讲究"君子比德"，从山中见"仁"，水中见"智"；秦汉以后，文人们更为注重与山水的交流，山水被比作人的生命状态，"登山则情满于山，观海则意溢于海"，在张瀚等文人们看来，"有地上之山水，有画山之山水，有梦中之山水，有胸中之山水"，山水不仅真实存在于自然中，还存在于文人们的诗画中和梦境中，正如明代袁宏道说的"意未尝一刻不在山水"，山水对于中国人来说，实在是太重要了。随着时代的变迁，中国人与山水的交流方式也在发生改变，从原始的敬畏、封禅、祭祀、隐居、游历到现在的科考、休闲旅游等，山水的功能在发生变化，但中国人对山水的喜爱却一如既往。在中国人的山水意象中，山代表的是伟岸，水代表的是温柔，"高山仰止，上善若水"，君子崇高而贵柔，因此，与其说中国人热爱的是山水，不如说他喜欢的是心中的山水意象，是对完美人格的追求，因而在中国，大凡有优质山水资源之地，都能被开发成知名的旅游目的地。

另一类是与个人相关的人与旅游地的感情，这是一种有明确对象的定向型的喜欢，这种地方也许无关山水，但却因为与个人的经历相关或能满足个体的某种需求息息相关，因此总能引起个体的情感，前者如知青总想回到下放的地方去看一看，人对自己曾经的寓居地总是怀有莫名的感情，第一次与爱人相遇的地方总会让我们念念不忘，后者如人们对"长寿之乡"巴马的热衷，对离天堂最近的地方西藏的热捧，还有的旅游者对一些去过的地方心存依恋，导致多次重游，等等。需要指出的是，由个人经历或由旅游地的特殊功能而导致的人对地方的感情，旅游意向行为通常比较明显，不同的是，由个人经历引发的人地情感非常复杂，害怕"物是人非"，常常伴有"近乡情怯"的感受，因此"想回去看看"的这种意愿常常沉寂于脑海中，直至有特殊情境的唤醒，比如同样经历的人的邀约，或是时日无多，再不去就来不及了等等。人对旅游地特殊功能的感情，通常是比较强烈的，在旅游行为上表现为旅游愿望特别强烈，一般不会有类似"近乡情怯"的感受。

2. 害怕

恐惧是个体知觉到面临危险刺激时企图摆脱、逃避而又无能为力的一种心理反应，这种危险刺激包括实际存在的和想象出来的，人对某些地方或环境也会产生恐惧心理。在段义孚先生的《无边的恐惧》这本书里也指描述了开放的圆圈、无边的广场等地方都会给人带来恐惧[①]，恐惧是一种可以产生退缩行为的情绪，它的反应通常比较强烈，面部表情也比较夸张，在旅游情境下，一般而言，旅游地是经过开发的、对旅游者人身财产安全造成威胁的可能性较小，因此，本书用"害怕"来表示旅游者对旅游地产生退缩行为的情绪反应。

在中文情境中，害怕指的是遇到困难、危险等而心中不安或发慌。一般来讲，这些情境在主体的能力范围内可控所产生的一种情绪，害怕是一种典型的消极情绪，一般来源于：一是集体无意识，与人类的经历有关而与个人经历无关，如人类害怕黑暗、害怕爬行动物、害怕未成形的孩子等；二是个人无意识，这与每个人的经历有关，如一个人曾经被动物咬过，或是在某个场景下被人侵犯过，那么在场景重现的时候，会有这样害怕的意识；三是未知，因为将未知的场景想象成害怕的极限，如在看不清的状态下看到一黑影，就会害怕，但是如果看清楚了，对这一对象已知，就不再害怕，这实际呼应了段义孚先生提出的"恐惧景观"的概念，即恐惧景观是混乱的、自然的和人为的力量近乎无限的展示。

害怕远离故土便是一种集体无意识，美国行为主义心理学家华生（Watson）发现，婴儿的害怕来源有两种：巨大的声音和悬空的感觉，没有支撑的悬空感令婴儿感到恐惧，0—6 个月的婴儿会紧紧地抓住衣

---

① ［美］段义孚：《无边的恐惧》，徐文宁译，北京大学出版社 2011 年版，第 4、175 页。

服、床沿，用哭闹来抗拒，这种来源于悬空的害怕是与生俱来的。家乡是一个人的根之所在，所以，尽管旅游是从常住地出发到目的地再返回常住地的过程，"漂泊无归"的可能性很小，但是，离开家乡的根，我们便会有悬空感，就会感到漂泊无依，这种与生俱来的害怕会阻止我们的旅途，这是我们内心最深切的一种害怕，尽管通常情况下，它会被诸如旅途中会出现意外、金窝银窝不如自己的狗窝等堂而皇之的理由所掩饰。

对陌生之地的害怕源于未知，对未知空间或盲点的焦虑性怀疑可以引起人们的害怕甚至恐惧，其核心动机是对死亡的害怕，不可知的空间包括类似长长的走廊、幽暗的楼梯、无边的广场、一切只看得到表面，却不见其后面景物的场所，在恐怖片里最常见的恐惧道具是镜子，是因为在镜子中自己和自己的背后都清晰可见，而镜子的后面人却看不透。陌生的旅游地是一个不确定的、大量未知事物和人所充斥的盲点空间，引起人们的害怕情绪是正常现象，主要有以下几种表现：第一，生活性害怕，在陌生之地吃不好睡不好，旅游需要大量体力导致身体吃不消等；第二，交往性害怕，在旅游过程中是否与玩伴和谐相处，能否在旅游地合格地完成人际交往，碰到陌生人如何打交道等；第三，结果性害怕，自身的旅游能力不足，旅游经验不丰富，导致旅游过程不愉快，或是旅游地欺客、宰客现象严重，旅游旺季的人潮涌动降低了旅游体验质量，无法达到旅游的目的等。

害怕是一种消极情绪，这种心理可增强人的自我保护和规避危险的能力，同时，它也使人的意识变得狭窄，思维变得迟钝，造成观察力、判断力、理解力和想象力的降低，窒息人的创造性，甚至丧失理智及自制力，使行为失控等，从旅游业的角度上来讲，人对旅游地的害怕心理会导致以下几种危害：一是人与地方的分离，这个地方不再引起人的兴趣，以致人就不再涉足类似的地方；二是人与旅游活动的分离，多次失败的旅游经历和糟糕的旅游体验造成人不再接触旅游活动，不再想去旅游；三是严重时导致人与自我的分离，前述分析中可知，地方实际上是自我的延伸，是人的精神寄托，如果人没有地方的精神归属，就会损害自我观念的形成，导致人与自我的分离。

当然，旅游者在经历旅游地的过程中，还可以产生很多复杂的情感，如面对景观超出预期的美的惊叹，看多了同类旅游地而产生的麻木等，难以一一枚举，以上两种情绪只是旅游者地方感的基本面向，在旅游的过程中，这两种情感通常交织在一起，使得旅游者趋近或趋避旅游地，两者调和，若喜欢占上风，在适当的条件下，便可能产生旅游行为。

（四）旅游者地方感的理论框架

根据以上的分析，本文尝试提出了旅游者地方感的理论框架，如图3-4所示，个体和地方的关系实质上是通过个体的心理这个桥梁才联系起来的，不管以何种方式，或是阅读有关地方的材料，或是亲身经历这个地方，个体从接触到地方伊始，就将自我与地方共同放置于一个叫做地方意象的体系中去了，在这个地方意象的舞台上，自我和地方相互交融，一起表演，也就是说，个体对地方的意象实质上是与自我纠葛在一起的，地方是自我的一种延伸。地方意象形成后，个体滋生这个地方意象的情感，产生喜欢或害怕等积极和消极情感，如果是喜欢，可进一步产生地方认同或地方依恋等心理，地方认同和地方依恋是个体对地方在认知、情感和行为上的一种联系，是容易导致产生旅游行为的。

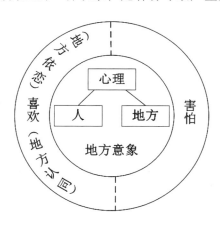

图3-4 旅游者地方感的理论框架

　　一般情况下，使人产生积极情感的景观能令旅游者留下深刻的印象，正面影响旅游者的地方感，这也是现实中多数旅游经营者使出浑身解数想令旅游者产生"愉悦"等积极情绪体验原因所在。然而，还有一类景观，它们带给旅游者的是压抑、害怕、痛苦甚至恐惧等负面情感，比如前言中已论及的德国柏林犹太纪念馆，令参观者感到无比压抑和痛苦，旅游者行走在张家界天门山的玻璃栈道上，少有人感觉到不害怕，甚至是恐惧，让旅游者"触摸死亡"是旅游景观营造时的重要出发点，何以如此？谢彦君在《论黑色旅游的愉悦性：一种体验视角下的死亡观照》一文中已有明确的答案：在死亡这个看似"丑"的范畴下面，事实上埋藏着"美"的可能性，稍加发掘，这"美"就会出露于表面。在人类一切为生而死的搏斗历史中，往往可以看到由丑陋所烘托的悲壮。于是，与"死亡"的象征形式或"死亡主题"的某种表达的近距离接触，已经成为生者触摸死亡脉搏的途径，也是生者激发其内在壮美激情的一个管道。同时，当审美也开始令人厌倦或疲劳时，与"死亡"的形式性接触就以审美的对立身份存在，并成为审美的条件或前提①。在触碰过死亡之后，个体会产生"向死而生"的悲壮感，能激发旅游者对美好生活的向往，并以此为起点，从对比中体验到一些美好的情感，由此可知，最初产生于参观过程中的消极情感，经过个体的死亡观照后，转化为愉悦等高级的审美情感体验，这些情感共同作用以建构旅游者的地方感，即旅游者地方感内含了主体复杂的情感体验，包括了旅游者对旅游地产生的高兴—满意、警觉—恐惧、失望—悲伤等。积极情感和消极情感都可以参与到旅游者地方感的建构中去，一般情况下，积极情感带来积极的地方感，消极情感带来消极的地方感，所不同的是，在积极的地方感的建构中，积极情感和消极情感同样可以发生作用，消极情感经由向积极情感转化之后参与到旅游者地方感的建构中去。除此之外，旅游者的地方感的建构还受一些社会因素的影响，一方面，受共同在场的其他旅游者的影响，共同在场的旅游者数量、特征和

---

　　① 谢彦君、孙佼佼、卫银栋：《论黑色旅游的愉悦性：一种体验视角下的死亡观照》，《旅游学刊》2015 年第 3 期。

在这个地方情境中的表现等因素均会影响旅游者个体的地方感的形成，如周围的人对这个地方的明显不喜欢，旅游者密度过大过于拥挤，在某些项目的参与上，同行的人并没有兴趣等因素，都会使得旅游活动显得百无聊赖，意趣全无。另一方面，受自身社会交易的影响，如要证明自我和身份，获得他人的尊重、信任或忠诚，群体归属的需要等，以某种特定的形式到一地旅游（如骑行西藏），可以令旅游者找到志同道合的群体，从而得到自我身份的证明、他人的尊重。

积极的旅游者"地方感"的两个主要表现是地方认同和地方依恋，地方认同指的是旅游者个体对地方的接受，而无论这个地方是否亲身经历，"依恋"指的是"留恋，不忍离开"，其内含了对依恋对象的亲历，因此，人若"依恋"地方，那么，这个地方必须是个体亲身经历的，对这两种积极的地方感，在本书的第五章和第六章有进一步的详细研究，在此出于研究的完整性，仅做介绍性说明。

（五）旅游者"积极地方感"的行为表现

情感虽然是一种内心的体验，但常常伴随着外部表现，如人的面部表情、身体姿态及言语表达等，旅游情境下，旅游者对地方积极的情感也必然通过旅游行为来表现，总的来说，包括以下几种：

1. 旅游前行为表现：关注和向往

将"旅游者"和"旅游地"放在一个场域下来讨论，有三个要素不能忽视，一是"位置"，客观地说，由于教育的普及，以及新媒体的爆炸式宣传，一个对我们来说完全蒙昧的地方少之又少，我们多少知道或是通过查询知道地方所在的位置，但是那又如何？美国位于北美洲，经纬度：38°N，97°W，和北太平洋及北大西洋交接，在加拿大和墨西哥之间，这样类似的信息我们每天不知道要接收多少，至少在某些人的心中，是无法泛起任何涟漪的。我们每个人都处在这个世界的某一特定位置上（地理的、经济的、社会的或文化的），这个位置有些是先天赋予的，也是我们无法控制的，它在很大程度上给我们认识地方提供了条件和机会，同时也界定、制约或影响了我们对地方的认识，我们很难想象，一个终日衣衫褴褛、食不果腹的人，会有意关注那个在彼岸的自由女神，并对之产生情愫。第二个要素是"距离"，地理学第一定律就是"地理事物或属性在空间分布上互为相关，而相近的事物相互间的关联更为紧密"，在旅游学中，也有著名的"距离衰减定律"，旅游者在300公里范围内活动最为多见。这里的距离包括"物理距离"和"心理距离"，有些人离"地方自在"很近，但却形同陌路，有些人远在天涯，但对地方的感觉是亲如水乳，仿佛这个地方天生就是自我的一部分。第三个要素是"方向"，在这个"人地场域"中，我们可以观察到两个不同的方向，一是指向地方的，一是背离地方的，地方的有关信息传递到人这里，如果人不感兴趣，自然就会摒弃这些内容，如果人对这些信息感兴趣，便转化为潜在旅游者，转而关注这个地方，经由人与空间的相互磨合，"人地场域"中的位置的描述、距离的度量和方向的确定，开始了空间的地方表达，这是人产生地方感的起点。

地方的信息被人接受后，经过"自省"后如果符合自我意识，地方感开始表现为"向往"的行为，主要表现在两个方面：一是查阅——查阅这个地方的相关信息，便于更多地了解；二是咨询——利用语言向了解这个地方的人去咨询，向往更具有主动性，是旅游行为产生的基础，也是人成为潜在旅游者的必要条件。

2. 旅游中的行为表现：深度在场

对地方有情感的旅游者在旅游的过程中有"深度在场"的表现，主要反映在时空的延长和拓展、丰富的旅游内容和与当地人更多的交流上，不再仅仅满足于在目的地走马观花地看风景，购买一些纪念品，拍几张照片，而是要用心体验，将自我融入地方，带回来一个"故事"。

3. 旅游后的行为表现：推介

有积极地方感的旅游者从旅游地回来后，会以推介的行为来表达自己内心对地方的感受，推介又可进一步细分为两种方式，一方面是向亲朋好友展示照片、纪念品等具体的物品，以表达对这个地方的情感和寻求别人的认可，另一方面是以文字或图片的形式在传播媒介上进行推广，以寻求更多的相同情感回应，这两种方式均有展示和推荐的意义，可以帮助他人建构地方意象。

二 旅游者地方感的形成机制

（一）"地方感"形成的理论依据

"刺激—反应"理论是行为心理学的主要观点，这似乎就意味着刺激与反应之间是一种直接的联结，而不存在任何起中介作用的过程，对此，格式塔心理学做出了批评，其创始人苛勒曾说：刺激—反应公式忽视刺激和反应之间所发生的组织过程，也就是说，刺激与反应之间存在一个复杂的心理学中介：个体对环境的反应若没有中间阶段的彻底分析是不能解释的，因为这个中间阶段赋予人们所接受到的环境刺激以个人的意义。实现刺激与反应的中间阶段是人的主观心理因素，主要是认知、经验、期望、价值、个性、情感等。人的反应是在特定环境中客观因素刺激与主观心理因素相互作用的结果。据此，"地方感"可以由以下公式明了地反映：P（地方刺激：自变量）—O（中介变量）—A（依恋反应：因变量）。在公式中，只有弄清楚中介变量，才能回答一定刺激情境何以会引起反应问题。一般来说，影响地方感中介变量有三大因素：一是情感变量，构成地方感形成动机，表现为"为什么"；二是认知变量，构成地方感形成能力，表现为"是什么"；三是实践变量，构成地方感行为能力，表现为"怎样做"。其中，前两个变量是"场所依恋"形成的关键所在，是内隐变量，较难测定。实践变量受外在因素如经济能力、闲暇时间等的影响较大，是"场所依恋"的外在表现，是一个外显变量，理论上，可以用定量的方法进行准确的测量。

正如休谟（Hume）所言"无知则无情"，人的情感是通过观念产生的，他把人意识现象区分为"观念"和"印象"，"印象"包括"所有一开始就出现于心灵中的一切感觉、情感和情绪"，而观念就是这些"印象"的"摹本"，是一种微弱的被记忆所储存的印象，如果没有对象的"观念"，也就无法产生任何情感，通过观念的输入可以产生或改变人的情绪，也可以解释许多日常情感现象，如对于种植庄稼的农民来说，雨水的印象和他们脑海中庄稼成长的观念结合起来，就会产生高兴的情感，而对于游客来讲，如果雨水的印象与旅游的不便结合起来，就会产生痛苦的感受，因而，旅游者对地方的情感，往往建立在身处异地的印象与逃避现有生活状态相联系的基础上，心理学有关情感的认知—评价理论继续秉承这一哲学思想，认为刺激情景并不直接决定情绪的性质，从刺激出现到情绪产生，要经过对刺激的估量和评价，情绪产生的基本过程是刺激情景—评估—情绪，在情绪活动中，人不仅接受环境的刺激事件对自己的影响，同时，要调节自己对于刺激的反应，情绪活动必须有认知活动的指导，只有这样，人们才可以了解环境中刺激事件的意义，才可能选择适当的、有价值的动作组合，即动作反应。情绪是个体对环境事件知觉到有害或有益的反应，在情绪活动中，人们需要不断地评价刺激事件与自身的关系，比如人在面对凶猛的动物"老虎"时，不同的情境下，会产生不同的情感，如果在野外，我们会恐惧和害怕，但若是在动物园，隔着安全护栏，我们可能会产生某种愉悦的情绪，甚至还会挑逗这些被关在笼子里的猛兽，这种情形就能用情感的认知—评价理论得到很好的解释。该理论将情感的产生分成了三个过程，即初评价、次评价和再评价过程。初评价指人确认刺激事件与自己是否有利害关系，以及这种关系的程度；次评价是指人对自己反应行为的调节和控制，它主要涉及人们能否控制刺激事件，以及控制的程度，也就是一种控制判断；再评价是指人对自己的情绪和行为反应的有效性和适宜性的评价，实际上是一种反馈性行为，这一理论强调了人在整个情绪反应中的自我调整作用，其所提出的三个评价，每个评价逐步深入，行为不断调整，其实质就是人为了适应环境而对自己在特定环境的情绪进行了分析与调整。不可否认，多数情况下，旅游是旅游者经过深思熟虑，做足了充分准备的一项活动，人在接收旅游地的相关信息后，在初评价体系里会产生喜欢、讨厌或对这个地方是麻木的情绪，经过次评价和再评价以后，才能产生或不产生旅游行为，这也是许多旅游者喜欢某地却迟迟未能付诸旅游行为的原因，事实上，这也是潜在旅游者的判断标准之一，潜在旅游者，指的是对某地产生了某种情感，由于某些原因而未能采取旅游行为的人，因此，潜在旅游者对某地产生情感，是成为现实旅游者的逻辑起点，同时也说明了旅游行为产生于潜在旅游者的地方感，依此理论，如果旅游者接受到旅游地的相关信息，在初评价系统里会对其利害进行评估，产生"去此地旅游是合理的选择"的评价或"这个地方于我无关"的评价，之后会在次评价系统里接受（不接受）或不予理睬，最后在闲暇时间和足够的可支配收入等基本条件具备后产生旅游行为。

（二）旅游者"场所依恋"形成的原因及过程

旅游者可分为现实旅游者和潜在旅游者，对于现实旅游者来说，通过旅游行为，对某地感觉良好，从此念念不忘，因此产生"地方感"。这类旅游者的"地方感"的形成过程具体来说又有两类：第一，自主选择旅游目的地的旅游者"场所依恋"的形成过程是：认知—情感—旅游行为—地方感；第二，被动选择旅游目的地的旅游者"场所依恋"的形成过程是：旅游行为—认知—情感—地方感。

对于潜在旅游者来说，其对某地"地方感"并非通过旅游行为来完成，而可能由于其他的原因，当地可能有其难以忘怀的人或事，由此转化为对该地的"地方感"，如对初恋情人的依恋转为对恋人家乡的地方感等。这类旅游者的"场所依恋"的形成过程是：认知—情感—地方感。

（三）旅游者"场所依恋"的形成机制

基于上述分析，根据旅游者是否是自行选择旅游目的地，旅游者的地方感有三种不同的形成机制：主动选择旅游目的地的旅游者"地方感"的形成机制；被动旅游者"地方感"的形成机制；潜在旅游者"地方感"的形成机制。下面，将分别对其展开论述。

1. 主动选择旅游目的地的旅游者"地方感"的形成机制

自主选择旅游目的地旅游者"地方感"的形成机制如图 3 - 5 所示，其中，人自在指的是未对特定的地方有感知的个人存在。地方自在指的是未被人所感知的地方，它也包括了地理位置、物质形式、价值和意义三个"地方"的必要组成部分，但是，其价值和意义是由专家赋予通过解说系统所表达，并未被旅游者的认知系统所加工。概念地方是旅游者感知到地方自在后，在头脑中形成的一个"地方意象"，是人脑

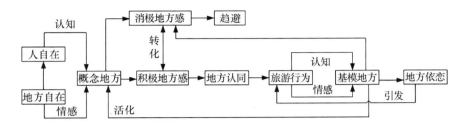

图 3 - 5　自主选择旅游目的地旅游者"地方感"的形成机制

对外界信息的一种反映，这是一种虚构的感知映象。基模地方则是在实地参观访问后，在人脑中产生的"地方意象"，是人脑对实地认知且赋予情感的反映，这是一种实在的认知意象。

自主选择旅游目的地旅游者"地方感"的形成机制可以表达为：由于某种契机，人自在获得了地方自在的某些信息，经过个人系统的理解，在头脑中形成一个"概念地方"，在脑海中建构起这个地方的"原始意象"，并对此进行分析与判断：若不能接受或漠视，旅游者就会将这些知识屏蔽起来；若能接受，就表现为对地方的认同，在适当的刺激条件下，产生实际的旅游行为。经过在实地的认知，赋予该地情感，在脑海中形成"基模地方"。如果超出"概念地方"预期，又符合个人的价值观体系，即经过一个"内省"的过程，就形成一个复杂的"地方感"，基模地方反过来又能活化个人早先在头脑中形成的概念地方，使概念地方具体化。与此同时，良好的地方感也能加强旅游者对该地的接受程度，增加重游的可能性。经由如此几次循环，一个自主选择旅游目的地的旅游者的"地方感"形成。在这里，地方依恋开始产生于旅游者产生旅游行为后，而地方认同则始于人接受概念地方时，因此，地方认同可以先于地方依恋。

2. 被动选择旅游目的地的旅游者"地方感"的形成机制

如图 3 - 6 所示，被动选择旅游目的地的旅游者主要是旅游决策的跟从者，因而，在旅游行为产生之前未对旅游目的地进行过了解，跟随团队的组织，先产生了旅游行为，通过认知对基模地方产生一定的情感，经过内省后，若不能接受，则表现为漠视，若能接受，则产生

"地方感",并可能激发重游。

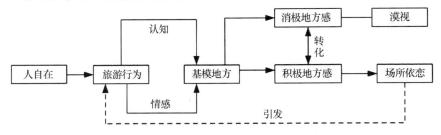

图 3-6　被动选择旅游目的地旅游者"地方感"的形成机制

3. 潜在旅游者"地方感"的形成机制

如图 3-7 所示。根据以上分析,潜在旅游者并未产生实际的旅游行为,人自在对某地产生地方感的原因来自于当地的人或事物,若不接受,产生消极的地方感,主体会将信息屏蔽,若接受,则表现为积极的地方感,并因此可能会产生旅游行为。

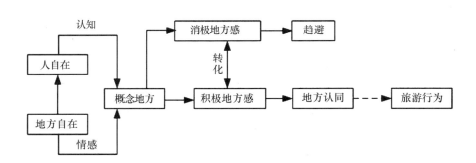

图 3-7　潜在旅游者"地方感"的形成机制

(四) 旅游者"地方感"形成的特点

1. 复杂性

图 3-5 至图 3-7 指出,旅游者"地方感"的形成实质上是一个多成分的复合过程,它由环境刺激引向认知,把生理激活从自主系统推向大脑皮层,由此产生情感,通过认知—情感的模式,与外部环境结合起来,在概念场所与基模场所不断磨合的前提下,经由个人价值观体系

的"内省"等一连串的心理过程，才能得以实现，无疑，它的形成过程是相当复杂的。

2. 脆弱性

旅游者"地方感"形成的每一个环节，都有可能受到外界或自身的影响、干扰、阻抗甚至中断，具有很强的脆弱性，这种脆弱性集中体现在两个方面：其一是基模地方与概念地方的显然不一致，导致两者的磨合失效，给积极的"地方感"的形成带来阻力；其二是由于旅游者心理和生理的特异性，在相同的环境刺激下，可能会出现不同的情感，而每种具体情感带有独特的主观体验色彩，给人以不同的感受，对认知和行为起着组织或瓦解的作用，这也影响着"地方感"的形成。

3. 测不准

尽管国外对"地方感"的测量研究成果辈出，但不同地方使用不同的测量方式，一直得到专家们的认可，这说明了对"地方感"的考量，还需根据具体场所具体分析。同时，旅游者"地方感"的形成，本质上属于较为复杂的心理过程，概念地方和基模地方等概念所包括的内容纷繁复杂，只能借用别的外生变量来量化，在实践中显然不可避免地会出现"偏颇"的嫌疑，甚至会丢失重要的信息。因此，要精确地测量场所依恋的形成，难度之大可想而知。

"地方感"基于人的心理，关注的是"人—地"的感情联系，因此，了解旅游者"地方感"的形成机制，可帮助旅游地追根溯源地掌握旅游者对该地"地方感"的水平、程度、影响因素等，使旅游地的建设始终充满着人文关怀，促进旅游业的健康发展。

三　旅游者对旅游地"类型偏好"的分异

在调查中我们发现，一部分人喜欢的并不是一个具体的旅游目的地，而是大都市、大海、山体、乡村等一类或多类的"类属"性景观，由此推测，不同的旅游者可能对不同类别的景观存在着偏好上的分异，基于这样一个假设，我们进行了一次实证研究。

（一）研究背景

旅游偏好是一个感性的概念，国外早期对其的研究主要体现在两个方面：其一，对特定旅游目的地的现实旅游者的偏好进行研究，以指导旅游目的地的营销和开发，这类成果是最多的，如麦考得（L Mercado & JP Lassoie）等调查分析了来自欧洲、拉美和北美的 180 名旅游者的旅游偏好，指出干净的海水和沙滩、服务质量和价格是影响多米尼加海湾（Punta Cana）管理的重要因素[①]；艾克塔思（A Aktas et al.）等通过对旅游目的地土耳其的安塔利亚（Antalya）645 名旅游者的调查分析，得出重要—满意程度可以有效地度量旅游者的旅游偏好[②]；布格诺（A Bigano et al.）等分析了来自 45 个国家的旅游者对假日旅游的偏好，结果发现旅游者对气候的偏好呈现出一致性，来自炎热地区的旅游者表现出更强的对旅游的偏好[③]。其二，对潜在旅游者的偏好进行探讨，丽莎（W Lise & RSJ Tol）等通过回归分析发现不同旅游目的的旅游者对气候的偏好与年龄和收入相关[④]；菲克（J Fink & A Kobsa）等考虑了旅游者的利益和偏好，基于消费者的行为和特征，提出了一个个性化的服务模式[⑤]。最近一段时间将心理学内容纳入此项研究中渐成趋势，如李沙图（P Lyssiotou）认为偏好是生活态度的一种形式，通过实证的方法能影响国外游客在英国长、短流程的旅游花费决策[⑥]。

---

① L Mercado, JP Lassoie, "Assessing Tourists' Preferences for Recreational and Environmental Management Programs Central to the Sustainable Envelopment of A Tourism Area in the Dominican Republic Environment", *Environment Development and Sustainability*, Vol. 4, Spetember 2002, pp. 253 – 278.

② A Aktas, AA Aksu and B Cizel, "Destination Choice: An Important-Satisfaction Analysis", *Quality & Quantity*, Vol. 41, April 2007, pp. 265 – 273.

③ A Bigano, JM Hamilton, and RSJ Tol, "The Impact of Climate on Holiday Destination Choice", *Climatic Change*, Vol. 76, June 2006, pp. 389 – 406.

④ W Lise, RSJ Tol, "Impact of Climate on Tourist Demand", *Climatic Change*, Vol. 55, April 2002, pp. 429 – 449.

⑤ J Fink, A Kobsa, "User Modeling for Personalized City Tours", *Artificial Intelligence Review*, Vol. 18, September 2002, pp. 33 – 74.

⑥ P Lyssiotou, "Dynamic Analysis of British Demand for Tourism Abroad", *Empirical Economics*. Vol. 25, August 2000, pp. 421 – 436.

　　国内对现实市场的旅游偏好的研究一直占据着主体地位，如黄秀娟等以实证的方法，分析了福州国家森林公园的游客个体特征和需求特征，指出游客个体特征与所选择的旅游产品之间的关系①；马耀峰等对在中国 6 个旅游热点城市美国旅游者的市场调查资料为基础进行分析，结果揭示了美国游客的旅游偏好具有较强的规律性②。运用经济学方法对旅游偏好进行研究也有着一席之地，孙根年利用回归模型反映国际旅游支付，并据此划分支付等级，阐述了一个包括支付等级和旅游偏好双指标的国际旅游综合分类方案③；邵诚等利用数学方法提出跨国旅游的计量经济学模型④。而面向潜在旅游者进行旅游偏好的研究也颇受关注，焦彦认为旅游者偏好和知觉风险影响着旅游者购买行为决策，为旅游目的地的营销提供有益指导⑤。

　　目前尚未发现针对旅游目的地偏好进行差异性研究的相关文献，而把握旅游目的地类型偏好与消费者人口特征的差异，可以使不同类型的旅游目的地在营销时更好地满足不同特征的消费者的旅游需求，将产品以更高效率传递给游客，使营销更加有效，故对此问题进行探讨不仅必要而且必需。

（二）研究方法

　　基于"消费者的不同人口特征与旅游目的地类型偏好之间存在差异"的假设，选取消费者的性别、年龄、职业、家庭结构、文化程度和家庭月收入六个特征，将旅游目的地分为自然山水型、热闹都市型、清静乡村型、宗教圣地型、古城古镇型和休闲娱乐型六个类别，用

---

　　① 黄秀娟、兰思仁、连巧霞等：《福州国家森林公园游客旅游偏好调查与分析》，《林业经济问题》2002 年第 5 期。

　　② 马耀峰、梁旺兵、苏红霞等：《旅华外国游客旅游消费偏好的实证研究》，《地理与地理信息科学》2005 年第 6 期。

　　③ 孙根年：《国际旅游支付方程、支付等级与旅游偏好》，《地理学与国土研究》2001 年第 1 期。

　　④ 邵诚、黄思婧：《跨国旅游偏好的计量经济学分析》，《理论经纬》2006 年第 3 期。

　　⑤ 焦彦：《基于旅游者偏好和知觉风险的旅游者决策模型分析》，《发展研究》2006 年第 8 期。

"喜欢"作为偏好的测量标准，就该问题（多选）于某年 11 月 4—12日，在湖南省省会长沙市街头进行简单随机抽样调查，调查人员分别在五一广场、沿江风光带、烈士公园、岳麓公园等居民聚集地区，共计发放问卷 1400 份，收回 1246 份，回收率为 89%，其中有效问卷 1066 份，有效率为 86%，调查表详见附录 B。统计表明，男女比例分别为50.52% 和 49.48%；家庭月总收入小于 300 元的占 2.91%，301—500元 的 占 3.84%，501—1000 元 的 占 13.50%，1001—2000 元 的 占36.99%，2001—3000 元的占 22.71%，3001 元—5000 元的占 13.68%，大于 5000 元的占 6.47%；初中或以下文化程度的有 5.35%，高中、中专或职高的有 17.43%，大专的有 31.48%，本科的有 36.64%，研究生的有 9.09%；家庭结构中单身的占 19.50%，初婚无子的占 6.85%，三口之家的占 35.9%，与父母生活的占 27.06%，三代同堂的占 10.69%，以上数据，男女比例均衡，家庭月收入、文化程度与家庭结构基本呈正态分布，这与长沙往年的调查数据呈现出一致的特点，结果的正确性得以保证。在六个旅游目的地类型中，最受消费者喜欢的是自然山水型的旅游目的地，以下依次是古城古镇型、清静乡村型、休闲娱乐型、热闹都市型、宗教圣地型。

本研究目的在于提示性别、家庭结构、文化程度与家庭月收入四个人口特征在旅游目的地偏好中是否存在差异以及差异程度如何，基础数据经过 SPSS 13.0 和 EXCEL 处理，经过交叉分析和卡方检验，算出偏离度，得出结果。卡方检验是用于检验两个名义变量之间是否存在联系的统计分析方法。P 值表示检验的显著程度，P 值越小，说明显著程度越高，本次卡方检验中所设定的显著程度为 0.05。偏离度（D）用公式 $D = \dfrac{实际频数 - 期望频数}{期望频数}$ 算出，期望频数由卡方统计量得出，偏离度正负之分，正为强偏好，负为弱偏好。

（三）数据分析结果

就性别、家庭月收入、家庭结构和文化程度分别对六种旅游目的地类型进行卡方检验，得到数据结果列入表 3 - 3 中，打 * 号的数据表示

P 值小于 0.05，拒绝零假设，即在这一个层次上，偏好有统计学意义上的差异，以下就性别、家庭月收入、家庭结构和文化程度分别对偏好差异进行分析。

表 3 – 3　　性别、家庭月收入、家庭结构、文化程度与旅游目的
地类型偏好的 Pearson 卡方检验

	自然山水	热闹都市	清静乡村	宗教圣地	古城古镇	休闲娱乐
性别	0.107	0.275	0.014 *	0.357	0.121	0.604
家庭月收入	0.045 *	0.370	0.389	0.573	0.116	0.610
家庭结构	0.198	0.113	0.242	0.503	0.001 *	0.620
文化程度	0.005 *	0.000 *	0.000 *	0.246	0.649	0.947

1. 旅游目的地偏好上的性别分异

从表 3 – 3 可以看出，性别唯在清静乡村偏好中呈现出 $P < 0.05$，拒绝零假设，作进一步分析发现，男性选择清静乡村的实际频数比期望频数高，不选择的实际频数比期望频数低，而女性则恰好相反，见表 3 – 4，说明在清静乡村型旅游目的地中男性比女性更加偏好。

表 3 – 4　　　　性别在清静乡村型旅游目的地的频数差异

		清静乡村	
		不选择	选择
男	实际频数	384	155
	期望频数	401.5	137.5
女	实际频数	410	117
	期望频数	392.5	134.5

2. 旅游目的地偏好的收入分异

表 3 – 3 显示，在家庭月收入层面上，只有自然山水型旅游目的地的偏好的 $P < 0.05$，也就是说，不同的家庭月收入在自然山水型旅游目的地偏好产生差异，经过偏离度分析发现对自然山水旅游目的地的偏好

以 2000 元为界出现突变，家庭月收入 2000 元以上的实际频数要大于期望频数，表现为强偏好，其他则相反，为弱偏好。其中 3001—5000 元的消费者对自然山水型旅游目的地的强偏好最为明显，而最不偏好的是家庭收入在 301—500 元的消费者。

3. 旅游目的地类型偏好的家庭结构分异

表 3 – 3 显示，$P < 0.05$ 的只有古城古镇类，说明家庭的不同结构在古城古镇的偏好上有差异，经过计算偏离度得知，家庭结构在古城古镇型旅游目的地的偏好表现为强偏好的有单身和初婚无子的消费者，而表现为弱偏好的有三口之家、与父母生活和三代同堂消费者，最为偏好的是在家庭结构中初婚无子的消费者，最不偏好的是三代同堂者。

4. 旅游目的地类型偏好的文化程度分异

表 3 – 3 表明，自然山水型、热闹都市型和清静乡村型旅游目的地偏好随着文化程度的不同而不同，经过偏离度分析，在自然山水型旅游目的地类型显现出强偏好的学历层次是大专和本科，大专层次更优于本科，初中及以下、高中及研究生层次则表现为弱偏好，其中初中以下层次的偏好最弱。在清静乡村型旅游目的地类型中强偏好的学历层次是研究生，其他都表现为弱偏好，大专层次的偏好最弱，在热闹都市型旅游目的地类型中强偏好为高中和研究生层次，其中高中、中专或职高层面对热闹都市型旅游目的地表现出强烈的向往，而初中、大专和本科层次都呈现出弱偏好，最弱为大专。

（四）结论与讨论

从以上分析可以看出，从人口特征来看，城市居民对旅游目的地的偏好仅随文化程度的变化出现了较为明显的分异，性别、收入和家庭结构并不明显影响城市居民对旅游目的地偏好，只在局部产生差异，说明城市居民在选择旅游目的地时主要受到文化程度的影响，而性别、收入和家庭结构对旅游目的地偏好的影响很小。细致来说：（1）在清静乡村旅游目的类型中，男性比女性更加偏好，研究生较其他层次文化程度表现出更强的向往，清静乡村型旅游目的可以加强对高学历男性的宣传力度，提高吸引力；（2）家庭月收入在 2000 元以上或大专文化程度的消费者更在自然山水旅游目的地类型中表现出较强的偏好，因此，自然山水型旅游目的地可以考虑高消费项目，针对该层次的消费进行营销；（4）古城古镇型旅游目的地中，初婚无子的消费者比别的家庭结构的消费更偏好，因此，此类旅游目的地应生产更多符合新婚夫妇心理的旅游产品，满足其需要；（5）在热闹都市旅游目的地类型中，高中、中专或职高层面的消费者相对于其他层面的消费者来说，表现出很强的偏好。

以上分析已证实，旅游者对地方的"类型偏好"确已存在，并表现为不同人口学特征上的小群体偏好心理，这在某种程度上让我们不再困惑于微观个体层面的难以捕捉，使得旅游者的地方感显示出一些共性，利于观察和把握，另一方面也为旅游地设计和营销旅游产品提供了很好的理论支撑，即不同类型的旅游地完全可以对不同的人口统计学特征的目标顾客群进行有针对性的接待，使旅游者产生更加积极的地方感。

第四章　诗意观照：旅游者地方意象的形塑

一　地方意象研究的脉络

意象，即"意中之象"，在汉语字典里的解释是客观形象与主观心灵融合成的带有某种意蕴与情调的东西，具体可做以下解释：（1）指寓意深刻的形象；（2）经过运思而构成的形象；（3）神态、风度；（4）想象；（5）印象；（6）意境；（7）心境，其对应的英文是 image，在柯林斯高阶英汉双解学习词典中解释此词为：（1）（头脑中的）形象、概念；（2）（个人、团队或组织的）形象、声誉；（3）图像、映象、影像；（4）诗意的描绘，生动的描绘；（5）长相酷似，中英文的主要释义极为相似，同时，意象是人在认识客观事物时的一种心理反应得到广泛认可。在哲学家看来，人是通过意象来认识外在世界的，这一思想最早可追溯到古希腊的德谟克利特，他认为被人感知的事物会以原子"流射"的作用产生一种与该事物相似的"象"，人们通过这种"象"才产生了感知觉，进而形成思想。亚里士多德认为，"没有心灵图画的伴随，便不可能去思维"①，这里的"心灵图画"指的就是意象，古代哲学的"意中之象"侧重于客观事物的如实描述，是一种主客二元对立的朴素的意象观，这一认识方式一直延续到胡塞尔的现象学产生后才得以改观，现象学主张以自然的观察去研究纯粹的意识，同时关注

---

① P Edwards, *The Encyclopedia of Philosophy*, New York: Macmillan Inc. Reprint Edition, 1972, p. 133.

主客二元结构，将意向作为一种"意向性建构"的产物，超越了传统哲学的主客二元对立的意象观。让－保罗·萨特（Jean-Paul Sartre）便是其中一位杰出代表，在他的专著《想象心理学》中有专门研究意象的部分，"意象的对象本身并非意象"① 是萨特最经典的一句话，他举例说，在我的面前有一把椅子，我对这椅子有一个知觉意识，而这一知觉意识的对象就是那把现实地存在于我的意识之外的椅子，当我闭上眼睛后，这时，我无法知觉到椅子的存在，但我可以在意识中构造出一个椅子的意象，然而这个作为意象出现在意识中的"椅子"，却不是被我知觉到的那把现实的椅子，因而，他说："意象包含了某种虚无，其对象不是单纯的肖像，它是表现了自身的，但在表现自身的时候，它也破坏了自身，无论意象怎样生动，怎样令人动情或怎样有力量，它所展示出的对象都是不存在的。"② 这里的不存在指的是意象的对象不真实存在于客观世界中，萨特称之为"近似代表物"，并进一步规定了意象的定义："意象是一种作为物体不在现场或非存在的对象，它所借助的是一种只是作为所针对对象的'近似代表物'存在的物理或心理的内涵。"③ 这一方面说明了，真实世界是意象产生的前提，同时也指出了意象是真实世界的反映，从这个意义上来讲，意象存在于现象世界，它可以被认知又难以被认知。意象的这种难以表达的特征在中国古代哲学中表现得更为明显，先秦时代，"意"与"象"通常被分而论之，象是意的表达手段，如《周易》之《系辞上》中有一段话："子曰：'书不尽言，言不尽意。'然则圣人之意，其不可见乎？子曰：'圣人立象以尽意，设卦以尽情伪，系辞焉以尽其言。'"其中的"立象以尽意"的意思是"意"不能完全表达的，可以由"象"来表达，即"意无穷而象达意"，可是对于什么是"象"，在这一时期的描述中是晦涩难懂的。南朝刘勰在《文心雕龙》一书中第一次以词组的形式运用了"意象"，"是以陶钧文思，贵在虚静，疏瀹五藏，澡雪精神。积学以储宝，酌理

---

① ［法］让－保罗·萨特：《想象心理学》，褚朔维译，光明日报出版社1988年版，第25页。

② 同上书，第35页。

③ 同上书，第44页。

以富才，研阅以穷照，驯致以怿辞，然后使玄解之宰，寻声律而定墨；独照之匠，窥意象而运斤：此盖驳文之首术，谋篇之大端"。但此"意象"仅就如何写文章做了点滴说明，并未得到有效的阐发，也与哲学层面的"意象"尚有差距，之后各朝直至现代，在文学、书法、绘画、音乐等领域中意象被反复提及，足以说明在中国，"意象"一词一经产生，便与文学艺术等审美领域结下了不解之缘，其原因也很简单，那就是因为审美是哲学的重要组成部分，毫无例外，国外对意象的研究也多集中在审美领域，康德在《判断力批判》一文中更直接地将审美意象定义为某种独特的"心意能力"，这种能力能够想象出很多新东西却非语言所能完全形容的，"是一种非理性的、超越性的、无法用语言形容的不可名状的感情，所象之物并不代表它自己，而是为了引导出另一个世界"①，将"意象"定义成一种感情，用"意象"创造的诗文图画等方式来表达意象，意象是主观情趣的外化，是审美领域中对意象最普遍的应用，虽然与哲学的认识路径相反，但同样也具有意会却难言表的特点。

在 20 世纪 60 年代的地理学领域，意象变得更接地气且能被解构了，最具代表性的是林奇（Lynch），他在《城市意象》一书中对城市的意象进行了建构，他认为，对环境产生意象是人的一项基本能力，环境提供了特征和关系，人以他很大的适应能力和目的选择、组织然后赋予所见物以一定的意义，不同的人对于一定实体的意象是有差别的。在林奇看来，城市的公共意象是可以解构成"识别、结构和意义"三个部分的，一个有效的意象首要的是目标的可识别性，表现出与其他事物的区别，因而作为一个独立的实体被认出，这就是"识别"；"结构"指的是意象必须包括目标与观察者以及其他目标的空间关系和图形关系；"意义"是这一目标应对观察者有实际的或是感情上的某种意义。他以美国的波士顿、泽西城以及洛杉矶三个城市为案例地，讨论了人的五种公共城市意象要素，包括：（1）道路：是一种渠道，观察者习惯

---

① 白洁：《西方哲学意象观的历史演进》，《山西高等学校社会科学学报》2014 年第 8 期。

地、偶然地或潜在地沿着它移动，它可以是大街、步行道、公路、铁路、运河等，这是大多数人意象中占控制地位的因素，沿着这些通道布置了许多的城市要素，观察者也通过这些渠道认知城市。（2）边界：是不做道路或不视为道路的线性要素，是两个面的界线，连续中的线状突变，如河岸、路堑、区域的边界、围墙等，是横向的坐标而不是纵向的坐标，既是屏障又可贯通，使区域分隔又使其联系，边界的控制性不如道路强，但却是一种重要的城市意象要素。（3）区域：指城市中呈现出"面"的特点的部分，它在观察者心中产生进入"内部"的感受，它有某些显性的特征，这些特征可以从内部观察到，也可以从外部感受到，区域也是城市意象中重要的组成要素，地位与道路相当，但究竟是区域还是道路是城市意象形成的决定因素，是因人、因地而异的。（4）结点：是观察者借此进入城市的入口点或是日常通勤的必经之点，指道路交叉口、方向变换处、十字路口或道路会集处以及结构的变换处等，也可将结点简单类比为集中，它的影响波及整个区域，成为这个区域的象征，因此也称它们为"核"。许多结点还同时具有连接和集中的两种特征，结点和道路的概念有关联，因为连接正是人们旅途中道路和事件的汇集，结点也与区域的概念相关，因为核就是地区的集中点，是地区的极心，几乎每个人的意象中都可以发现结点，有时结点也会占控制地位的特征。（5）标志：这是另一类要素，观察者不进入其内部，只是在它的外部，通常是明确的限定的具体目标，包括建筑物、招牌、店铺、山丘等，其功能在于它是一大批可能目标中的一个突出因素，某些标志是远距离的、典型的可以从许多角度和距离观察的、高于别的较小构成物的以及作为放射性基准的标志。它们可以在城市内部或一定的距离内作为一种永恒的方向标志，如塔、穹窿、高山甚至如同太阳那样缓慢而有规律的动点，在有限地点和特定道路上能看到的重要场所也是一种标志，还有广告、店面、树木、门执手等都是标志它们充满在大多数观察者意象中，频繁地作为一种辨认线索，甚至是一种结构的暗示，认出的标志越多，对城市越熟悉。不同的人对同一实体的意象是不同的，如驾驶员把高速公路看作是道路，而行人却认为是一条边沿，中等城市的中心区从大都市区的范围来看只是一个结点等，不过，一定的观察者在一定的程序中活动时，意象还是相对稳定的。需要说明的是，上述各类构成要素在事实上都不是孤立存在的，区域由结点构成，受边沿的限定，道路贯穿其间，标志散布在内，它们有规律地互相穿插和迭合，如果以各类基准的分析为开始，那么必然以它们在整体中的重新组合而告终①。林奇对于城市意象的研究限定于城市的物理（实体）属性上，而且调查样本也是限定于城市居民，对于"外来者"视角下的城市意象的关注度不够，这一问题在南沙（JL Nasar）的研究中得以破解，南沙的城市意象研究纳入了"观光者"等外来者的视角，特别强调观察者产生城市意象的"意象力"和"喜好力"，其中，意象力包括特殊性、明显性和使用的重要性，喜好力包括自然性、文明性、开阔性、历史重要性和次序②，这种基于观察者心理感受评价的虚体形式的城市意象的建构，扩充了意象的研究内容，联结了城市的实体属性和个体的情感属性，同时也扩大了观察者的范围，将居民和访客纳入研究对象体系中来，具有较高的价值，但总的来说，其对意象建构的"拆整化零"的本质还是和林奇的研究是一脉相承的，90年代以后，包括中国在内的世界各国均有大量有关城市意象的文献涌现，但基本沿袭着林奇和南沙的研究范式，限于篇幅，在此不再一一枚举。诚然，旅游目的地意象是城市意象的一个分支，几乎与城市意象的研究同步，旅游目的地意象在20世纪60年代中期开始被旅游学者探索，多年来其研究的重点是对旅游目的地意象进行解构，代表性的观点有菲克耶（PC Fakeye & J Crompton）等，将旅游目的地意象划分为原始意象、诱发意象和复合意象三个阶段③，艾克特和瑞池（CM Echtner & JRB Ritchie）认为旅游目的地意象包括三个连续维度：整体性—个别性、功能性—心理性、普

---

① ［美］凯文·林奇：《城市的意象》，项秉仁译，中国建筑工业出版社1990年版，第8、41—45页。

② JL Nasar, *The Evaluative Image of the City*, Tousand Oaks, CA: Sage Publication, 1998, pp. 38 – 50.

③ PC Fakeye, J Crompton, "Image differences between prospective, first-time and repeat visitors to the Lower Rio Grande Valley", *Journal of Travel Research*, Vol. 30, February 1991.

遍性—独特性①，班莱古路和迈克莱瑞（S Balogulu & KM McCleary）提出旅游目的地意象由认知意象、情感意象及整体意象三个维度构成，整体意象受认知意象和情感意象的影响，同时，认知意象影响情感意象②。

　　综上，肇始于哲学和审美领域的"意象"概念被地理学借用并融入学科的话语体系后，已变得清晰可辨、可爱亲切了，梳理相关学科有关意象的文献可知，学者们至少在以下几个方面上达成共识：（1）"意象"是人脑的产物，对环境产生"意象"是人的一种基本能力，这种能力一部分与生俱来，一部分是后天习得；客观事物必然要先在人脑中生成"意象"才能被人认知，即人接收到来自环境的刺激，经过重组后形成一个整体的"意象"，人透过这个"意象"来认识客观世界，即在哲学上的认识论上，真实世界是"意象"存在的基础，"意象"是真实世界的"近似代表物"，"意象"的建构因人因时因地而异，人在特定时空以自己特有的思维去观察世界，"意象"与客观存在的真实世界永远难以画等号。（2）意象的产生来自两条路径，一是以上所述的哲学的认识论中，人通过观察客观事物的"象"来观察外在世界，二是在审美领域中，"意象"是主体情趣的反映，是主体思想的外化，正如唐代画家张彦远所说："画之道乃凝神遐想，妙悟自然，物我两忘，离形去智。"艺术创作是因心造境，尽意而立象，艺术家们往往通过"意象"进行创作。这两条路径看似相反，但都离不开个体的先验经历，人在对象中（认知或创作）取得多少，就看他在自我中能够付予多少，无所付予便不能有所取得。（3）"地方意象"指的是以地方为对象的意象，它是可以被解构的，组成要素多以地图的形式展现于脑海中，个体要看到地方的"意象"，必须具备两个条件，一为认知，二为情感，认知是理性的，情感是感性的，情感有时隐于意象之后，扮演看客，只待此景与曾经相似，方能被呼唤，款款而出；也有时在看"此景"时便油然而生，之后对"此景"的所有观察都隔着厚厚的情感，"此景"便

---

①　CM Echtner, JRB Ritchie, "The measurement of destination image: An empirical assessment", *Journal of Travel Research*, Vol. 31, April 1993.

②　S Baloglu, KW Mccleary, "A model of destination imageformation", *Annals of Tourism Research*, Vol. 26, April 1999, pp. 868 – 897.

呈现出另一种可爱的面目。

二　旅游者地方意象的生成机制

（一）旅游者地方意象的生成过程

人地关系是旅游学研究的核心内容，在旅游者头脑中的地方意象自然是其中的一个重要的研究对象，如图4-1所示，在别人脑海中生成的旅游目的地的原生意象附载在相关资讯中，被旅游者有意或无意知晓后，激发了诱发意象，这是处于初级阶段的诱发意象，在本书中将其称为Ⅰ级诱发意象，因为这是旅游者本人脑海中产生的意象，旅游者会迅速地对其进行内省，看是否与自我一致，如果诱发意象能与自我一致，或是可以理解为自我的延伸，那么旅游者就会有进一步主动搜寻旅游信息的行为，如果不一致，则旅游者将此诱发意象尘封于脑海中，诱发意象便被沉寂下来，在搜寻旅游信息的过程中，旅游者将进一步地认识旅游目的地，促使产生Ⅱ级诱发意象，这是一个比Ⅰ级诱发意象更高阶级

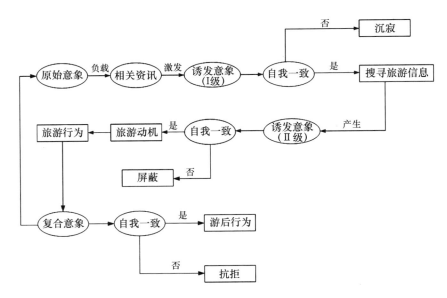

图4-1　旅游者地方意象的形成过程

的意象，同样，旅游者又会产生一轮内省，看与自我是否一致，如果一致，将会产生旅游动机，如果不一致，这个高级的诱发意象将会被屏蔽，在合适的条件下，旅游动机被转化为旅游行为，旅游者亲历旅游目的地后，对旅游目的地形成一个复合意象，再进行内省后，若与自我一致，则产生良好的游后行为，如果不一致，则会抗拒这个意象，可见，旅游者的地方意象在形成过程中，如果任何一个环节发生断裂，都会影响到旅游行为，另外，在互联网新媒体时代，复合意象产生后，旅游者还可以通过自媒体途径在网络上发声，多人的复合意象便形成地方的原生意象，引导和调整着旅游者的旅游行为。

（二）表征旅游者地方意象的深层心理机制

地方意象往往以图画的形式浮现于人的脑海中，这种图画已经可以被捉摸了，我们可以将旅游者已产生的地方意象称为大脑的浅层心理，那么，为生成地方意象还必须凝聚一些深层的心理要素，主要有感知觉、记忆和想象，以上是个体在形成地方意象的过程中必须要具备的心理力量。还有一个主体之间的心理力量不容忽视，那就是移情，它能够让两个主体相互理解，最终形成大致相同的地方意象。旅游者地方意象的深层心理机制如图4-2所示，"我者"与"他者"都会因为感知觉、记忆和想象针对一个特定的地方在脑海中形成一个地方意象，这样的地

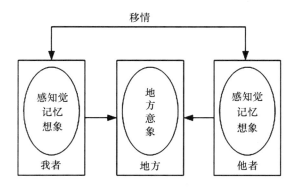

图4-2 旅游者地方意象形成的深层心理机制

方意象可以使用"语言"这一工具进行描述，同时得益于"移情"这一主体间性的心理力量，"我者"与"他者"在地方意象上能相互理解，实现交流的可能。

1. 感知觉

感觉是人脑对直接作用于感官客观刺激物的个别属性的反映，具有反射性质，感觉是人认识世界的源泉，是维持正常心理活动的重要保障，是获得各种复杂的心理现象的基础。根据刺激物的不同，一般可将感觉分为外部感觉和内部感觉两种，其中，外部感觉是由外部刺激引起，感受器位于身体表面或接近身体表面，包括视觉、听觉、嗅觉、触觉和味觉等，其中，视觉以眼睛为感觉器官，辨别外界物体明暗、颜色等特征，是五官之首，能接受刺激物的80%以上的信息，一般控制和影响着其他感觉；听觉是声波作用于分析器所产生的感觉，适宜刺激是16—20000赫兹的声波，内耳耳蜗是听觉器官，它接受外界刺激的10%以上的信息；嗅觉是有气味的挥发性物质微料作用于嗅觉分析器时所产生的感觉，嗅觉感受器在鼻腔上部黏膜中的嗅细胞；味觉感觉器是味蕾，主要分布在舌面上，也分布在咽喉的黏膜和软腭处，酸、甜、苦、咸是四种基本味觉，其他都是这四种混合产生的；皮肤觉包括触压觉、温度觉和痛觉，触压觉指的是刺激是接触皮肤表面的物体的适当压力，温度觉包括冷觉和温觉，合适的刺激范围是 −10℃ — −60℃ 物质的温度，痛觉是对有机体有伤害的刺激。反映机体内部变化的感觉叫内部感觉，包括运动觉、平衡觉和机体觉，运动觉反映身体各部分的位置、运动及肌肉的紧张程度，感受器位于肌肉组织、肌腱、韧带各关节中；平衡觉也叫静觉，它是由人体做加速运动或减速的直线运动或旋转运动所引起的，平衡觉和感受器位于内耳的前庭器官；机体觉又叫内脏觉，是由内脏活动作用于脏器壁上的感受器产生的，内脏觉的特点就是感觉不精确，分辨力较差。感觉符合适应性、对比性以及相互作用的规律，感觉适应指的是在刺激物持续作用下所引起的感觉性的顺应性变化，可导致感受性下降或感受性提高，一般持续作用的强刺激会使感受性降低，持续作用的弱刺激使感受性提高，所谓"入芝兰之室，久而不闻其香；入鲍鱼之肆，久而不闻其臭"就是这个道理，感觉适应性有利于减少身心负担，对于我们感知外界事物，调节自己的行为，具有积极的意义，但也可以使人丧失警觉性，导致不能回避危险。感觉对比指的是同一分析器内部不同感觉间的相互作用所引起感觉受器变化的现象，可分为同时对比与继时对比，同时对比是指两个刺激物同时作用于同一感受器而产生的对这种刺激物的感受性变化，如"月明星疏"；先后对比是指两个刺激物先后作用于同一感觉器而产生的对这种刺激物的感受性的变化，如先吃糖再吃酸橘，会觉得酸橘更酸。感觉的相互作用指的是一种感觉的刺激引起了另一种感觉，是不同感觉间相互作用的结果，包括感觉的补偿以及联觉，感觉的补偿，指的是某种感觉系统的机能丧失后由其他感觉系统的机能来弥补，这就可以解释为什么瞎子的听觉特别敏感；联觉指的是当某种感官受到刺激时出现另一种感官的感觉和表象的现象，闻到酸的东西会联想到尖锐的物体，听到轻柔的音乐会联想到薄薄的半透明的轻纱，朱自清《荷塘月色》里描述的："微风过处送来缕缕清香，仿佛远处高楼上渺茫的歌声似的。"如音调低沉的声音，能使人产生黑暗和圆形图像，而高亢的声音，能产生明亮和尖锐的图像，在语言中，也常常会有这样的描述，如"刺骨的寒冷"，即用机体觉来形容皮肤觉，即是联觉在发挥作用。

对一个正常人来说，没有感觉的生活是不可以忍受的，甚至引起强烈的痛苦感，最终损害健康，加拿大心理学家海伯（DO Hebb）等在1954年进行了著名的感觉剥夺实验，被试者在付给每人20美元的报酬后，让他们在一个完全无害的但是缺乏刺激的环境中生活，这是一间备有舒适的帆布床的隔声房间，被试者除了进餐和上厕所外，就是躺在床上不做任何事情，房间里的灯是开着的，但被试者戴着半透明的护目镜不能看到任何东西，一些装置被设计也为了防止被试者触摸物体或听到任何声音，仅两天后，就有人提出要终止这个实验，逃离这个单调的实验环境，七天以后，被试者开始出现经典的病理心理学现象：①出现错觉、幻觉，感知综合障碍及继发性情绪行为障碍；②对刺激过敏，紧张焦虑，情绪不稳；③思维迟钝等各种神经症症状。另外，美国心理学者的"感觉剥夺试验"，也说明一个人在被剥夺感觉后，会产生难以忍受的痛苦，各种心理功能将受到不同程度的损伤，经过一天以上的时间才能逐渐恢复正常，这个实验说明在生活中接受各种刺激从而产生感觉对于一个正常人来说是多么的重要，人与世界是处于联系的状态中的，人的成长也是建立在与外界接触的基础上，因此，广泛联系是人理解世界的第一步，旅游之所以能在短时间内被大众所认可，正是因为这种形式符合了人的这一个生理需求，可以使人与外在世界广泛联系，获得更多的感觉，用以建构更为完善的心理。

知觉是人脑对直接作用于感觉器官的客观事物的各个部分和各种属性的综合反映，依靠于多个分析器官，是感觉的深入和发展，在现实生活中，感觉与知觉往往是不可分割的，人的感觉一经产生，就马上转化为知觉，故两者统称为"感知觉"，知觉类型有距离知觉、时间知觉和运动知觉等，格式塔心理学认为，知觉具有选择性、整体性、理解性和恒常性的特点，知觉选择性指根据客观事物间的相对关系来进行选择的特性，一般而言，人对图形的刺激比较敏感，刺激物一般具有以下特点：结构有一定的规律性、有鲜明的较为封闭的轮廓线、在刺激强度上与背景形成明显的对比、知觉者熟悉的或是有意义的。知觉的整体性指的是，在知觉过程中，人们不是孤立地反映刺激物的部分或个别属性，而是反映事物的整体及关系，一般而言，距离上接近、物理属性相近、具有连续性或共同运动方向的刺激物容易被知觉成一个整体，另外，人们也倾向于将缺损的轮廓加以补充成为一个完整的封闭图形，即知觉的整体性需遵循接近性原则、相似性原则、连续性原则以及封闭性原则，如在图4-3中，两条邻近的直线容易被知觉成一个整体，而在图4-4中，图形或方块的图形易被知觉为一个整体，图4-5中的黑点组合会被主体知觉为一只海螺，图4-6中图形的缺口一般会被主体忽视掉，依然将其看成是完整的三角形和圆形。知觉的理解性是指对现时事物的知觉中通常融入了过去的经验和知识，即不同的知识背景和理解力影响对同一对象的知觉。知觉的恒常性指的是人们在刺激变化的情况下把事物知觉成稳定不变的整体的现象，主要有大小恒常性、形状恒常性、颜色恒常性等，恒常性的存在能使人有效地适应环境的变化。

感知觉规律对于地方意象的建构非常重要，段义孚先生在《人文主义地理学之我见》一文中，曾描述过这样一个场景：热带雨林是什么样子的？我们可能认为自己了解，因为我们见过那些图片和文献资料，但当我们确确实实置身于森林中时，我们可能会震惊地发现有些景象与我们想象的背道而驰，无法抗拒的绿色、环绕四周的稠密植被——这些在图片中我们已经看到过了，但是有些东西出乎意料，猿猴啼叫不休、鸟类啁啾私语、大象穿行林间呼气声宛如吹号，还有生长和腐烂的刺鼻气味以及像一条湿毛毯包裹着我们一样的溽热潮湿①，在这一个画面中，主体动用了感觉中的视觉、味觉、嗅觉、听觉以及皮肤觉，一些感觉的规律如对比、联觉被妥善地描述，如果继续在这个热带雨林中探索的话，主体会关注到某些种类的树干基部常会长出多姿多态的板状根，从树干的基部2—3米处伸出，呈放射状向下扩展，有些则生长着许多发达的气根，这些气根从树干上悬垂下来，扎进土中后，还继续生长，形成了许许多多的树干，大有"一木成林"之势，非常壮观。知觉的选择性、整体性和理解性得以表现，这一特殊景象常常成为形塑热带雨林意象的重要元素，当然，以往知识里的一片又一片绵延不休的绿色，在建构热带雨林意象过程中，是无论如何也回避不了的。这是知觉的恒常性在发挥着作用。

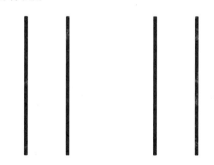

图4-3　接近性

2. 记忆

记忆是过去经验在头脑中的反映，是头脑积累和保存个体经验的心

---

① ［美］段义孚：《人文地理学之我见》，志丞、左一鸥译，《地理科学进展》2006年第2期。

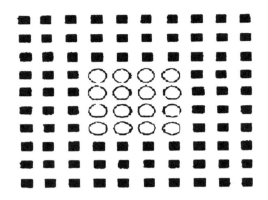

图 4 - 4   相似性

图 4 - 5   连续性

理过程,所谓"过去的经验",既有客观的对象,也有主观的思想、体验和愿望,具体来说,可包括在日常生活、学习和工作中感知过的事物,也包括思考过的问题、体验过的情绪、练习过的运作等,这些事物在人们头脑中留下不同程度的印象,这就是记的过程,在一定的条件下,根据需要,这些依存在头脑中的印象又可以被唤起,参与当前的活动得到再次应用,这就是忆的过程,从刺激物在脑内存储到再次提取出

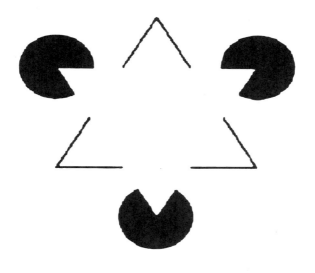

图 4 - 6 封闭性

来应用，这个完整的过程总称为"记忆"。认知心理学认为记忆包括个体对其经验的识记、保持和再现，识记是记忆的初始阶段，保持是识记过的经验在脑中的巩固过程，再现包括回忆和再认，当经验过的事物不在眼前还能把它重新回想起来的过程即为回忆，而经验过的事物再度出现时，能把它认出来的过程叫做再认。记忆可分为三个子系统：如图4－7所示，一是感觉登记，指感觉刺激（视觉、味觉、嗅觉、听觉及皮肤觉）停止后所保持的瞬间映象，它是人类记忆信息加工的第一个阶段，时间很短暂，不超过 2 秒；二是短时记忆，个人对感兴趣的信息加以注意，对其进行编码的过程，编码随信息类型的不同而不同，一般储存时间在 1 分钟以内，容量有限，提取迅速，主要的信息加工方式为组块化（根据个人的经验将孤立的项目连接成更大单元的过程）及复述（出声或不出声的重复），正常情况下，可记忆 7±2 个组块，有首位效应和近因效应的特点，即最先接触的和最后接触的信息回忆率较高；三是长时记忆，信息保持 1 分钟以上乃至终生，特征表现为时间长，信息以类似于网络结构的方式有组织的储存，每个概念都是个节点，各节点之间能够相互激活和扩散。从信息加工的角度来看，记忆是信息的输入、编码、储存和提取。

地方的"可意象性"在很大程度上依赖于人的记忆，记忆的本源是人的经验，记忆是事物意象产生的源泉，譬如一个孩子第一次看见火，觉得好奇，用手摸了一下被烫了，这件事情在脑海当中形成一个记忆，有助于形成"火是危险的"这样一个有关"火"的初始意象。林奇有关城市意象的道路、边界、区域、结点和标志五要素的提取，以及后继研究者对城市或地方意象的研究，在方法上多是采取记录被试对地方某些要素的记忆，已充分说明事物的意象基于人的记忆之上，记忆与意象的因果关系可辨。然而我们也不能否认，已形成的事物意象在心理上是以记忆的方式保留，在合适的条件刺激下，对新的事物意象进行某种程度的修正，"记得绿罗裙，处处怜芳草"，因为记得分别时你穿的是绿色的罗裙，从而对绿色的芳草都爱怜起来，对芳草的爱怜源自于记忆中的绿色罗裙，由此可见，记忆在人生中是多么的重要，同时，也说明了前期的记忆会参与到新事物意象的建构中，从这个意义上来讲，记忆与意象是相辅相成、难分因果的。

图 4 - 7　记忆的形成

"记忆"是表现空间和地方意义的一个积极要素，是一种社会行为，并营造了空间的社会特性，而社会记忆和社会空间与地方、国家的群体认同是密切联系的，记忆和地方的结构性联系最明显地表现在物质文化景观领域①，空间上的"远离"和时间上的"远去"是地方记忆

---

① S Hoelscher, DH Alderman, "Memory and Place: Geographies of a Critical Relationship", *Social & Cultural Geography*, Vol. 5, March 2004, pp. 347 - 355.

产生的根源①，记忆是由个人情感和社会环境共同形成的，被忆起的空间，往往不是以几何形式为基础，而是人们的感知空间，甚至"我者"和"他者"都内嵌于此，由此，记忆创造了感知的主体，视凝视的客体以及两方的关系三个元素②，因此，对地方的记忆实际上是对"我不在我在场的空间"的一种记录，这样的空间尺度很丰富，可以是身体、家、社区、地方、区域、国家，甚至是全球，但大多数人能记起的重要地方都是和他们的童年有关，并且对这些地方的改变，人们的接受程度很低，抵制情绪也较大，从这个意义上来讲，在规划的过程中，一方面，旅游地要注意保留一些标志性的物质文化景观，在对道路、边界、区域、结点和标志的改造一定要慎重，如果迫不得已一定要改造建设，可以以文字、影像等资料形式保存并展览，以确保有实物联系旅游者的地方记忆。另一方面，旅游地也要充分挖掘目标旅游者对象对地方的记忆元素，保留目标群体亲历地方的一些场景，也可充分挖掘目标群体童年的地方记忆对旅游地进行再造。

3. 想象

想象是对头脑中感知过的事物形象进行加工改造，创造新形象的过程，根据想象时有无目的和意识，可以将想象分为无意想象和有意想象，无意想象指的是没有预定目的、不自觉地产生的想象，它是当人们的意识减弱时，在某种刺激的作用下，不由自主地想象某种事物的过程；有意想象是按一定目的、自觉进行的想象，根据想象内容的新颖程度和形式方式的不同，又可分为再造想象、创造想象两种，其中再造想象是根据语言文字的描述，在人脑中形成相应新形象的过程，再造想象离不开语言或图样标志等的思维，再造想象的认知加工方式有以下几种：一是黏合，把不同事物的某些方面和特征在头脑中结合在一起而形成新形象，如美人鱼、牛头马面等；二是夸张，对客观事物的形象中的某一部分进行凸显，而产生新形象的方式，如千手观音、九头鸟、雷

---

① 成志芬、周尚意、张宝秀：《"乡愁"研究的文化地理学视角》，《北京联合大学学报》（人文社会科学版）2015 年第 4 期。

② ［英］P Cloke，P Crang，M Goodwin：《人文地理概论》，王志弘等译，台北巨流图书公司 2006 年版，第 230—231 页。

公、龙王等；三是拟人，将客观事物人格化，赋予人的形象和特征而产生新形象，如青山点头、蜡烛垂泪等；四是典型化，根据一类事物的共同特征来创造新形象的过程，如鲁迅文学作品中"阿Q"，就是一个"精神胜利法"的典型代表。创造想象是不依据现成的形象而在人脑中独立地创造出事物新形象的过程，具有首创性、新颖性和独立性的特点，是人类创造性活动不可或缺的心理成分，它比再造想象具有更复杂的智力活动，其产生依赖于社会实践的需要、个体强烈的创造欲望、丰富的感知形象储备、高水平的形象改造能力和思维的积极性等主、客观条件。

人对地方的想象，来源于亲历地方的"在场"以及他者的"诗意化"表达①，即通过解读自身的生活经验以及他者提供的文本和图像等方式来想象地方，通过想象，地方被赋予了个体经历和整体推广的文化意义，建构起地方意象。强权的地方想象是一种典型的创造性想象，对地方进行改造，以期符合自身的某种需要，通常带有征服的意味。就旅游产业而言，对地方的改造归根到底是为了满足旅游者的需要，这样的地方想象自然无可厚非，然而不能回避的是，在"无度"的想象下，强权者对地方无节制开发，地方的文化意义被无情地割裂或粗鲁地嫁接，对地方意象的建构有负面影响。而旅游者对地方的想象有无意想象，即在某种信息的刺激下，不由自主地想起某个地方来，多数情况下是一种再造想象，与对具体的物体想象不同的是，旅游者对地方的想象大多是希冀自我在这个地方有一个美好的经历。

4. 移情

移情的概念最早可以追溯到苏格兰哲学家和经济学家亚当·斯密（Adam Smith），早在 1759 年，其在著作《道德情操论》（*The Theory of Moral Sentiments*）中就指出，移情是由理解他人的观点并作出相应的情绪反应能力组成的②。移情研究在心理学和美学领域中最为成熟，成果

---

① ［法］加斯东·巴什拉：《空间的诗学》，张逸婧译，上海译文出版社 2009 年版，第 1—3 页。

② 刘俊升、周颖：《移情的心理机制及其影响因素概述》，《心理科学》2008 年第 4 期。

也最多，并在两者的相互借鉴中，移情现象成为一个长盛不衰的话题。心理学研究者对移情中的三种主要的情绪成分进行了区分，一是情绪感染，是对他人情绪状态或需要的直觉反应，比如别人哭泣时我们也会感到悲伤；二是映射性情绪，指移情主体产生了与客体相同的情绪体验，比如移情个体看到他人痛苦，会假设这一情境如果发生在自己身上，或是自己也曾遭遇过类似情境，因而将心比心地也生成痛苦的感受；三是反应性情绪，即移情个体看到别人的情绪后产生的同情、关心和怜悯等情绪体验，也可以理解为一种移情的结果，反应性情绪的产生是激发崇高道德感的前提，人格、亲子依恋和父母教养是影响个体移情的关键因素，即不同的个体，或是不同的家庭背景会影响到个体的移情。与此同时，霍布斯、洛克、哈奇生、休谟、博克等哲学家都曾探讨过移情，休谟曾说"一个不平衡的形体是不美的，因为它引起跌倒、受伤和痛苦之类的观点"，博克认为同情和模仿会是移情现象的途径，同情是我们关心旁人所感受到的，模仿则是我们仿效旁人所做的，两者引发同一种情绪，那就是旁人有怎样的情绪，我们就会产生怎样的情绪。立普斯（Theodor Lipps）是移情现象研究的集大成者，他也承认了同情在移情中巨大作用，认为"一切审美的喜悦，都是一种令人愉快的同情感"，不仅如此，"审美的快感可以说简直没有对象，审美的欣赏并非对于一个对象的欣赏，而是对于一个自我的欣赏，审美欣赏的特征在于，我们的感到愉快的自我和使我感到愉快的对象并不是分割开来成为两回事的事物，这两方面都是同一个自我，即直接经验到的自我"[①]，立普斯移情观中的审美对象是一种受到主体观照的自我，且主体和对象可以相互渗透，融为一体，达到物我两忘的境界，值得一提的是，立普斯同样认可了审美的模仿作用，指人在高级审美阶段中，意识完全被融入被观察的对象中去，人在对象中感受自己的活动，从而产生紧张、轻松、愉快等感觉，从而在无意中模仿了对象，因而，立普斯的移情观是肯定物我的相互影响的，但他更注重由我及物的移情效应。中国的古代

---

① 蒋孔阳、李醒尘：《十九世纪西方美学名著选·德国卷》，复旦大学出版社1990年版，第605页。

哲学早就关注了移情现象，在《庄子·秋水》中就已经描述了这样一个故事：庄子与惠子游于濠梁之上。庄子曰："倏鱼出游从容，是鱼之乐也。"惠子曰："子非鱼，安之鱼之乐？"庄子曰："子非我，安知我不知鱼之乐？"庄子能体会鱼之快乐，虽然惠子并不苟同，庄子反问说你不是我，怎么知道我就不能体会鱼之快乐？庄子的鱼之乐就是一种典型的移情效应。到了南朝，刘勰在《文心雕龙》中论述如"登山则情满于山，观海则意溢于海"，"人禀七情，应物斯感，感物吟志，莫非自然"等，是古代移情论确定的标志。其后，在中国的文学艺术领域，"意中有景，景中有意"等观点被反复提及，"物我同一"的移情观被初步构建。从 20 世纪 20 年代起，开始借鉴西方的移情论，并进行中国本土化的改良，朱光潜先生认为移情是一种物我的"双向交流"过程，通过"推己及物"和"由物及我"的方式，最终达到"无我"之境，这在中国是物我同一，天人合一，也即是立普斯倡导的一种对自我的欣赏，在这种审美体验中，直接经验到的是自我。

移情是构成旅游者地方意象的一个重要心理因素，它经由"物我"之间的交流和"他我"之间的共鸣而产生。早在 19 世纪初，黑格尔学派中的一个重要美学家费舍尔（FT Vischer）就曾谈到过"对象的人化"，他说"通过常提到的紧密的象征作用，人把他自己外射到或感入到自然界事物里去，艺术家或诗人则把我们外射到或感入到自然界事物里去"①，这个论断的前一句话说明了物我之间的交流，人把自己的情感移植于外物上，另一方面受到外物精神和姿态的影响，朱光潜先生用欣赏古松的例子做了一个形象的说明："古松的形象引起清风亮节的类似联想，我就于无意之中把这种清风亮节的气概移植到古松上面去，仿佛古松原来就有这种性格，同时我又不知不觉地受古松的这种性格影响，自己也振作起来，模仿它那一副苍老劲拔的姿态。"② 至于古松的形象能引起清风亮节的类似联想，这就是"他我"之间的共鸣了，艺术家或诗人常以苍劲挺拔来形容古松，引发大家的共鸣并在时间积淀下

---

① 朱光潜：《西方美学史》（下卷），人民文学出版社 1964 年版，第 601 页。
② 朱光潜：《谈美》，安徽教育出版社 1997 年版，第 36 页。

成为古松的一种文化意象，因此，只要我们一提到或一看到古松，就会引发人们的这种相似的感受。

以上有关移情研究的成果具体运用在旅游情境中，可以得到两个结论；一是"有情"是"移情"产生的前提和基础，物我之间虽然能交流，但面对相同的外物产生什么样的情感受旅游者个性、成长背景和当时的情境制约，正如在本文以上的有关庄子与惠子"鱼之乐"的讨论中，庄子明显地能移情于鱼之乐，因为鱼乐而我乐，而惠子并不苟同，显然，在这一具体情境中，庄子比惠子更有情，正因为如此，我们必须承认，由于个性和成长背景不同，一个景观不可能使所有旅游者都产生相同的情感，因此在景观的建设初期就要做好论证，科学选择目标人群。另一方面，"他者"的情感能引导"我者"的情感的发生，在适当的刺激下，"他我"之间能产生共鸣，在上例中，如果庄子能优美地描述"鱼之乐"，经由庄子的描述，惠子可能理解鱼之乐，或更进一步地产生与庄子同样的快乐。无论是哪一种移情方式，都内含了对自我的欣赏，因此，对旅游市场进行分析，研究旅游者的行为，仍然是旅游地建设的首要之选。

（三）旅游者地方意象的形塑法则

1. 传递律

通过感知觉、记忆、联想等心理作用，旅游者的地方意象呼之欲出，但这个意象是摸不着、看不见的，可以通过主体的恰如其分的有声或书面形式的表达，"我者"的地方意象被建构。通过移情作用，"他者"能感知"我者"所建构的地方意象，经过一个复杂的内部心理工作机制后，我者的地方意象可以传递给他者，反之亦然，因此，旅游者所形塑的地方意象是可以传递的，当然，其前提条件是适当的表达。这一法则可以用于解释他者和我者的旅游行为表达可以相互要约，类似旅游广告、旅游文本、旅游攻略等都有助于地方意象的生成，并可进一步刺激旅游行为。

2. 旋转律

每一种与地方相关的意象主要以图像的方式储存在于主体的脑海

中，排列成一个意象轮，旅游者的地方意象形成后，便不断地进行旋转以寻找记忆中与之相似的意象图像，如果寻找到，这一过程便停止，这两个意象不一定要完全相同，只要主体曾经历过，后来的地方意象就会自动旋转到此记忆附近，如果主体的地方意象是一个全新的，便会在记忆里储存起来，以供以后使用，但这种情况几乎不会出现，因为每个地方意象的产生都会与过往的体验与经验的自我相关联，没有一个地方意象对主体来说是完全崭新的。这一定律可以解释"触景生情"的现象，主体在一个与过往经历极其相似的地方容易想起在这个地方上发生的事情，以至于触发和当时几近相同的感受和情绪，这是感知觉、记忆和移情等心理相互纠缠所导致的地方意象的旋转律在发生作用。

3. 代偿律

正如第三章所论，从范围尺度来看，现实旅游者对旅游地的意象通常由三个层次组成，分别是景点意象、景区意象和地方意象，三者互为依存，联系紧密，却又可以存在着差异，譬如在某些景点中营造的却是一些消极的情感，如行走在悬崖上的玻璃栈道的恐惧、参加黑色旅游景区的压抑感等，由于地方意象具有代偿的作用，即在离开这一个环境后，经验到的更多的是愉悦等适当的条件下，正、负性意象可以相互转化，故而某个景点所产生的负性意象并不妨碍主体在总体上生成良好的地方意象。

4. 精锐律

受记忆规律的影响，随着时间的推移，主体脑海中的地方意象的构成元素如景物、人物等会渐渐模糊，只有那些对自我来说有特别意义的、有价值的线索会被记忆下来，并组合成新意象，即随着时间的流逝，旅游者的地方意象会被调整，一些不太重要的元素被遗忘，而重要的线索被保留。这一法则可以解释为什么我们常常记住地方的一些具有代表性的景观，而对于一些场所的记忆会出现偏差，哪怕这样的场所在以前我们经常接触，如通往学堂的小路，在多年以后，我们往往找不到它的具体位置或是不能完全想起来它的形状。

5. 叠加律

新的意象元素会叠加于以往的意象中被进一步地组合，一些模糊的意象元素在想象的作用下形成与以往不同的意象，地方意象在叠加律的法则下不断发生着变化，有价值、有意义的精锐部分仍然被保留，对主体来说价值和意义较少的部分被想象成别样的形态，在时间的流逝中，旅游者的地方意象不断被新旧元素所建构，带有了与时俱进的味道。这个法则可以解释为什么我们对同类旅游目的地的意象大致相同。

三　诗意观照下的旅游者地方意象形塑途径

"观照"是一种佛语，在佛教中指的是静观世界以智慧而照见事理，在辞源中另有显示、反映的意思，观照的所指不止于简单的视觉观看，而是意味着以明目和智慧，通过观察把握对象的本体的、终极的意义，在旅游者的地方意象这个舞台上，"自我"与"地方"共同在表演，两者并非二元对立关系，也不是"我者"通过一定的实施行为主体施加于承受体的单向作用力，相反，两者的关系充满着"诗意"的张力的。"诗意"的灵感来源于海德格尔，在他的哲学体系里，第一次严格而明确地区分了"存在"和"存在者"，他认为，柏拉图为代表的西方传统哲学里对世界的认识大多集中于某种"存在者"，而不是"存在"，而人恰恰应该把握存在，明确存在的意义、求得存在的概念，为此，海德格尔将突破口放在了"诗意"上，即此在作为存在者通过诗人的话语对存在及存在的本质的言说的创造及倾听，"存在总是某种存在者的存在，存在者全体可以成为对某些特定事物的区域进行显露和界说的园地。这些事情，诸如历史、自然、空间、生命、此在、语言之类，又可以在相应的科学探索中专题化为对象"[①]，他将以上种种存在统称为"天、地、人、神"，认为世界与人是相统一的，它不是独立于人之外的认识客体，也不是人类改造与征服的对象，而是人类诗意的栖居地，人不是世界的主人，不应该对世界盘剥、利用、掠夺，而是保护、爱抚与照料，即"人诗意地居住"，于其中，人观看着、聆听着、

---

① ［德］海德格尔：《存在与时间》，陈嘉映、王庆节译，生活·读书·新知三联书店1987年版，第190页。

感受着和参与着存在的生成与建构，他倡导存在即有诗意，诗意的本性是存在（或真理）的创立与聆听，这是一种"度量"，任何活动一旦失去了这样的尺度，就会发生变异，变得不再"诗意"。显然，旅游者地方意象的建构是遵循"诗意"的，首先旅游活动不可能产生于"我者"和"地方"之间剑拔弩张的关系中，其次旅游地如果一味处于旅游者的强权凝视下，客观上已造成主体与客观对象的不平等，凝视主体多对凝视的客体具有支配性，这种观照下的旅游地建设屈服于旅游者强势的需求，一味地顺应和迎合，以至于在旅游地的建设上难以表现个性，甚至会有庸俗下流的倾向，而在诗意观照下，旅游地方意象中的"自我"与"地方"相互交融，物我同一，一方面，旅游者能诗意地观看、聆听、感受或参与旅游地。另一方面，地方能进行妥善的表达，将地方的"诗意"适当地传递给旅游者，双管齐下，才能"诗意"地建构旅游者的地方意象。然而现实的情况是，对于旅游者来说，由于地方通常是由"他者"来建设，如果"他者"无法理解旅游者，所提供的旅游产品不是旅游者所需要的，这对于旅游者地方意象的建构是无益的，因此，在旅游者地方意象的实践过程中，应该要尤其注重旅游者的"自我"与旅游地建设的"他者"之间的对话、沟通和理解，"他者"懂得诗意地创造，"我者"知道诗意地欣赏，才能真正建构起一种充满诗意的地方意象。

诗意观照下的旅游者地方意象的形塑主要是通过"表达"来实现，"表达"是用口说或用文字把思想感情表现出来，人对世界的认识，只有通过表达才能被其他人所接受，莫里哀曾说"语言是赐于人类表达思想的工具"。在海德格尔看来，语言更是一个"存在的家"，能开拓一种"诗性道说"的方式，使"天、地、人、神"得以会通，让"无蔽的真理"得以"澄明的展现"①，同时，他也把能用这种诗性道说的语言来表达存在的人称为诗人。因此，用语言来表达是人类得以相互理解的基础，从广义上来看，语言的内涵相当广泛，可以包括文字、图

---

① ［德］海德格尔：《诗·语言·思》，彭富春译，文化艺术出版社 1991 年版，第 186 页。

画、音乐、手势等方式，只要是打上了人类活动或文化的烙印，均可以用来表达。在旅游者地方意象的建构过程中，旅游规划师、旅游建筑师、旅游经营者与服务者、旅游行政管理人员、当地居民还有别的旅游者等旅游利益相关者从不同方面各个角度向旅游者表达自己对地方的理解，旅游者通过解读这些表达来完成地方意象的建构，对地方优美地表达，正是海德格尔眼中的"诗性道说"的方式，能使旅游地和旅游者达到一种和谐相处、物我同一的状态，使旅游者的地方意象"澄明的展现"于旅游者的脑海中，因此，本节从地方表达者的角度出发，来探讨地方该如何被"优美地表达"。

（一）旅游景观的表达

景观指某地区或某种类型的自然和人工创造的景色，在旅游学中，景观被认为是一种旅游资源，也是旅游的核心吸引物。旅游地的表达者对于景观的表达主要是通过景观设计来完成，景观设计是通过妥善地安排土地及土地上的物体和空间来为人创造安全、高效、健康和舒适的环境，人类早期的景观设计观完全是从功利角度出发，注重景观对人的实用性，并未考虑设计对环境的影响。人类社会在经历了急剧发展的工业化后，20世纪60年代开始爆发的环境危机使人类开始意识到，人是依存于自然的，为了短期的经济利益而牺牲环境的最终结果就是自我的毁灭。环境保护被提上了日程，可持续发展理念也开始在全球范围内被认可。正是在这种理念的指引下，现代意义的景观设计中的人和自然的利益是一致的。从这个意义上来讲，一个优美的旅游景观表达一定是一个全方位的、整体性的旅游景观生态系统，要体现以下一些原则：

第一，理解、尊重和引导旅游者的审美体验。"人们设计的不是场所，不是空间，也不是物体，而是体验——首先是确定的用途或体验，其次才是随形式和质量的有意识的设计，以实现希望达到的效果，场所、空间或物体都根据目的来设计，以最好的服务并表达功能，最好地产生所欲设计的体验"。明显地，这里的设计者和体验者并非同一，但却强调了两者的相互沟通，设计者应理解、尊重并引导旅游者对景观的审美需求。"爱美之心，人皆有之"，对于旅游者来说，其来到异地为异客的终极目的是为了寻求美和体验美，因为与旅游者隔着实际的物理距离，才会"距离产生美"。旅游景观具备成为审美对象的基本要求，因此充分利用感知觉等审美心理学原理进行"适应"旅游者的景观设计，一般情况下，旅游者的"景观体验"主要是通过视觉来完成，视觉可分为"扫视"和"注视"两种，对景观注视的时间越长，人对此景观的兴趣越大，视觉容易发现均质景观中的"异质"，如"惊涛拍岸"的景观就比一望无际的碧波耐看。同为湖光山色，也许杭州西湖就比武汉东湖更能抓住旅游者的视线，就是因为西湖具有连绵曲折的岸堤，有更多的湖中小岛，而东湖却略显单调，容易造成视觉疲劳。另一方面，视觉更易发现运动中的、色彩艳丽的物体，因此，多变的灯光、喷泉和动态雕塑景观更易抓住旅游者的视线。值得一提的是，在景观的设计中，要善于利用错觉，格式塔心理学对此做详细的描述，如一样长的线条，竖着放就比横着放看起来要长，同样大的圆圈，放在小背景内要比放在大背景里显得更大等，给旅游景观设计者提供了很好的心理理论基础。在设计中，如果要突出某个景观，就可以将景观以直立的形式放置于一个小背景中，这样人就能迅速地关注到这个景观，达到相应的效果。除了视觉以外，其他的感觉也自始至终地陪伴着视觉在景观设计中发挥着重要的作用，特定的声音能成为视觉的引导，"闻滩声如在浙江，闻骡马项下铃铎声如在长安道上"，声音能引发相似联想，在景观的设计中往往是一个关键的元素。在有些景点的命名上，也借用了声音的效果，使人引发无限美好的想象，如"柳浪闻莺"、"山寺晚钟"等，在山体中，能听到轰鸣的或是潺潺的水声，也许更能让旅游者产生认同感。有学者根据声音在景观中的作用，将声音分成三类：一是基调声，也是背景声，作为其他声音的背景声而存在，如在自然中，背景声是清脆的鸟鸣声或沙沙作响的树叶声，在海边，海水拍岸声就是海景的背景声。二是前景声，是利用听觉上的警示作用来引起人们的注意，如救护车声、警车声、汽笛声等，这些声音尖而刺耳，容易使人感知。三是标志声，是场所特征声，如巴黎圣母院的钟声，已成为巴黎的象征，《天涯歌女》的歌声一响起，就让我们感觉回到了电影里所描述的那样一个时代，这些声音能表达景观的特有性格，使人产生亲切感①。嗅觉也能加深人们对景观的体验，在乡村旅游中，蔬菜瓜果散发出来的富有生气的气味最能激发曾有过农村生活的旅游者的怀旧心理，各地的小吃一条街之所以让人趋之若鹜，也与这样的街上往往充满着特殊的香味有关。触觉是人生命早期的一个重要体验之一，婴儿继会爬之后，开始了"到处摸"的经历，哪怕是对象在成人看来是有危险的或不卫生的，触觉是人类接触、理解世界的关键因素，孩子大多是喜欢水的，因为在水里，有相对美好的触觉体验，更何况，海边有沙，沙带给人的触觉体验是柔软的和舒服的，因此，海景是孩子甚至是成人都喜欢的旅游景观。动觉是景观设计中用得比较多的一种感觉体验，移步换景，步步是景，在动态中审美，是景观设计中的一个基本原则，也是旅游景观中一个必不可少的方式。显然，在现代旅游景观设计中，视觉和动觉应用得最多，在听觉、嗅觉和触觉的应用上还有待进一步加强，感知觉的相互衬托和加强，能才形成深刻的旅游体验，"鸟鸣山更幽"，鸟鸣能衬托出山的幽静来，在寺庙里能听到诵经声、钟磬声；能闻到焚香的气味；能在登山的过程中转折，曲径通幽；能品尝素菜馆的食品，想念这样的寺庙体验会让旅游者有更深的印象，因此，旅游景观设计中，应充分理解、尊重并引导旅游者的审美体验，力求各种感知觉处于"最佳组合"状态，方能称得上是一种优美的表达。

　　第二，遵从和表现自然。景观设计是一门生存的艺术②，现代意义的景观设计比起以往任何一个时代都要关注人与自然的关系，遵从和表现自然是景观设计工作者的广泛共识，这里包含了两层意思：一是在景观建设时要注意符合自然规律，遵从顺应自然，景观的建造受到自然的限制，朱强等总结了景观设计中的自然因素并罗列了设计与管理策略③，在地形与土地利用方面，从流域出发，综合多种功能和因子，建立坡度与土地利用之间正确的匹配关系，并采用适当控制和引导开发密

---

① 翁玫：《听觉景观设计》，《中国园林》2007 年第 12 期。
② 俞孔坚：《生存的艺术：定位当代景观设计学》，《建筑学报》2006 年第 6 期。
③ 朱强、黄丽玲、俞孔坚：《设计如何遵从自然——〈景观规划的环境学途径〉评介》，《城市环境设计》2007 年第 1 期。

度；在土壤利用方面，要注意土壤用地适宜性与废弃物处理和土壤废水处理，借助土壤调查分析指导场地选择与设计、垃圾处理场地选择与设计考虑费用、周围状况和场地条件三方面，采用土壤吸收系统及其他替代方案，但必须对土壤吸引系统进行场地分析和土壤适宜性评价；在水文方面地下水保护、雨水排放与治理、流域排水网络与土地利用、河川径流与洪水治理、雨水污染、土壤侵蚀与沉积物控制、河流廊道生态恢复、海岸带管理等方面，摸清污染活动与地下水之间的位置关系，进行治理地下水污染可能性评价，对于已有土地利用的地区，要拟定管理规划，评价开发引起的径流变化，避免工程措施，综合利用地形，土壤状况和开发计划的特点和布局实现高效的雨洪管理，对每类水文区域进行分析，明确限制因素，延长雨水汇聚及径流时间、避开一些不稳定、敏感性地段，分析河谷及流漫滩的大小和形态，将水流量资料，高水位海拔以及河谷地形联系起来，采用生态化的设计方法，减慢暴雨水流系统总的反应速度，组团开发，采用过滤护道，过滤盆地，植被缓冲带，阻滞盆地等措施，从对系统特征的分析入手，对已有的或是规划中的土地开发提案进行土壤侵蚀和潜在土壤侵蚀的评估，融合环境、文化、土地利用等因子，修建受损栖息地，重新规划开放空间系统，以及管理深水生态环境等，理解海岸的物理组成，以及作用其上的各种动力学特点，根据岸线的相对稳定性对其进行用地适宜性分类；在气候方面，要注意太阳辐射与环境、城市小气候与城市设计以及地面霜冻与土地利用，考虑到小气候的多样性，以气候为导向进行景观和建筑设计，弄清问题的尺度，比如是整个城市，还是街道、建筑单体，不同尺度的景观采取不同的应对措施，分析土壤热量和地面霜冻的控制因素，绘制潜在霜冻地区图，考虑并评价潜在问题，在此基础上进行土地利用规划；植被与栖息地方面，要注意植被的分析与规划、景观生态学与栖息地保护和湿地保护等方面，对植被进行描述与分类，进行抽样调查与分析，结合生物栖息地保护、雨洪控制，水土保持等功能进行多尺度规划设计，以景观生态学为指导，找出景观结构与功能间的关系，将破碎化景观连接或更具生态弹性和可持续性的功能结构。二是在景观营造艺术上要注意表现自然，中国古典园林造园艺术是"师法自然"的典型代表，总的来说，筑山、理池、植物、动物、建筑、匾额、楹联与刻石是中国古典园林的六大构景要素，其中，筑山、理池和动植物最能表现自然，北方皇家园林面积大，在园内我使用真山真水用于造园，而江南私家园林的面积较小，没有真山真水的自然条件，但造园师在掌握了山水之美的组合规律上，循自然之理，得自然之趣，譬如筑山，匠师们选用各种造型、纹理和色泽的天然石块堆筑假山，一般最高不过八九米，无论是模拟真山的全貌还是管窥一角，都能以小尺度而造峰、峦、岫、洞、谷、悬崖、峭壁等的形象，从它们的堆叠章法和构图经营上，可以看到天然山岳构成规律的概括和提炼，这些假山都是真山的抽象化、典型化的缩影，能在很小的地段上展现咫尺山林的格局、幻化千岩万壑的气势，虽源于自然，却又高于自然。再说理池，水是园林中最富有生气的元素，园无水不活，因此，园林一定要凿池引水，在理池上，一般有掩、隔、破三种方法，"掩"就是以建筑和绿化，将曲折的池岸加以掩饰，使人感觉看不到池的边界；"隔"是筑堤横断于水面，或架设有石板小桥，或以步石点缀，将池水分隔，达到"疏水若为无尽，断处通桥"的效果；"破"是在水面很小时，用乱石为岸，配以绿色植物如野藤或翠藻，使人感受到山村野趣，达到"虽由人作，宛如天开"的效果。筑山和理池是造园中最重要的两种艺术，山石是稳的、实的、静的，水是轻的、虚的、动的，把山水恰当地结合起来，水之轻、虚能衬托出山石的坚硬、凝重，水之动必更见山之稳定，而达到气韵生动的景观效果，顺应了山水的走向和性格特质，才能融于自然，出于人手却又不似人工，师法自然，清雅淡泊，浑然天成。植物也是古典园林造园中非常重要的元素，花林有如山峦之发，水景如果离开了花木就失去了生命和美感，自然式园林更讲究表现自然美，对花木的选择一是讲究姿态美，树冠的形态，树枝的疏密曲直，树皮的质感，都是需要考虑的；二是讲究色美，红色的枫叶、黄色的银杏叶、青翠的竹叶、白色的玉兰、紫红色的紫薇等，力求四季不同景，园中的自然之色，不衰不减；三是讲究味香，要求植物雅清幽，不过浓，也不过淡，达意最好；四是讲究境界，用花中四君子来指代主人的品行高洁，松柏、莲花等植物都有自己的寓意，反映着主人的精神境界。中国人有很浓厚的"山水情结"的群体文化心理，同时表现自然也是"天人合一"的传统哲学的体现，通过景观来观察自然，使自我融于自然，是旅游者内心的诉求，因此，旅游景观的设计也要尤其注重表现自然。

第三，挖掘和体现地方文化。地方文化是一个地区所特有的文化特色，与别的地区存在差异，是特定区域源远流长、具有特色的文化传统，在一定地域范围内与环境相融合，深深地打上了"地域"的烙印，一般来讲，地方文化的形成离不开当地的地理环境、历史遗存和民俗风情三个因素，正因为如此，不同地方的文化才会存在显著的差异，呈现出千姿百态的状态。文化是旅游开发的灵魂，景观则是旅游承载的肌体，"文化与旅游"就是灵魂与身体的关系，文化是旅游的内生力量和生命的灵魂，可以提升旅游的品质，旅游是文化传承与发展的形式，通过旅游不断挖掘地方文化，可以促使地方文化的旅游化生存，还可以创新旅游文化，拓宽文化的内涵，使文化得以"旅游化生存"。文化与旅游最直接的结合点就是景观，景观是文化元素转化为旅游元素的具体表现形式，是文化与旅游的桥梁，地位和作用重大，景观就是文化得以传承和创新的载体，从这个意义上来讲，景观设计的过程就是对地方文化元素中的基因的提取、融合、重组和创新的过程，景观设计要充分挖掘和体现地方文化，一是要强化文化的物质载体，文化的物化是文化得以展示的关键，主要以建筑的形式来表达，在颜色、风格、体貌、结构、材质、装饰、符号等元素上对物质文化载体进行建设或修复，注重标志性建筑的选择与建造，建筑布局与结构、建筑装饰及色彩、建筑绿化等都要表现地方文化；二是创新活态文化，活态文化是文化动态传承的关键所在，主要包括服饰文化、餐饮文化、行为艺术、生活习俗和旅游文化等文化元素。在景观设计中，一方面注重融合、培育地方文化，在重视旅游者的地方文化体验经历的前提下，通过宣传和教育强化已淡化的和缺失的文化，使地方文化得以传承；另一方面是旅游与文化的结合会创新性地生成旅游文化，培育一批经验丰富的优秀旅游工作者可以使得新生成的旅游文化得以传承并被不断发扬。

（二）旅游环境的表达

"环境"在汉语中指的是周围的地方、情况、影响或势力，环境总是相对于某一中心物而言的，环境因中心物的不同而不同，中心物不同，环境的大小、内容也就不同。旅游环境是指适宜开展旅游活动和发展旅游事业的自然、生态、社会或文化因素，若以旅游景观为中心，旅游环境指的是围绕在旅游景观周围的自然、生态、社会、人文各种因素的总和，旅游环境是旅游景观的一个重要的、不可分割的组成部分，没有离开环境的旅游景观，也没有离开旅游接待设施的旅游景观，正如山体不能缺少潺潺的流水声和清脆的鸟鸣声，海景离不开椰树一样，景观与环境相辅相成，相得益彰，在旅游景观的表达中，环境的建设相当重要，这已在上节的"旅游景观的表达"中有或多或少的提及。另外，如果以旅游者为中心，旅游环境指的是使旅游活动得以进行的各种尺度的旅游地及其自然、生态、社会、人文等因素的总和，其中自然包括了旅游接待设施，旅游者身处旅游地，就是将自身置于旅游环境之中，对环境的主观感知将直接影响到旅游地意象的建构。旅游环境容量是以旅游者为中心的旅游环境测度的有效指标，当前的旅游环境容量研究大多侧重于生态环境容量的测定，少有考虑旅游者对旅游环境的心理承受容量，基于此，本节以"拥挤"现象为例，探讨旅游环境的优美表达。拥挤是旅游者最为关心的旅游环境，尤其是国庆黄金周，出游行路难、住宿难、用餐难、购票难，"拥挤"已经成为国人对假日出游的另类的集体记忆。2013年10月2日，驰名中外的四川九寨沟景区发生大规模的游客滞留事件，上下山通道陷入瘫痪，现场秩序十分混乱，也是在这一年的黄金周，故宫日均游客接待量高达17万人次，游客多得看不到地面，广播里不断播放着寻人启事，"拥挤"让旅游者无法产生愉悦的旅游体验。相反，本来想来看风景，结果看到的全是人头的失望、能否按时离开景区赶上回程交通工具的焦虑，甚至对可能滞留在景区这个陌生地方的害怕这些负面情绪伴随着旅游者左右，面对着除了春节以外的一个最长的假日，旅游者对国庆出游只能长叹一声"想说爱你不容易"，出游已经背离了初衷，坐在家里打着游戏的人们嘲笑着这些想获得更多美好旅游体验的人们，拥挤的确使旅游成为一段"花钱买罪受"的不堪回忆。其实受伤的何止是"游客"？九寨沟景区在发生大规模的游客滞留事件后，退票一万余张，同时，景区超载会过度消耗景区内的资源，损坏名胜古迹，尤其是垃圾污染使景区也不堪重负。三亚海滩在国庆长假期间每晚产生数十吨的垃圾，需要几百名环卫工人工作到凌晨。敦煌莫高窟也因大量游客在同一时段集中参观，改变了温湿环境，造成壁画彩塑褪色，景区不得不应急关闭售票处，只接受预约游客。在当今自媒体如此发达的时代里，景区因拥挤所带来的负面作用会在瞬间被大众知晓，对景区的负面影响不容低估，拥挤会引起普遍的消极情感反应，并由此带来攻击性行为，破坏旅游秩序，同时，拥挤是一把双刃剑，伤害的是旅游者的体验和旅游景区的声誉。

正因为如此，景区在经营管理的过程中，要有效地避免拥挤现象的发生。在此，有一个问题必须澄清，在一定空间里的高密度旅游者并非引起拥挤的充分条件，比如旅游节庆甚至热点旅游景区，如果冷冷清清的没有人，那么旅游者也体验不到愉悦的感受，相反，适当的"热闹"能引起旅游者积极的情感反应，这一方面说明与别的活动相比，旅游活动有自己的特点，它需要一定的人流量才能使得旅游者体验到旅游的情致，另一方面也需要制定出一套标准来衡量"拥挤"的程度。笔者认为，如果旅游者过多，已妨碍人的自由和行为选择，已令旅游者产生"拥挤感"，即可认为拥挤现象发生，比如想进入某个场所，因为人太多而进不去；想看看某个风景，因为人太多，看到的都是人头，或是想待久一点，结果旁边有人在等着，使旅游者有一种时间的紧迫感，就会影响到旅游者的旅游体验，总之，拥挤是过多的人争夺较少的资源，拥挤的环境也可能是一个严重污染的环境，噪声、空气等污染横行，在这样的环境中，人与人之间总是缺乏秩序、礼貌和尊重。解决"拥挤"这一旅游环境问题，需要从增加旅游供给、落实带薪假期以及提高旅游者的素质着手，一方面使旅游者能够理性地选择冷热点旅游目的地，不盲目跟风热点旅游目的地，并能借助带薪假期"错峰出行"，我们深信，当人们有更多的时间机会从容自主地选择"悠闲"的旅游时，不焦不躁的心态自然就会多一些，旅游过程中也能体验到更多的愉悦，毕

竟，旅游的本质在于身体和精神的双重放松；另一方面旅游景区也应该
要精细化管理，从景区的实际出发，动脑筋、想办法，规划设计好交通
路线，有效地进行游客的分流；通过向游客提供管理政策信息，引导游
客行为，使其在游览过程中积极地、有意识地约束自己的行为，配合景
区的管理；规划合理的旅游解说系统，实现景区管理机构与游客的交
流，帮助管理机构建立起积极有效的关系；适当地利用空间分隔可以使
人"眼不见心不烦"，有研究表明，在所有信息中，视觉是最容易引起
注意的感觉刺激，空间分隔是减少视觉刺激的最有效办法，当处于有限
空间和大量人群的两难境地时，在确保使用功能的前提下，宁可舍弃宽
敞，而提供更多的小空间，通过减少可以看得到的社会密度来缓解拥
挤感。

（三）旅游符号的表达

对于旅游者来说，旅游世界实际上是一个充满了符号的时空存在，
在其间，各种情境要素所构成的符号世界是传达和解读旅游体验意义的
一个文化系统，旅游时间的符号意义是一个可购买的自由，旅游空间的
符号意义是剧场化的空间①，除此之外，旅游过程中的一切景物和现
象，对于观者来说，均可构成有意义的"符号"。旅游景观和旅游环境
的表达是设计者的一种创造，是旅游地的硬核，在他人眼里，就是符
号，所谓符号，是指事物的意义化表达，它通过文字、声音、图画、手
势、表情等渠道来完成，一般来讲，表达旅游符号的主体主要有旅游工
作者和旅游者自身，前者基于市场调研，以旅游符号或其组合形式努力
客观地解读旅游地，即构成旅游地的投射旅游形象，这里的旅游符号可
分为语言符号和非语言符号，前者包括旅游宣传口号、旅游广告、旅游
风光片的介绍及旅游解说等，或就旅游地进行直接的口头介绍，后者包
括视觉符号，如旅游标志景观、旅游标识、旅游标志性人物、旅游标志
性服装、特色饮食等，塑造出具有强烈视觉冲击力的旅游地形象；行为

---

① 彭丹：《论旅游体验中的符号及其解读》，硕士学位论文，东北财经大学，2005 年，
第 20 页。

符号，如政府行为、旅游服务、居民行为等，通过开展主题宣传、节庆活动等旅游形象推广活动，吸引公众注意并诱发人们的旅游欲望；听觉符号指的是动物、流水、风声、音乐等常常与图像结合在一起的符号，好的声音常常能使人产生美好的感觉；值得一提的是，由于嗅觉和触觉符号的"亲历性"特征，在当前的投射形象的符号中，少有运用嗅觉符号和触觉符号来表达旅游地形象，但随着有关技术的不断成熟，类似于清新的空气、花果香味、菜肴的香味和沙滩的柔软感觉也可以通过适当的媒介来传播，带给受众一个全方位的感觉体验。另外，在自媒体高度发达的今天，旅游者通过观赏、交往、模仿和游戏等活动在一个旅游地进行或完成旅游活动后，部分人会在微信、QQ空间、微博、BBS等媒介上"发声"，其使用到的符号一般为照片、文字、声音以及它们的组合，这是旅游者对旅游地感知形象的一次自我呈现，炫耀是人处于群体中的一个最普遍的心理，而炫耀就会带来暴露的风险，如带来包括现实生活受到干扰，人际关系受到损害或者更严重的炫耀，会令自己或家人受到人身或财产遭受威胁等负面影响，相对来说，旅游是人的一生中最无害的一种活动，人们通过旅游来寻找自我，且通常情况下与旅游地具有时空上的相离性，从而不必担心在自媒体上呈现自己的旅游体验所带来的种种困扰，所以，旅游为主题的攻略、博客有着巨大的市场，令旅游者们乐此不疲地去建构旅游地的意义符号，这些符号在旅游者地方意象建构中的作用也不容小觑。

投射形象是旅游经营者从营销的角度出发向旅游者宣传并希望旅游者接受的理想形象，而感知形象是旅游者体验旅游地之后，在旅游者的脑海中形成的一个主观形象，虽然符号表达的方式大体一致，但客观地讲，两者很难达到完全的统一，原因在于，一方面是旅游工作者在旅游地形象的提取过程中无法"穷尽"让所有旅游者都满意的元素，只能相对客观地对符号进行表达。另一方面是受旅游者的社会文化背景、个性特征、人口学统计背景、审美品味等因素影响，旅游者个体对旅游地的感知形象千变万化，一一观测的难度较大。

符号是可以互动的，符号互动的模式有他我互动和群体互动两种，他我互动指的是"我"和"我"之外的单个人之间的互动，两者如果意见一致，很容易形成合力，共同影响第三者，如果两者的意见不一，在行为上表现为各行其是。群体互动是一个群体内的互动，一般情况下，这个群体有一位或几位意见领袖，当群体成员的意见发生冲突时，成员为了保持与群体的关系而需要遵守群体意见，会感到一种无形的压力，它迫使成员倾向于作为群体所接受或认可的反应，即对意见领袖的"遵从性"。由于投射形象和感知形象在符号的选择上有相似性，因而可以实现两者的相对统一，这就要求旅游工作者在进行设射形象设计之前，要注重分析目标市场，根据目标市场的偏好提取符号，同时，要注意利用群体的感知形象，分析旅游者感知形象的共性，寻找旅游者群体中的意见领袖，通过他们实现群体之间的符号互动，最终形成相对一致的整体感知形象，用这样的整体感知形象来修正旅游的投射形象，要比一个一个分析单个旅游者的感知形象来得容易得多。

总而言之，表达的目的是"情感的唤醒"，良好地方意象的建构必须要情感的参与和观察，如果缺失了这一条，"地方"于"人"来说，无非是可有可无的一个事物，因此，以上种种的表达都应该是景观表达者在旅游者的注视下的一种情感引发，这是在地方意象中尤其要注意的。

四 旅游意象的心理效应评析——以 旅游地形象广告为例

旅游地形象是一个综合性的概念，指认识对旅游地（客体）的感知，包括对旅游地的个体属性和整体的感知和评价，是对旅游地各要素产生的印象总和，体现了一个旅游地的整体知名度和美誉度。从旅游者的角度看，旅游目的地形象是他们对旅游目的地的总体印象和期望；从旅游地角度来讲，旅游目的地形象是旅游资源优势的集中体现。为了让旅游地能被更多的受众知晓，地方政府通常会发布旅游形象广告用以招徕、吸引旅游者前来观光旅游，旅游形象广告是指传播区域旅游信息的活动，即宣传区域旅游营销主体、旅游市场主体，推广和介绍旅游产品、劳务、服务、观念、主张等有关信息的有关活动，形象广告是旅游宣传的最重要方式之一，通常情况下，它指由旅游目的地政府为主体，以支付一定费用的方式选择和制作旅游目的地的旅游要约信息，通过媒体进行发布和宣传，以扩大影响和知名度，树立旅游目的地地区的形象，帮助旅游者建构旅游目的地的良好意象，达到旅游销售的一种广告形式。那么，究竟什么样的旅游形象广告能引起受众的共鸣，受众对不同类型的旅游形象广告是否会产生不同的心理效应，本节致力于解决这一问题。

（一）研究设计

采取问卷调查法，以普通受众对旅游目的地的旅游形象广告宣传片的接受、认知及记忆、态度改变及行为改变为研究对象，目的是测量受众对不同类型旅游形象广告的心理效应差异。问卷主要由两部分组成：第一部分是对受众个人基本信息的调查，包括年龄、性别、职业、收入以及受教育程度等，主要反映被调查者的人口统计特征；第二部分即旅游广告心理效果效应测试，为了便于统计分析，主要采取里克特 5 点量表法，测试受众对三类旅游形象广告的接收效果、情感反应、认知记忆效果、态度改变效果及行为改变效果，问卷调查表详见附录 C。

将问卷投放于问卷星网站（http：//www.sojump.com/）上，时间为 2015 年 9—12 月，共发放问卷 482 份，其中有 68 份由网民随机填写，其余 414 份问卷主要是通过滚雪球的方式得到，这些问卷全部回收，由于三个广告的时长加起来一共是 3 分 47 秒，所以如果填写问卷的时间少于 3 分 47 秒的视为无效问卷，据此获得有效样本 405 份，有效率为 84%。

旅游形象广告有多种类型，在本文中，选取郴州、乌镇、丹东三地具有当代旅游形象广告片代表性的三类广告片进行实证研究①，其

---

① 郴州旅游形象广告网址：http：//v.youku.com/v_show/id_XNjk0NDE1ODg0.html？from = s1.8 - 1 - 1.2；乌镇旅游形象广告网址：http：//v.youku.com/v_show/id_XMjAwNTk3MDcy.html？from = s1.8 - 1 - 1.2；丹东旅游形象广告网址：http：//v.youku.com/v_show/id_XNjg4NjEyMzA4.html？from = s1.8 - 1 - 1.2。

中，郴州是属于依次对旅游地的概貌进行陈述性介绍的一种全景综述型广告形式，该广告以动感音乐为背景，以"三纵三横，高铁架航，带你走进休闲郴州，湖光潋滟，崇山峻岭，别有洞天，郴州，集万千美景与文化休闲于一体的人间胜地"为旁白，以左下角字幕的形式显示小东江、莽山、万华岩、飞天山、汝城温泉、板梁古村、苏仙岭、天下第一银楼、东江漂流、五盖山国际狩猎场等，依次介绍郴州的代表景观，最后突出郴州的旅游口号"林中之城，休闲郴州"，广告时长45秒钟，以全面展示景观为主，表明郴州自然资源丰富、河川秀美、氧离子高，是一个生态型、度假型、疗养型旅游目的地；乌镇由艺人刘若英进行代言的一种名人代言型广告形式，以舒缓的钢琴曲为背景音乐，以知名艺人刘若英独白"纯粹、温柔的睡，宁静的时光，又回到梦里的乌镇，亲切的微笑，绽放在我的心里，人生就是一路有不断惊喜，一个轻松的停留，就能尝到生活的滋味，梦里，似水年华的美好回忆，照亮岁月的角落，这里就是归属，我不再是过客"，来渲染乌镇的口号："来过就不曾离开"，娴静淡雅的人物，映衬乌镇水乡的宁静淡泊的气质，广告特别突出了恬淡的气氛，加入了大量生活气息深厚的元素，和如画的水乡景致结合在一起，在总体风格上朴实中兼具华美，以第一人称的独白式的阐述，以主角的眼睛和脚步来观察，使得广告有很强的情节性，达到了广告的诉求目的，广告时长1分钟。丹东以轻松愉悦的音乐为背景，以一名普通旅游者的所见所闻切入到广告画面中，全过程并无太多旁白，只在片尾处有一句男声："在每个景色中都有一段美好的旅程，遗忘时间的地方，鸭绿江畔，美丽丹东。"带有故事情节性一种主题导向型广告形式，广告时长2分零2秒。

（二）数据处理

1. 样本的人口学基本特征统计

（1）性别：男性205人，占50.75%；女性199人，占49.25%。

（2）年龄：调查对象的年龄结构见表4-1。

表 4 – 1 调查对象的年龄结构

选项	人数	比例（%）
14 岁以下	18	4.48
15—17 岁	12	2.99
18—30 岁	54	13.43
31—44 岁	283	70.15
45—59 岁	18	4.48
60—74 岁	12	2.99
75 岁以上	6	1.49

由表 4 – 1 可知，其中大部分的受众在 31—44 岁，其次是在 18—30 岁，年龄层主要集中在中青年，其余的零星分布其他各个年龄层阶段。

（3）文化程度：如表 4 – 2 所示小学及以下学历的 18 人，占 4.48%，初中学历的 42 人，占 10.45%，高中或中专学历的 30 人，占 7.46%，大专或本科学历的 175 人，占 43.28%，研究生学历的 139 人，占 34.33%，调查对象主要集中在大学专科、本科以及研究生学历层次，其余的都在大学以下的受教育程度，本次调查对象的学历层次较高。

表 4 – 2 调查对象的文化程度

选项	人数	比例（%）
小学及以下学历	18	4.48
初中学历	42	10.45
高中或中专学历	30	7.46
大专或本科学历	175	43.28
研究生学历	139	34.33

（4）职业

由表 4 – 3 可知，受众群体主要集中在教师、学生、专业技术人员，其占的比例分别为 38.81%、10.45%、10.45%，其余少量的受众者分布在社会工作岗位。

表 4 - 3　　　　　　　　　　调查对象的职业结构

选项	小计	比例（%）
国家公务员	18	4.48
商务管理人员	18	4.48
专业技术人员	43	10.45
工人	24	5.97
农民	30	7.46
服务和销售人员	18	4.48
教师	156	38.81
学生	42	10.45
个体经营者	37	8.96
离退休人员	6	1.49
暂时无业	12	2.99

（5）家庭月收入

由表 4 - 4 可知，由于受众群体大多是中青年，所以家庭月收入相对稳定，主要集中在 2000 元以上，占了 87% 以上，尤其是高于 5000 元的占 38.81%，意味着受众的可支配收入也相应较多。

表 4 - 4　　　　　　　　调查对象的家庭月收入结构

选项	小计	比例（%）
少于 300 元	12	2.99
301—500 元	18	4.48
501—1000 元	6	1.49
1001—2000 元	24	5.97
2001—3000 元	66	16.42
3001—5000 元	121	29.85
高于 5000 元	157	38.81

2. 旅游涉入

为了更好地掌握调查对象对旅游的态度，使用成熟的旅游涉入量表进行测量，经计算平均分，旅游涉入这一指标的平均得分为 3.66，分项指标按得分高低顺序依次排列如下：我认为旅游很有趣（3.9）；旅游能使我更兴奋（3.85）；旅游对于我来说很有意义（3.78）；旅游是很迷人的活动（3.78）；对于我来说旅游很重要（3.63）；我很需要旅游活动（3.55）；旅游和我很有关系（3.49）；我对旅游的信息很投入（3.33）。可以看出，调查对象的旅游涉入度虽然均超过了 3 分，但都不是很高，这可能是因为中国人的中庸之道的文化，导致在选择的时候以居中的选项为主，另一方面也说明，受众的旅游愿望需要唤醒。

3. 广告的熟知度

在调查中，有 368 人、386 人和 380 人表示没有看过郴州、丹东和乌镇这三个旅游地形象广告，分别占 91.04%、95.52% 和 94.03%，进一步考察受众是否去过这三个地方，分别有 35.82%、8.96% 和 17.91% 表示已去过郴州、丹东和乌镇，受众对广告的熟知度较低，一方面，说明政府投入了大量资金在旅游形象广告的制作和投放上，但却没有取得相应的成效，绝大多数的受众是没有看过这些广告的，广告的熟知度还有待提升，另一方面，受众第一次接触这些广告，被测量出来的心理效应是很能说明旅游形象广告的效果的。

4. 三类旅游形象广告传播的心理效果比较

旅游广告最基本的功能就是旅游信息的传播，其效果可能是旅游消费者并未产生购买行动，但对旅游广告目的地增加知识上或感觉上的变化。旅游广告心理效应，即消费者对旅游广告传播的信息产生态度上的变化，包括从不知晓到认知、了解、直到形成偏好而采取购买行为。旅游广告的心理效果也就是旅游广告在旅游消费者心理上的反应程度，广告的心理效果是产生经济行为的前提。

一般而言，旅游消费者对旅游形象广告的心理过程主要包括三个动态过程：（1）认知过程，由于消费者对事物的注意而产生的心理活动，包括感觉、知觉、记忆、思维、想象等；（2）情感过程，情感是人对外界刺激的心理反应，如喜欢、厌恶、满意、不满意等；（3）行为决

策过程，即消费者坚定意念，决定购买的心理活动。这三个心理过程都
对旅游广告的效果产生不同的影响。

1. 旅游形象广告的认知、记忆效果对比

认知是个人心理过程的起始检验阶段，既是心理活动的基础，也是
行为和情感产生的基础，是行为产生的起点也是行为最终结果。所以对
于一个旅游形象广告来说，能让受众感知，认知其内容是促进其产生旅
游动机，进而产生购买决策的基础。

对于郴州、丹东、乌镇旅游形象广告受众对其的认知、记忆效果，
则主要从广告内容的文字表达、背景音乐和图像等方面着手，如
表4-5所示，三个广告中，乌镇形象广告在"完整的印象"、"人物"、
"场景"、"广告语"4项中拔得头筹，丹东形象广告在"背景音乐"、
"旁白"上给人留下了深刻的印象，而郴州形象广告仅在"城市名"上
被人记忆，究其原因，乌镇形象广告由刘若英代言，以名人的所见所闻
代入画面，整体感较强，人物易识记，场景非常唯美，并且由刘若英亲
诉的广告语"来过就不曾离开"以人一种很温情的感觉，因而得到了
受众的认可，但在旁白上，一直由刘若英不停地诉说，受众对此反而不
能留下深刻的印象，相反，丹东形象广告里完全由背景音乐代替旁白，
达到了"留白"的效果，给人的印象就比较深刻，加上丹东的背景音
乐轻快，给人一种轻松感，因此被人记住，而郴州这个地名能被人记忆，

表4-5　　　　　　三个旅游形象广告的识记效果比较表

	郴州	丹东	乌镇
我对广告有比较完整的印象	3.36	3.43	3.50
我比较清楚地记得广告中的人物	2.97	3.54	3.60
我比较清楚地记得广告中的场景	3.27	3.55	3.60
我比较清楚地记得广告所宣传的城市名	3.75	3.51	3.60
我比较清楚地记得广告的背景音乐	2.88	3.45	3.20
我比较清楚地记得广告中的旁白	3.03	3.27	3.20
我比较清楚地记得广告中的广告语	3.15	3.28	3.30

可能是因为受众多是湖南居民，对郴州的地名较为熟悉，因此，郴州形象广告仅在"城市名"上的得分最高。但总的来说，三个形象广告尤其是丹东和乌镇的广告在识记效果上差异较小。

2. 旅游形象广告达到的情感效果对比

情感是人主观的心理、生理现象，人的感情表达是通过表情、语义、语音以及多姿态的作用结果，是一种由内而外的通过主观冲动引起的心理、生理状态。对于旅游形象广告来说，能唤醒受众的情感，是成功的重要步骤。

本文以 PAD 情感模型来分析调查者对于旅游形象广告的情感反应。如以上所述，PAD 三维情感模型是典型的维度观的情感描述模型。PAD 是情感的三个维度，P 是愉悦度，意指积极或消极的情绪状态，如兴奋、爱、平静等积极情绪与羞愧、无趣、厌烦等消极情绪；A 是唤醒度，意指生理活动和心理警觉的水平差异，低唤醒如睡眠、厌倦、放松等，高唤醒如清醒、紧张等；D 是支配度，意指影响周围环境及他人或反过来受其影响的感受，如愤怒、勇敢或焦虑、害怕，前者是高的支配度，是一种有力的、主宰感，后者是一种低的支配度，是一种退缩度、软弱感。[1]

不同的地区情感描述词有不同的差别，所以本书采用中国科学院研究所对 PAD 三维情感模型语义测试表[2]，如表 4-6 所示，中国版的 PAD 情感测试表是一张九点语义量表，一共有 12 组打分测试，每组打分的区间在 [-4，+4] 之间，每一组都是由一对情感相反的描述词构成的。比如，测量感兴趣的一组问题是由"愤怒的"和"感兴趣的"这一组描述词构成的。这组词在情感倾向上是相反的。对于调查者可以根据对广告自身的感受便可以对广告的情感进行评估和打分。

---

① 张海波、章江华、刘莉等：《基于 PAD 的男 T 恤 4 种情感关系模型研究》，《天津工业大学学报》2014 年第 5 期。

② 李晓明、傅小兰、邓国锋：《中文简化版 PAD 情绪量表在京大学生中的初步试用》，《中国心理卫生杂志》2008 年第 5 期。

表 4 - 6   PAD 标准项目表

标号	项目	标号	项目
S_1	愤怒的——感兴趣的	S_7	痛苦的——高兴的
S_2	清醒的——困倦的	S_8	感兴趣的——放松的
S_3	受控的——主控的	S_9	谦卑的——高傲的
S_4	友好的——轻蔑的	S_{10}	兴奋的——激怒的
S_5	平静的——兴奋的	S_{11}	拘谨的——惊讶的
S_6	支配的——顺从的	S_{12}	有影响力的——被影响的

在使用该表时被测试者根据情绪的强烈程度来评定目标情感。从左到右的得分区间[-4，4]，用表 4 - 7 的参数公式和归一化公式计算这三个维度的值，按照 PAD 计算的一般规律，三个维度的基本情绪进行整理和汇总将情绪划分为 8 类：+P+A+D，高兴的；-P-A-D，无聊的；+P+A-D，依赖的；-P-A+D，蔑视的；+P-A+D，放松的；-P+A+D，焦虑的；+P-A-D，温顺的；-P+A+D，敌意的。

表 4 - 7   PAD 参数计算公式

维度	参数计算公式	归一化公式
P	$P = S_1 - S_4 + S_7 - S_{10}$	$p_1 = P/16$
A	$A = -S_2 + S_5 - S_8 + S_{11}$	$a_1 = A/16$
D	$D = S_3 - S_6 + S_9 - S_{12}$	$d_1 = D/16$

根据中国科学院心理研究所发布的测试表计算得出各情绪的 PAD 值，见表 4 - 8，经计算三个形象广告的情感效果，列入表 4 - 8。

表 4 - 8   各种情感 PAD 值

情感名称	P	A	D
高兴的	2.78	1.22	1.43
无聊的	- 0.54	- 1.24	- 0.83

续表

情感名称	P	A	D
依赖的	0.38	− 0.82	− 1.47
蔑视的	− 1.59	0.33	1.01
放松的	2.18	− 0.20	0.33
焦虑的	− 0.96	0.33	1.01
温顺的	0.30	− 0.07	− 0.20
敌意的	− 2.09	1.01	1.13

表 4 − 9 　　　　　　旅游形象广告的情感效果人数对比

	高兴的	无聊的	依赖的	蔑视的	放松的	焦虑的	温顺的
郴州	86	24	48	28	94	13	101
丹东	97	29	66	17	87	10	89
乌镇	10	21	60	14	95	8	97

由表 4 − 7、表 4 − 8 和表 4 − 9 可知，受众在对旅游形象的广告情绪中，把情感分为"积极的"和"消极的"两种情感，在这里把"高兴的"、"依赖的"、"温顺的"、"放松的"四个情绪归纳在积极情感中；另外把"无聊的"、"蔑视的"、"焦虑的"、"敌意的"归纳在消极情感中。在此种分类下，受众对于郴州、丹东、乌镇有积极情感的分别有 329 人、339 人、353 人。受众群体对于郴州、丹东、乌镇三个旅游目的地的旅游形象广告有消极情感的分别有 75 人、65 人、51 人。从人数的对比可以直接看出，在情感上，乌镇，丹东比郴州占有一定的优势，因为，在广告中，丹东和乌镇以故事情节代入广告，在介绍风景的同时，插入故事情节，在移步换景中，受众的情感容更易被引发，置身于其中。特别是对于一定的女性，由于相对较为感性，对于丹东、乌镇的广告模式更受受众群体的情感认可。然而，在郴州的广告中，只有景点的顺序播放，在情感的引发上就显得不足。

3. 旅游形象广告的态度对比

对旅游地形象广告的态度直接影响旅游决策，表 4 − 10 是受众对三个广告的态度比较表，郴州广告是全景综述的，广告诉求主要集中在景区展示，诉求简单明了，易于被受众理解。在吸引度上，丹东和乌镇略胜一筹。受众更喜爱有人物、有情节的广告。在信息传递上，乌镇和郴州的信息能让信息把握得更准确，原因是在广告中有旁白介绍，而丹东的广告全程是没有旁白，因而受众对每一个画面所传递的信息比较模糊，不知道画面介绍的是哪一个景点。从吸引力、创意、内容的新颖程度来说，乌镇的得分是最高的，全广告中充满着文艺元素的丹东最受受众喜爱，可能意味着受众更倾向于接受拍摄得较为文艺的形象广告。综上，除了在广告的诉求和传播的信息清晰度上，郴州旅游形象广告的得分最高，在其他指标上，丹东和乌镇旅游形象广告的得分都要高于郴州，说明有人物、有情节的旅游地形象广告比较受人欢迎，但若是能结合综述型旅游形象广告的优点，如人物能用旁白的方式介绍画面的景点，则能让广告锦上添花。

表 4 - 10 　　　　　　　三个旅游形象广告的认知效果比较

	郴州	丹东	乌镇
我能理解广告的诉求	3.54	3.39	3.48
我觉得这个广告很吸引人	3.12	3.45	3.34
我觉得这个广告传递的信息很清楚	3.54	3.27	3.57
我觉得这个广告内容很新颖	3.09	3.31	3.39
我觉得这个广告的创意很独特	2.97	3.28	3.34
我很喜欢这个广告	3.15	3.42	3.40

4. 旅游形象广告的旅游意向行为效果比较

影响受众最后是否旅游活动成行的因素比较复杂，能产生旅游意向行为是关键，如表 4 - 11 所示，看完三个广告后，表示未来会关注乌镇、去乌镇旅游和向周围人推荐乌镇的得分最高，受众对乌镇的旅游意向行为最高，受众对另外两个城市旅游形象广告的意向行为得分各有千秋，如在关注度上，郴州的得分高于丹东，在旅游意向上，丹东的得分要略高于郴州，在推荐度上，郴州和丹东大致相当。综上，乌镇旅游形象广告最能引发受众的旅游意向行为，但郴州和丹东旅游形象广告的旅游意向行为的引发度大致相当。

表 4 - 11　　　　　　　**旅游形象广告的旅游意向行为比较**

	郴州	丹东	乌镇
未来我会关注广告宣传中的城市	3.31	3.25	3.43
我会到这个城市去旅游	3.24	3.28	3.40
我会向周围的人推荐到这个地方去旅游	3.10	3.09	3.36

综上所述，三个广告中，乌镇和丹东的旅游形象以人物来诉说故事的方式要胜于全景综述性的旅游形象广告。目前有多数城市的旅游形象广告还是按照郴州这样的表述方法，将精选的景点按顺序进行展示，配以音乐，尽管加上旁白，但缺乏代入感，心理上打动人的能力有限。相反，乌镇和丹东的旅游形象广告塑造了一个人物角色，在这个人物角色的带领下，感受城市的生活细节，体验到城市的江南风光，并将广告文案以人物内心独白的方式加以呈现，而最终形成一个打动人的广告片，从心理上带给人以美感的愉悦。

（三）研究结论

衡量旅游形象广告对受众的地方意象建构，主要是衡量受众对广告的心理感受和旅游意向行为效果。只有广告能打动旅游者，才能参与建构受众的旅游地意象的建构，进而影响旅游者的态度及决策。除了受众自身的特点会影响到接收效果外，广告的内容、表达方式、诉求、个性特点等都会影响广告的旅游地意象建构效果。广告的表现手法影响旅游消费者的情感心理，消费者情感是其对外界刺激的心理反应，如喜欢、厌恶、满意、不满意等。当旅游消费者对旅游地有良好的意象，就会产生不自觉的购买行为，如果讨厌就会关闭或是直接退出，在广告引起了消费者注意观看滞后，能否在情感上打动消费者，使其产生购买行为，就要通过广告独特的表现手法触动消费者的情感，利用消费者的情感心理来提升旅游产品的购买率。旅游是以心情愉悦为目的的消费行为，消费者的情感冲动在购买旅游产品时发挥着至关重要的地位；旅游是一个无形性的产品，在旅游形象广告设计中的表现手法就显得尤为重要，所以对消费者情感的唤起直接决定其购买行为的实施，因此，旅游形象广告应根据其特定的受众消费者的情感心理特点，采用与之相符合的表现手法，使其产生情感倾向，唤起消费者的购买意识，激发起他们的潜在动机，打动消费者，促使消费者最终的决心。从而保证旅游形象广告能够达到更好的心理效果。通过以上的实证研究，可以发现，采取有人物、有情节、有音乐、有旁白的元素去表现旅游形象广告，易于令受众产生良好的情感反应，进而产生良好的旅游地意象。

消费者通过旅游广告对旅游产品有了一定的认识、了解后，情感上产生倾向性，就会坚定购买的意念，最终实现购买行为。旅游形象广告宣传片的内容设计就要紧密联系消费者购买心理，抓住消费者内心，大多数消费者在面对旅游广告时，都是抱有一种观望的态度倾向，对广告内容表达要求可以直击消费者心理，瞬间抓住消费者的眼球，以引起消费者的好奇心从而引发旅游冲动、促使其购买行为的完成，满足消费者的旅游需求心理。因此旅游形象广告在内容的呈现上应有新意，在文字内容表达上要涵盖旅游产品的信息，让旅游消费者基本了解其功能，多角度、多诉求、多方位的展现旅游目的地美景。

同时，消费者从认知到行动的心理过程受到各种因素的影响，旅游形象广告的投放应全面分析旅游消费者心理，只有对目标群众的心理清楚明确，才能精确旅游形象广告的主题和诉求重点，找准旅游目的地市场定位，找准目标群众投放广告，以取得更好的效果。

（四）旅游形象广告的意象建构策略

根据上文的调查分析可以得知，受众群体喜欢并留下深刻印象的旅游广告类型。调查结果表明，旅游消费者喜欢的旅游形象广告有以下五种表现：

第一，广告概念简单鲜明。因旅游消费更易接受简单直接的信息，烦琐、复杂的广告信息以及旅游诉求只会令旅游消费者摸不着头脑。广告词应尽最简单明快，朗朗上口，这样可以减轻消费者的记忆负担，增强广告的记忆效果。

第二，采用故事形式。有情节、有人物的故事更易打动人，增强消费者的记忆。

第三，体验性强的旅游广告。在体验者视角下的旅游广告更能激发旅游者的欲望和旅游动机。

第四，知识性、趣味性强的旅游广告，让旅游消费者每次观看都有新发现，引发其注意力。

第五，受欢迎的名人或明星在旅游广告中代言，向观众发出积极的旅游信息。

以上五种旅游广告的特质，基本上是目前优秀的旅游广告所具有的一些优秀特质。所以，在提升旅游广告在旅游消费者的地方意象建构上，应从以下几个心理策略入手：

1. 旅游知觉策略

旅游知觉是人们通过感官获得旅游对象，旅游环境条件等信息的心理过程。这既是指人们在做出旅游决定之前所获得的信息，又是指人们在旅游活动中对旅游对象、旅游条件的直接了解、感受和体验。旅游形象广告片是否能引起旅游消费者的注意和重视，是旅游广告成功与否的关键所在。优质的广告宣传，能够促使旅游消费者最初旅游决策。从旅游消费者角度来看，注意是消费者在其接触范围内对刺激的关注程度。引起人们的注意是旅游广告宣传目的的重要问题，是旅游形象广告产生效应的首要环节。旅游消费者只有对旅游广告所展示的内容有所兴趣，才会下一步去做出了解，然后才能和其他同类旅游目的地选择进行比较，才能对该产品产生认同。在旅游活动中，一般说来，旅游刺激物的强度是影响旅游者知觉的客观因素，具有特性明显的反复出现、运动变化、新奇独特的信息，容易引起人们的知觉。

第一，运用对象—背景的相关性。其是指刺激的一部分居于主位，而其余退为背景。旅游者对旅游地所散发的广告信息不可能全部客观清楚地感知到，几乎也不会对接收到的广告信息都做出反应，而是选择自己相对感兴趣的部分作为感知的对象，对于它们觉得格外清楚明了，而对不感兴趣的其他广告信息则相对的比较模糊，这些模糊信息就成为了背景。因为知觉对象与背景的差别越大越容易被感知。在色彩、灯光强烈对比下，对象更为清晰明确。反之，差别越小，则难以区分。所以，背景媒介将直接影响对广告的感知度。因此，在旅游广告设计时如果要准确无误地传达旅游主题，旅游广告就既需通俗易懂，简洁明快，又要有强烈的视觉冲击感，紧紧抓住人们视觉和听觉的注意力，唤起情感，诱发旅游欲望。旅游广告要富有独特的创新性和强大的吸引力，才能得到受众的认可，不仅能让旅游者对广告宣传的旅游地发生浓厚的兴趣，更让旅游消费者对广告信息有所记忆。只有牢牢地抓住当代旅游消费者的审美取向，才能有一个精品的旅游形象广告，用以激发人们对旅游地的期待和向往。

第二，旅游广告运用运动的元素。一般来说，在固定不变的背景上，动态的情景比静态的自说自话更容易成为知觉的对象。这也就是为什么夜间闪烁的星光、跳跃的灯火更容易引起人们注意的原因。当刺激物出现在我们的感觉接受神经范围内时，通常个体面对的仅仅是被展露的刺激物中的很少一部分。展现在个人面前的刺激物大多数是个体自主选择的结果。新奇程度适中而且容易引起人们注意的运动的广告图片和标语，才能更好地被更多的消费者所知觉，减少消费者对广告的有意避开。旅游广告中运用镜头运动或画面剪辑所组成的连续变动，利用声音和音响的变化来达到吸引观众和听众的知觉。

第三，加强旅游广告的独特性。具有较强独特性的事务，总是比较容易引起人们的注意。目前旅游市场上存在着大量的具有相似性或者相同功能的旅游景区，如何在众多的旅游地竞争中脱颖而出，那么旅游广告的宣传就不能仅仅停留在简单的信息告知上，而是来向消费者传达积极的、实实在在的感受，从而引起消费者的知觉。旅游广告中的旅游形象必须深入了解旅游地发展的脉络，在当地的历史文脉、精神内涵的基础上，不能脱离实际，作出不符合实际的旅游形象定位以及宣传。例如：世界上著名的旅游胜地都是以其独特的地貌地质景观、建筑遗迹、历史文化、民风民俗等来吸引四面八方的游客前往观光游览的。如埃及的金字塔、纽约的自由女神、北京的长城和故宫、西安的秦兵马俑、长江三峡的神女峰、云南少数民族风情等，广告片中旅游形象必须与旅游功能相结合才能避免雷同。

2. 模仿与暗示策略

模仿是在没有外界控制的条件下，个体受到他人行为的刺激，自觉或不自觉地使自己的行为与他人相仿。暗示是采用含蓄的方式，通过语言、行动等刺激手段对他人的心理和行为发生影响，使他人接受某一观念，或按某一方式进行活动。模仿和暗示是在他人的影响下产生特有的心理现象，在旅游广告中应当加以充分利用。这就是产生"名人效应"和"自己人效应"。采用明星代言，利用其公众人物的影响力，为旅游城市带来知名度。

第一，名人效应。名人效应，就是旅游形象广告主要利用名人、明星的声望等对旅游产品加以肯定的证明，来劝导旅游消费者购买旅游产品。广告大师塞缪尔·约翰逊曾指出："承诺，实实在在的承诺，是广告的灵魂。"而名人代言就是利用名人的推荐，以加强对旅游消费者承诺的表现。因为旅游形象广告的目的在于引导旅游消费者来作出相应的旅游反应，所以广告必然以影响消费者的心理为前提。在旅游形象广告传播中，利用名人来证明产品的优点：（1）将受众对明星的关注转移到对旅游产品的关注，提高旅游消费者旅游地的关注度和旅游目的低知名度；（2）利用受众对名人的喜爱，产生爱屋及乌的移情效果，增加对旅游产品的喜好度；（3）通过名人的个性形象魅力，强化旅游产品及旅游形象的个性化。利用名人公众的身份可以大大加强旅游广告信息的可信度，由于人们总是首先对自己熟悉的人、事发生兴趣，作出反应，所以旅游形象广告首要的是在大众心里建立一种信任感。名人在大众心目中有极强的影响力，其广告能使旅游消费者对旅游目的地的旅游产品产生强烈的熟悉感。名人在广告中出现，使旅游消费者很容易认识并记住旅游广告的内容，名人在旅游广告中起到了桥梁的作用，拉近了产品与消费者的距离。

第二，口碑传播。旅游作为一种特殊的商品，人们对它的消费，更趋向于一种体验式消费，尤其对于旅游者来说，作为旅游目的地的短暂体验者，主要是消费旅游目的地的自然风光和历史遗迹景观。丹东的旅游形象广告就是以一个普通旅游者的所见所闻为切入口，使人容易联想起地方的口碑，对于一个旅游目的地的认知，除了个人的知识和经验以外，会凭借以往的认识和目前广告信息作为对比，以评价广告的可信度，等等；还有会受到网上、亲戚朋友，或者去过旅游地的游客言论的影响。因此，旅游形象广告要达到良好的传播效果，必须也重视口碑的传播，无论是通过新媒体还是传统媒体发布，都应该避免简单的自说自话式传播。一个旅游目的地如果没有一个良好的口碑，单单凭借一直制作精良的广告难以从根本上提高在消费者心中的美誉度，反而会让受众产生虚假的感觉，甚至造成负面的印象和影响。

（五）情感策略

情感是人对客观事物是否满足自己的需要而产生的态度体验。它反映了客观事物与个体需要之间的关系。凡是能满足人的需要或符合人的愿望、观点的客观事物，就使人产生愉快、喜爱等肯定的情感体验；凡是不符合人的需要或违背人的愿望、观点的客观事物，就会使人产生烦闷、厌恶等否定的情感体验。众所周知，旅游活动不仅是一个单纯的旅行，而且是一个学习、放松自身压力、寻找自我本身的一个复杂化的社会活动。所以，在旅游广告宣传中，满足受众对于情感本身的需求是广告推广的一种重要步骤，在广告打动人的情况下，我们都知道旅游消费往往是一种情感的冲动，在广告所传达的情感中，假如直击到了消费者的内心世界，那就将引发消费者的旅游冲动，从而诱发旅游行为，作出旅游决策。

一方面，人本精神，直击受众，人对于幸福、爱的归属、情感渴望与要求是人类共同的本质，正是由于人们对于这种情感方面的强烈需求，感性诉求方面的旅游广告从而才可以在现代社会里产生。旅游广告同时还可以满足人们审美心理方面的需求，表现在旅游广告片中，将人本精神融入到城市的推介中，体现了一个旅游目的地对人的关怀和尊重，是符合旅游者的内心的最根本需求，广告信息更易直接地、有效地传递到旅游消费者的内心。要深层次地传达人文关怀气息，在广告中表现的重点突出旅游目的地的宜居、畅通、森林、平安、健康信息。深度挖掘人本精神的内涵，并合理地融入到广告作品中，使消费者产生信任。

　　另一方面，加强对文化的诉求力度，旅游广告中的文化表达在为旅游产品及旅游服务增添了文化意义，加大了旅游文化的诱惑力的同时也提高了旅游品质，旅游本身就是一个学习的过程，在广告中增加内容的知识性，不仅给广告自身赋予了文化性的内涵，而且也给自己带来了巨大的经济效益。例如，乌镇的广告《来过，便不曾离开——乌镇》："沉醉，温柔的睡。宁静的时光，又回到梦里的乌镇。亲切的微笑，绽放在我的心里。人生就是一路有不断的惊喜。一个轻松的停留，正在尝到生活的滋味。似水少年的美好回忆，照亮记忆的角落。我不再是过客，来过，便不曾离开。"这则广告紧紧抓住了游客们对人类文明历史、古镇文化的求知欲。广告词是对乌镇历史文化、地域文化、旅游文化、民族文化的传承、提炼和升华，经各地媒体广泛传播后，立即在全国乃至全世界产生了轰动的效应，游客们群情激昂、纷至沓来，开创了古镇旅游的多个"之最"。所以，加强旅游广告中的文化诉求是旅游广告提升旅游品质的重要手段。

第五章　寻找理想：旅游者地方认同的建构

一　地方认同的研究脉络

　　"地方认同"的含义必然要追溯到"认同"的概念，认同指的是承认同一，也有认可、赞同的意思。16世纪，它在英文中出现，表达为"Identity"，释义一是等同于、认为……一致；二是同一性、一致；三是身份、本体、特征等，中英文释义大致相当，主要是肯定了这个概念的"同一性"，即人与自我、他人或客观事物之间有某些相同的特点，两者存在某种程度上的趋同，同一性导致了人对自我身份的认识和追逐，使人找到归属感，群体的相互认同就容易构成所谓的群体共识，乃至形成共同的民族心理。在认同的"同一性"里，无法回避的是它的"多样性"，事实上，认同是人对"某一事物与其他事物相区别的认可，其中包括其自身统一性中所具有的所有内部变化和多样性，这一事物被视为保持相同或具有同一性。"① 说明同一性是内含了多样性的，认同表征着多样性，没有相互之间有差异的多样性存在，就无所谓认同，即便是自我认同，也是基于多种社会角色之下的，比如，一位女性，在其一生中可能拥有女儿、母亲、职员、领导等身份，在不同的场合她要扮演不同的角色，在这里，这位女性的身份多样，那么，于她而言，她认同的是这些角色中的一个或几个，在这些角色里，她才感觉自

---

　　① JM Baldwin, *Dictionary of Philosophy and Psychology*, New York: The Macmillan Company, 1998, p. 504.

我的存在，而在其他的角色里，可能更多感受到的是不自在或是疲惫等负面情绪。更进一步，同样是身为母亲的两位女性，一位为了儿女周末还在通宵达旦地加班，一位在周末好好地陪着儿女，两者的行为不一样，可能导致两者的相互不认同，这便是自我认同和社会认同，这是社会学有关认同的最通俗的解释，在本章的后面还会有进一步的阐述。为了使认同的研究脉络看起来完整，有必要先追溯到哲学层面上，认同是关于"我是谁"问题的思考，当一个人认同了"我"的唯一性和独特性，把"自我"与其他相似的人区别开来，这在一定程度上回答了"我是谁"这一问题，在"自我"思考中，"如果我执著探求我的认同，认真地询问我是谁，那么就只能在这里寻找答案。现代认同的起点就是内在自我的起点。"① "我是谁"包括两方面内容：一是考究"我是什么"，作为主体的"我"对客体的"我"的知识性意识；二是"我具有什么意义"，作为主体的"我"关于客体的"我"的价值性意识。②一个完整的认同活动包含了内化和外化的过程，内化指的是对自己的存在意义和各种社会角色进行思考的过程，外化则指除了自我思考之外，个体用社会规范来指导调整自己的看法和指导自己的行为，即"我看人看我"，通过他者的评判来修正自我的行为，这和库利所论的"镜中我"的概念不谋而合，这两个过程相辅相成，不可分割，同时，也说明了认同的产生过程是一个动态平衡的过程，这一过程的重要作用体现在：一方面让个体成为社会中的一员；另一方面也使得社会的他者成为自我的延伸，他者成为"自我"的一部分，这里的他者的范围很广，包括人、物、事甚至是某个地方，让"他者"成为"自我"的延伸，这对于人类来说，是有非凡意义的，人活着不仅是为自己，在某种境况下，还在为自我延伸的"他者"而活着，这一观点的提出为认同的心理学和社会学等多学科演义打下了坚实的基础。

心理学的认同概念从个体的情感、态度、意识等心理机制的角度研

---

① ［英］查尔斯·泰勒：《现代认同：在自我中找寻人的本性》，陶庆译，《求是学刊》2005 年第 5 期。

② 陈新汉：《哲学视域中的认同意蕴新思考》，《湖南师范大学社会科学学报》2014 年第 3 期。

究个体的认同是什么及如何形成，这一概念最早起源于弗洛伊德，他认为"认同就是个人与他人、群体或模仿人物在感情上、心理上趋同的过程"①，这一侧重于个体心理作用的概念不断被其他心理学家改进，认为个体的认同不是孤立状态下形成的，而是社会化的产物，之后的研究者进一步拓展了这种基于社会心理的认同概念。社会学中的认同概念更侧重于个体的认同对社会关系的影响和意义，甚至有社会学者认为认同和社会结构是一枚硬币的两个面，认同是连接社会结构和个人行动的桥梁，不同类别的个人行动就构成社会角色，人的自我是社会行动的积极创造者，社会角色又为人认知自我提供了良好的基础，也就是说，人在自己所认同的角色里，会积极地产生一系列与此角色相匹配的行为，同时，人也会根据社会同等角色的他人的行为来修正自己的行为，由此，以角色认同为基础，进一步催生了组织认同、民族认同或是国家认同，从这个意义上来说，认同作为一种社会的反映，应该被视为一种多维的和组织化的过程和结构，由此可见，尽管侧重点有所不同，心理学和社会学中的认同理论都承认了个体本身与社会他物对个体认同的调节，在这一点上，两者是殊途同归。

人的存在与特定的时空息息相关，毫无疑问，身处的地方是建构个体自我的一个不可回避的元素，地方具有象征意义，贮存了人们的情感和人际关系，为人们的生活赋予了意义和目的。② 当人能够在环境中定向并与某个环境认同时，它就有了"存在的立足点"，从而产生一种被需要的感觉。正因为如此，地方认同成为了认识自身存在意义的一种方式，它使人从属于具体的环境，因而给人带来安全感和归属感。地方认同可延伸至客体、事物或地方，它所指的是个人或群体与地方互动从而实现社会化的过程，这种特殊的社会化包含了情感、感知与认知等多种复杂的过程。通过这一过程，个人与群体将自身定义为某个特定地方的一分子从而通过地方来构建自身在社会中的位置与角色。在这样的语境

---

① 车文博：《弗洛伊德主义原著选辑》，辽宁人民出版社1988年版，第375页。
② 庄春萍、张建新：《地方认同——环境心理学视角下的分析》，《心理科学进展》2011年第9期。

下，地方不再仅仅是人类活动发生的物理背景，而成为了自我的一个组成部分，是自我的延伸。换言之，地方认同是个人认同的组成部分，是根据特定地方的独特要素，人地互动的本质而发展出来的。地方认同包含了人对于自身身份的认识。通过认同，地方成为了人自身身份的一种象征，通过这种方式定义自己在社会中的角色。人用不同的方式来建构自己的地方身份，因此对群族的效忠与国家观念也就特别强。中国古代"家国同构"的观念就反映出了强烈的地方身份认同意识。正因如此，地方认同促使地方成为自我的一种符号和象征。中国历代有以籍贯作为名人代称的惯例，比如宋代欧阳修虽然在故乡江西庐陵生活的时间非常短暂，但他仍然是以庐陵欧阳修自居。中国自古以来形成的这种祖籍代称，用地方名称来作为自身身份的一种指代，实际上就是一种很自然的地方身份认同效应。杜甫在自我称谓上也是延续了这一传统，其自称中有杜陵、少陵等表示籍贯的字眼，这种个人基于地方认同的自称，也往往为社会所接受。宋代以来，人们把杜甫称为杜少陵，也就不足为奇了。而明代弘治、正统年间前七子崛起，李梦阳、何景明并为翘楚，人们甚至就以"北地信阳"两地名的组合来作为李何二人的并称。

在人文地理学研究者的眼中，地方认同是"客观世界被社会化后的自我"，通过"我在哪"来阐释"我是谁"这个问题，并发现了地方认同具有"离开地方愈能被感知"的特点①，这个研究结论已引起了广泛共鸣。在外延上，地方认同涵盖四个主要特征：表现了个人或群体对于环境的熟悉感以及作为"局内人"的感知；地方带给人情感满足以及促使产生情感偏好；地方成为自我的一种符号和象征；地方认同影响个人与群体的行动或行为。在功能上，地方认同包括再认功能、意义功能、需求表达功能、调解改变功能和焦虑防御功能，其中，再认功能可以使个体根据对过去环境的认同，对现有环境进行判断；意义功能是人们能赋予地方以意义，并将这个意义融合进群体性的地方认同之中；需求表达功能是如果人们感知到地方的特征不匹配自己的认知，那么会对

---

① J Dixon, K Durrheim, "Dislocating Identity: Desegregation and the Transformation of Place", *Journal of Environmental Psychology*, Vol. 24, December 2004, pp. 455 – 473.

这种情况进行反应，以调整到最佳的匹配状态；调节改变功能指的是当地方认同与现实环境发生了冲突，如果这些冲突又无法在短时间内消除，那么个体会通过行为减少差异，包括通过位移，寻找理想的地方匹配；焦虑防御功能指地方认同能保护个体的自我认同，如果人们能识别出环境的危险，也意味着人们已对这个环境不认同了，焦虑防御功能便能提醒个体通过行为回避危险，地方认同功能的发现实际上是对地方认同在个体的认知、情感和行为上的调节做了详细的说明。在地方认同的建构上，作为一种社会建构的方式，其内容是主观且多变的，多种文化意向都可能成为地方认同所依托的要素。从微观层面的个体来看，个体的地方认同通常被解构为认知认同、情感认同和意向认同①，个人对于地方形象与身份的建构可能是多样的，在不同社会情境或历史背景下，地方认同的内涵也会不断地演变与重构：一是表现在不同的个人与群体看待相同的地方，会产生多样化的认同；二是于一个具体的个人来讲，地方认同并非是一成不变的，随着个体的知识和情趣的提升，地方元素的变迁，外部社会、经济、文化与政治环境的变化而变化②。从微观地方的层面来看，研究者主要由两个角度来探讨：一是从地方居住者的角度来看，地方的相关元素如就业、教育、基础设施、资源分配以及地方管治等都会影响到地方认同。二是从到访者（主要是旅游者）的角度来看，诸如地方的公用建筑、民居特征、图腾标志、布局形态、参照性环境等均会影响地方认同的建构。在中观层面上，流动空间理论的创始人卡斯特认为认同可分为合法性认同（legitimizing identity）、防卫性认同（resistance identity）及规划性认同（project identity）。合法性认同可视为强权认同方式，是社会的支配性认同，防卫性认同是指那些被支配的或处于弱势地位的群体所拥有的认同，规划性认同是一种新的、被重

---

① 杨立国、刘沛林、林琳：《传统村落景观基因在地方认同建构中的作用效应——以侗族村寨为例》，《地理科学》2015年第5期。

② ［美］曼纽尔·卡斯特：《认同的力量》，夏铸九等译，社会科学文献出版社2006年版，第6—7页。

新推广以寻求全面社会转型的认同①。在卡斯特看来，信息技术的不断发展，导致新的空间出现，在资本流、信息流、组织流、技术流、符号流、物质流以及人流的作用下，空间也处于一种无定、无边界、生灭不息的状态中，打破了以往有固定边界的固定地域的地方空间的既往格局，重构起一种更具有逻辑与心灵意义的"流动空间"②，在此背景下，一些积极变革的空间被接收纳入全球化的核心区域中，另一部分地方或群体因为跟不上全球化进程而逐渐被边缘化。从地方认同的角度来看，前者会建构合法性认同，而后者则怀抱着防卫性认同不放手，这也是卡斯特特别担忧的，当防卫性认同过于激烈，会导致地方的故步自封，阻碍地方的发展，同时也会导致地方与现代社会的割裂，这时就需要有规划性认同来起作用，通过一系列文化建构，重塑防卫性认同，使得群体或地方拥有与其他先进者同样发展的权利，某些地方意义被消解在所谓的地方发展中，合法性认同与防卫性认同经过"冲突性屈服"的规划性认同生产过程，地方意义被重新建构，正如孙九霞等在《遗产旅游地居民的地方认同——"碉乡"符号、记忆与空间》中所述，碉楼历来表征着开平人的地方认同，人们认同这是自己的"祖产"，但却并不代表对"遗产"的接受，"祖产"与"遗产"之间尚有一定的文化距离，碉楼的重新发现，延续了历史，唤醒了记忆，但是遗产旅游和遗产运动割裂了"国"和"家"、"他乡"和"故乡"，"过去"与"现在"，遗产旅游之下的历史，想象超乎于"记忆"。当地人以无限的热情争夺"到底谁是开平人"的名号，使得原本联通的文化空间更为阻隔，妨碍更大空间范围内的认同生成，因此，地方认同是一个多元主体汇聚的认同，是一个在互动与融合中的认同。② 总结而言，地方认同的内涵具有多元化、不断变化的特点，要求人文地理研究者从"人"和"地方"两个方面入手来理解人地互动关系，以解读不同的社会、文化、政治与经济情境，与居民的地方认同不同，旅游视域下的地方认

---

① 王志刚：《"流动空间"下的地方认同及其建构意义》，《中国特色社会主义研究》2015 年第 6 期。

② 孙九霞、周一：《遗产旅游地居民的地方认同——"碉乡"符号、记忆与空间》，《地理研究》2015 年第 12 期。

同，由于主体"人"的不同，即旅游者以到访者身份去看待体验中的旅游地，必然会呈现出别样的特点，很需要学者们进一步研究。

二 寻找理想：旅游者地方认同的源动力

朱光潜先生在《谈美》里这样说道："人生来就好动，生而不能动，便是苦恼，疾病、老朽、幽囚都是人所最厌恶的，就是它们夺去了动的可能。动愈自由愈使人快意，所以人常厌恶有限而追求无限。现实性界是有限制的，不能容人尽量自由活动，人不安于此，于是种种苦闷厌倦，苦闷起于人生对于'有限'的不满，幻想就是人生对于'无限'的寻求。"人们向往自由，常不满于现实，因而进行"无限"的寻求，问题是，我们在无限地寻求什么？笔者认为，我们一直在无限地寻求一种理想，在这个理想里，个体能完全成为自己，理想实现的最终目的是为了让我们成为我们真正想成为的那样一个人，人完全地回归自我。地方是自我的延伸，对地方的选择和追逐也如是，众所周知，旅游活动的前提条件是有可自由支配的收入和闲暇时间，它们都意味着少有束缚，在这样的条件下，一个自主选择旅游目的地的旅游者有当然的权利和足够的自由，以自己认同的方式去自己认同的地方，通过践行自己"理想"来表达地方的认同，骑行西藏的旅游方式是对此最好的说明，驴友们携手同行，克服旅途中的种种困难，到达目的地西藏，是为了完成一次自我的追寻，从这个意义上来讲，但凡是"苦旅"，大抵都是为追寻理想而去，否则，常住地那么平静安祥幸福，何苦要外出去自寻不快？即便是普通的旅游形式，也或多或少地带有此意义，无论是怎样的旅游活动，必然要花费大量的时间和精力、物力和人力，若不是希冀能在此过程中安置理想，成就自我，谁又愿意多此一举，到一个受生物钟影响而吃不好睡不好的地方。也有一时半会儿无法找到那样一个令自己满意的理想地，文人们也要以艺术的形式优雅地展现出来，从柏拉图的《理想国》到陶渊明的《桃花源记》，试问，有哪一篇论及地方的佳作，不是在这样一个地方上，承载着作者的美好理想？从寻常的读者来看，我们向往着文学作品里描绘的岳阳楼、大理、寒山寺，凡此种种，不胜枚举，因此，于潜在的或现实的自主选择旅游目的地的旅游者来说，产生旅游意向行为或旅游行为的原因是对地方或多或少的认同，这种认同的源动力"寻找理想"，在这样一个理想中，自我的回归与追寻内含其中，这令我们的旅游身心放松，更加自由。

（一）旅游者地方认同产生的起源：情境使然

地方认同是通过人与地方的互动及这个过程相互作用而形成的，从"人"这个角度上来看，生物的偏好、环境特征、心理发展或社会文化进化这四个因素的影响最大。能够吸引个人对陌生环境认识的最初因素，绝不是景点的历史背景，而是人对独特景色的兴趣。那么人对地方的独特兴趣或是偏好又是如何产生的？一些研究认为人对陌生环境的兴趣在一定程度上受先天性因素也就是生物性因素的影响。栖息地理论说明了人们对自然环境有着先天的偏好，即在对景观的静观中经验到的审美满足，源于对景观特征的自发感知。这些特征在它们的形状、颜色、空间组织和其他视觉属性上体现出来，作为显示易于生存的环境条件的刺激符号而起作用，不管这些环境条件是否真的易于生存。而景观中的审美愉悦源于观察者对满足他生物需要的环境的体验，人对某些自然环境的偏好，也就是人类从与动物共有的基本需要的满足中获得审美愉悦，人生活在史前社会居住地对于现在景观偏好的意义。在对景观偏好与地方依附的研究中发现，参与者更加偏好自然景观（与人文景观相对应），而在被问及在对周围的这种景观中的依附程度时，参与者对有人迹的地方认同到情感联结得最少。同时也有一些研究认为这种对景观先天偏好的因素是由文化决定的，不同的文化群体对景观或地方呈现出不同的偏好，但是文化因素更多的是后天的作用，通过语言运用和其他途径从社会上传递，在本质上是符号的，而文化群体的同一性正是通过符号取得的。在社会学的研究中，地方是共享意义和象征，特别是在文化群体中，对不同的人所共有的，强调地方意义与地方认同的共享性。社会文化的角度认为地方认同是受符号互动主义的影响，人们通过人与人之间符号互动来对地方进行解读。

旅游者在与地方资讯或地方的接触过程中，旅游者个体对地方的认知、情感和行为都影响着地方认同的产生。生物性的偏好解释了我们为什么会对自然环境产生偏好，这是人类从生物进化上所继承的对自然原始的偏好，同时这种偏好会因个体经验和文化差异而产生不同。无论是从生物进化的角度还是从社会文化的角度，地方认同的产生有着某些先天性的成分，也受个人经历和文化的影响。在这里可以理解为一种情结，人对地方的情结，也就是人为什么到了一个地方之后会感到莫名的喜爱与亲切。

人的精神有着其自身的历史，心灵依然保存着它演进发展前诸阶段所遗留的大量痕迹。人的精神分为三个层面，表层是意识，最深层是集体无意识，在这两层之间的是个体无意识，这三个层面相互作用构成了个体的完整人格。个人无意识是指个体发育过程中压抑的个人经历和体验，在无意识中，这些压抑的体验以及相关的观念围绕着情结（指伴有强烈情绪和行为的观念簇），在个人无意识里主要是情结，而情结中心则是原型。每种情结根深蒂固地源于一种原型，也就是情结的形成既有与生俱来的内因，又有后天经验所提供的外因。人在潜意识水平具有相同部分，称之为"集体无意识"，集体无意识里则主要是原型，集体无意识经常用原始意向来表达，这种原始的意向或称作"种族记忆"。

每一种情结不仅有个人经验作为其存在的基础，而且都有一个集体无意识原型的内核：一方面，集体无意识之内的原型是本能的或以生物学为基础的行为的"模木"，另一方面，意识和个体无意识为行为受到以文化为基础的影响提供了一个场所。情结是通过对某事物的喜爱、追逐和占有，从而满足于对心理冲突的补偿，这也是人们对土地的热爱，对地方的迷恋（恋地情结）的原因。旅游者对旅游目的地的理解也不同于旅游目的地居民，旅游者在尚未游览之前对于景区的间接接触中，产生符号及意义上的依附，而目的地居民对地方则更多的是直接接触。旅游者对目的地的偏爱，可以认为是旅游者对目的地的一种情结联系，但是在旅游者与旅游地的直接体验中，这种潜在的情结转化为现实情感，这也是情结与旅游地本身相印证的过程，旅游者对景区环境与之前头脑中原有的图式相互印证，而印证的结果会对旅游者的体验和对地方的情感产生影响。

（二）旅游者地方认同产生的过程：期望框架内的感知

旅游者对某些地方有着先天的偏好，这是旅游者对地方的一种情结使然。那么从旅游景区自身的角度看，也就是地方的本身属性，旅游地本身所具有的特点融合了当地的历史文化背景和景区的自然条件，旅游地通过各种渠道来传达自己的形象。意象在地理学中认为是潜在旅游者对一地区的知觉，在心理学中意象指的是对某一事物以往的感觉或经验，也就是记忆的重现，甚至包含自身的感知与价值观。旅游意象是人们受游览地点的环境、特殊的活动与外在资讯影响，经由个人经验内化后产生对游览地点的整体性知觉评估。可以看出，意象就是旅游者对旅游地环境的感知。把意象分为原始意象和诱发意象，来解释不同资讯对意象的影响。个人对旅游地的原生意象是来自报纸、杂志、媒体和其他非旅游资讯来源，原生意象会促使诱发意象的形成。原生意象和营销者所提供的信息，将旅游目的地的信息描绘并传递到旅游者的脑海中，诱使潜在旅游者选择旅游目的地便是诱发意象的过程，即使未到过游览目的地的旅游者，也会因被动接受与主动搜寻信息而对目的地有原始的认识。而个人的经验、态度、记忆和刺激因素，直接或间接地影响了对旅游目的地整体意象的形成。意象是人与环境交互影响的结果，透过人与环境产生直接经验，并与社会、心理和文化等交互作用。旅游者对地方的认识与解读是通过地方意象来完成，意象的形成来源于生活经验的累积，经由进一步的信息搜索来修改对特定地方的意象的感知，感知到的意象是对特定地方的特有形象，而旅游者最初感知到的旅游地的意象往往是原始地方意象，对地方原生态的认识形成了对旅游地的独有情感的来源。人有识别地方的能力，在与地方接触后，会对环境做出各种不同的心理反应，而产生对地方情感的联结。透过旅游意象，旅游者将旅游目的地的形象融入生活或记忆之中，形成对地方意象的累积，进而形成旅游者对地方的情感。

旅游者通过对旅游地形象的理解来了解旅游目的地并对其进行体验，旅游者对目的地的地方性的反应，旅游者与地方相互作用的活动是认知结构产生的源泉。人们总是习惯于用固有的图式去解释所面临的新事物，并把新的信息纳入固有的图式之中，在同化的过程中已有的图式不断巩固和充实，而固有的图式即是接受新知识的基础，也有可能成为认识新事物的障碍。原有图式接受新的事物并建立新图式的过程称为"顺应"，同化是图式量的改变，而顺应是图式质的改变。当人遇到新的事物时，总会企图用原有图式去同化，并将新的事物纳入原有的图式当中，如果获得成功，便得到认识上的暂时平衡，反之便调整原有图式或是建立新图式去同化新的事物，以便达到认识上的新平衡。

　　旅游者对地方的情结是旅游者在去旅游景区之前对地方产生一种先在的图式，形成对地方的某种认知。当旅游者到达旅游目的地之后，旅游地所传达的形象，是否与旅游者的期望或者原始的情结相符合，会影响到旅游者对地方的认知。当我们进入一个旅游地的情境时，我们并不是努力去了解它，相反我们从自身的记忆中寻找相似的情境来获得对当前这个情境的解释。这就是图式发挥作用的方式，它为我们理解地方认同提出了一个知识框架，图式使我们能够更好地组织、加工来自地方的信息，并把这些信息更好地记忆起来，帮助我们对不完善的信息作出推断。

　　在此基础上，本书提出旅游者地方认同产生的过程，认为旅游者对地方有着先在的情结，这种情结能使旅游者区别出特殊地点与其他地点的不同，同时也形成了对地方的先在图式。这种图式会存在于旅游者的脑海之中，影响着旅游者对旅游目的地的选择，当旅游者在这种先在图式的影响下选择某个特殊的旅游目的地；当旅游者进入旅游情境中，不同的主体会带着各自习惯的烙印，对地方的文化进行理解，在与地方的接触后，个人便会对环境做出各种不同的心理反应与反馈，这是一种心理特征或表现，即对地方的认同和归属的情感联系。

　　在旅游的过程中，旅游者追寻对旅游地的原有记忆，追求过去空间的重现来满足现今的渴望情绪。旅游者倾向于将目的地的意象融入生活或记忆中，即使尚未到达此旅游景点，也会先在心中有所想象。在对具体地方的体验中，旅游者通过自己与地方的接触，对原有的先在地方图式进行修正，形成经验地方图式，当旅游者接受对旅游地的新的认识与印象时，就会对地方产生情感，影响旅游体验。同样在旅游者对地方的体验过程中，对事物都有着不同的假设或预期，形成对旅游景区的经验认识，在游览中根据自己的经验对旅游情境进行感知，把对情境的预期与感知进行比较，如果感知到的情境好于期望，旅游者将对此情境形成情感，形成对旅游情境的新认识，但是如果感知到的情境不如期望，那么旅游者则拒绝建立依附。地方认同的形成过程不仅是旅游者对情结的实现过程，也是旅游者在期望框架内对地方的感知过程。

（三）旅游者地方认同产生的之后：美丽的"乡愁"及向往

从地方认同的产生可以看出，旅游者在对旅游目的地的体验中，按照自己的先在认知在目的地"寻找"着什么，或许是地方的特色，或许是心中对地方的期待，或许是源于旅游者的某种情怀，但是都表现出了旅游者的一种情结，对地方、对大地的热爱和对乡土的怀念。在社会的现代化过程中，不断发展的科技水平，日益变化的城市风貌，使人感到疏离，人们对过去的美好产生怀念，时间流过难以重现，而旅游恰好能重现这种美好。

在大多数人心中乡愁总被想象成一种不言而喻的感觉，一张老唱片，或一段久远的故事，现代社会物质生活极其丰富，但过去总是让人念念不忘。乡愁最基本的就是人类与美好过去的联系，这不仅是时间上的旧日时光，失落了的传统或遥远的历史，还指空间上被疏远的家园、故土以及民族性。而从哲学的高度来看，乡愁最重要的还包括人类个体及群体的连续性、同一性和完整性发展的认同关系。旅游者的地方认同同样有着对地方的怀旧或乡愁之情，通过怀念来维系对这种地方认同，而怀旧也成为旅游者出游的动机之一，成为旅游者的一种内在需要。

旅游者情结背后是中国的文化乡愁，而更深远的则是中国古老的农耕文化。就像甘农对中国的分析，即便中国人居住在不同的国家，中国的祠堂便是这样的族群的文化象征，是所有中国人都认同的，而不论这些中国人现在生活在哪一个国家。"家"通常被国人视为生命的本源，所以中国人常常是安土重迁，故土难离，游子思归，这正是国人骨子里最深切、最浓郁、最真挚的一种"恋家"情结。正是这种对家的眷恋，牵引着一代又一代人的思乡神经。中国人对家族和亲族给予很高的重视，中国社会与其他以家庭为基础的族群不同，它既不是个人主义的也不是集体主义的，而是建立在种种关系的基础之上的。中国家庭的祖宗祭堂是世界各地中国人家庭生活的基石，它是把四散在外的家庭成员联系起来的一条纽带，是观察包括生者、死者以及尚未出生者在内的中国大家庭的一个焦点。可见中国人对家、对根的怀念是深植于心底的，乡愁、怀旧是潜藏于每个人心底的一种思念情绪，一旦远离过去与故土，它便会或急或缓地涌流而出。

最初的乡愁就是思乡，是对故土的怀念，乡即指一个客观存在的地方，而现在意义上的乡愁，在思念的前提下，思念的对象"家"的内涵与以前有了很大的不同，不仅是客观存在的地方，也是人精神的家园。家园是一个庇护性空间，是一个直观形态，一个神话性的力量场，也是一种心灵上的现实。那些被迫漂泊到外地工作的人的思乡情怀最能表达出人对于居住地点的情感反应，这种强烈的反应是与居住地点的情感联结有关。而乡愁就是一个在精神层面上"重返家园"的过程，这个家园常常依托为自然、自由、童年、过去、故乡等。旅游可以把旅游者带回过去的情境，满足旅游者对"家园"的渴求，对过去的怀念，寻找空间上的家园景物与时间上逝去的美好时光。

三　旅游者地方认同的建构

（一）旅游者地方认同的内容

旅游体验过程，是由一个一个不同的情境构成的旅游体验的过程，对于旅游者而言，旅游目的地的情境不仅为他们提供了观赏、游憩的机会，同时也为他们提供一些信息刺激并唤起有目的的活动。旅游情境的功能在于对旅游者心理构成"周围型刺激"，同时旅游情境又分为旅游氛围情境和旅游行为情境。旅游氛围情境是一种概念性情境，它对行为者的心理影响主要以弥漫性的渗透为主；而旅游行为情境则是一种操作性情境，是旅游者在旅游体验过程中行为表现的直接情境因素。情境是在旅游活动发生地内的环境，它不仅可以促使或阻碍活动的发生，还可以提升或降低游憩体验的质量。

旅游目的地的环境被情感所渗透使我们记忆中的事、人、感受相联系，不同的情境所能唤起的旅游者对地方的情感有着怎样的不同。对旅游情境的探寻，可以理解对人与环境之间的微妙关系。让旅游者描述对他们最重要的、最有意义的地方或场景，这个地方不一定是旅游者所熟悉的，从中能够得出在此场景中吸引旅游者的元素，也就是让旅游者产生依附感的情境特征。旅游目的地的什么元素能够唤起旅游者对地方的向往。印象最深的地方，往往是旅游者情感要素最集中的地方，往往能够唤起旅游者内在的情感。旅游者认为对其重要的地方的情境主要集中在原始的自然景色、历史人文建筑氛围、旅游地的休闲功能和乡土情结，等等。

一是自然风景吸引。旅游者对自然地方似乎有着天生的偏好。因为在人类的历史上有很长的时间处于原始的或农耕的生活状态之中，优美的自然环境，能够唤起人们对美好生活的向往，能够激发旅游者对地方的喜爱与依赖。自然生态环境、原始森林等自然景观，使旅游者远离了日常的都市生活，这不仅是因为自然的风景秀美，也有着人们回归原始自然的愿望。走进自然，在现在的生活中，人们更加看重自然，面对自然，亲近自然，不再是惧怕，而是令人感到愉悦的地方。

对于自然景观人们有着先天的偏好。旅游者对地方的情感往往是被自然的美丽所震撼，而表现在对某一类地方的偏好，如对原始自然的喜爱，这种偏爱属于潜意识层面的，也就是说，旅游者对自然地方的情感是一种情结。正如阿普尔顿的栖息地理论中所认为的，景观中的审美愉悦源于观察者对满足他生物需要的环境的体验，在景观中体验到的审美满足，源于对自然景观特征的自发感知。自然的美景满足人作为一个生物对生存的需要，所以旅游者在自然的美景中的体验中显得格外的亲切，同时自然环境的魅力就是恢复了旅游者对生活的注意力的指向能力。自然环境是一个重要资源，是一个能引起人们注意的迷人事物。实际上，自然中有大量的迷人事物，如云彩、日出、落叶在夕阳中闪烁，能够很容易抓住我们的注意力。但是，更重要的是它们也和人类的需要一致。恢复性的自然要素使人入迷，需要让人们在这个不同于日常环境，但又符合人的需要的环境中做出反应，这个反应的结果就是对自然环境体验的审美愉悦。

在旅游观赏中旅游者对美的追求，对景色的欣赏是很多旅游者所追求的体验，但并非是旅游者体验的唯一内容，在构成旅游对象的自然界现象和事物以及人类社会的一切人文现象和事物向旅游者展示的基本意义，通常是借助于它们所赋有的概念性形式传达出来。这种自然情境，触发了旅游者对自然的独特情结，表现出对自然的喜爱，从而亲近自然。旅游者在这种情境的体验中感受到了自然的魅力，在观赏地方景色的时候，是被地方的景色魅力所震撼、吸引。

旅游者到自然情境中主要是欣赏自然的美景，放松心情。在对自然情境的编码中，吸引旅游者的是自然的美景：如画般的景色，自然的安静，舒适的环境。

自然环境和属性也是"家"的一种表现形态，是与人为环境相对应的，作为生物的人的原始的家，吸引旅游者的是家的宁静、魅力、舒适，这正是现代生活中所缺少的，也是人们所怀念的。尤其是那些生长在乡村，但是在都市紧张的环境中生活的成年人，会比其他人更频繁地游览荒野地方，通过与自然的接触来满足其对自然的渴求，这也被称为荒野吸引物的怀旧理论。在自然中旅游者体验的是原始的自然情境，是我们人类最原始的家，使旅游者感到回归原始状态的美景，远离城市喧嚣的安静和令人无限放松的舒适，这些地方特征让旅游者被自然情境所吸引，这也是广大旅游者对于旅游地所最认同的地方，是旅游者地方认同最强烈的地方。

二是历史人文社会。地方正如马克思所说的是"人化自然"或"自然化人"，是人类生活留在自然环境中的"印记"。城市是历史与建筑的集合，不仅仅是因为家乡和个人成长的地方总是令人印象深刻，更多的是地方有着人们情感的追忆。古旧的城市所蕴含的历史文化，那些建筑与标志最能唤起城市的历史，同时也构成了地方的记忆。在这些人文景观情境中，建筑是地方化的，它意味着一个建筑物的审美质量高度依赖于它周围的环境特征，而建筑物反过来也影响着比邻建筑物和整个景区的审美质量，构成地方的整体风格。历史建筑能把旅游者带到那个年代的故事之中，无论是江南的小镇，还是宫殿城池，这种历史人文情境中不仅包含了古建筑情境、古村落，也包含了原始的民族旅游地等。

历史与记忆确定了某一地点的形式符号，也确定了地方的意义。在历史文化的情境中有着时间的积淀，在某一地区、地域或国家，存在着一种由地方景色与历史时间构成的集体记忆或集体无意识，它们便构成了地方的意识，并通过一种印记被显现出来。如"遗址"、"遗迹"，正是或曾经是这种场所的"框架"，曾是人类精神存在的居所。在这个"中心"，呈现出一种叙事的时间性（持续性）特点，这是身体与意识在"动线"中的持续性体验与"阅读"，是意识与身体的存在，是一个"事件"，是"一种透过时间对场所做持续性的唤醒"，唤醒了旅游者心中的文化原型，透过情境旅游者对地方进行解读。历史文化情境是由行为和时间而定的，不论时间与空间怎么变迁，这些"场所"都显示了那个时代那个地区地位的形式，它形成了集体和个体的记忆而沉积于无意识之中。每个场所都有着地理、目的、尺度形式的区别，而显示了其特有的、具体的气质，使其区别于其他的场所。民族文化的印记影响着一代又一代的中国人，每个人的成长过程都受到中国文化的影响。历史人文景观是一种符号性的"地方"，在这个空间中，活动（身体）有意无意地创造符号、解读符号。在历史文化的情境中，人生活在一个他们创造的符号世界中，人创造了符号，符号又反过来塑造了人。通过旅游者的描述，在历史文化的情境或场域之中，旅游者不知身在何方，引起旅游者的无限遐想。景区内建筑风格与目的地的文化氛围相符合，旅游者对人们所赋予景观的文化符号意义的理解程度，也会对那些景色的偏好产生重要的影响。

中华文化源远流长，而现在的旅游者通过各种途径对历史进行了解，如寒山寺的钟声、西安的古城墙、老北京的胡同、大上海的霓虹，旅游者来到这些地方，在脑海中有着之前的地方的记忆，并在对地方的解读过程中印证之前对这些地方的认识。在历史人文情境中吸引旅游者的是地方的风格与韵味，对历史情感的怀念与感叹，在根据对地方形成的先在图式，寻找对旅游者来说熟悉的印象，以满足心中对地方的情结。

历史的情境，表达了人们对历史的缅怀。对历史遗迹的欣赏也是人们追忆过去，学习历史的机会。在我们孩童时的课本中，有着对过去故事的讲述，电影里的镜头给旅游者留下了关于历史的印记。听着过去的故事，看着眼前的古庙、宫殿城墙，追寻着过去的痕迹，对那些遥远的时光产生一种特别的情感。虽然时光不能倒流，但是眼前的景象带着旅游者回到那个年代的此情此景，回到当时那种古朴自然的生活环境，地方是代表着本真存在的，是地方精神与对象的圆融统一。人与时空的和谐相处，人未受文明玷污的纯真本性，未遭科技改造加工过的古朴自然的生活环境。这是一种人们所向往的生活环境，它古朴自然，远离喧嚣的城市。一些历史景区、民族旅游地、田园乡村呈现出这种家的状态，旅游者在此类地方游览，感受到的也是对家的追寻，对历史文化的追求，对田园生活的追求。虽然民族旅游地在访谈中没有出现，但是它同样保留着原始的生活状态，旅游者借由这种原始来体验过去的生活情境。

三是旅游休闲功能。旅游者在旅游过程中，认为重要的情境不只是名山大川的摄人心魄、历史建筑的古色古香，也有让人惬意舒适的休闲游憩场景，或是某个公园角落，或是山间的小路。旅游过程中各种互动的体验活动、仪式性质的活动，也会影响旅游者对地方的情感。这种悠闲刺激也能够引起旅游者的足够重视，旅游体验的过程是旅游者追求旅游愉悦、追求安逸和舒适的过程。在这种情境中，不同以往的"走马观花"的旅游方式，旅游者的节奏是比较慢的、悠闲的。旅游回归人的原本状态使旅游者处于最简单的状态，旅游不再专属于孩子，而是成人放松释放的工具。回想起曾经游戏的场景，和朋友亲人在一起活动的回忆，而对地方产生记忆的情感，旅游的休闲能让人回归到人的最原始的状态，体验着童年嬉戏的乐趣带有专业性的游憩活动。对活动的投入程度和技术水平会影响旅游者对地方认同的产生，以及旅游者对于地方的认同。休闲、享受生活是旅游的最初的目的，而旅游的休闲功能是旅游最初的、最基本的功能。大多数游客的旅游活动，大多数的游客去旅游，也就是认可了旅游的休闲功能。旅游的休闲条件、休闲功能是旅游者重要的地方认同。

四是乡土情结。在中国文化中，中国人天然有着深深的恋家情结和乡土情结。家乡、故乡的概念是中国传统文化中的一根敏感神经，它如同一只无形的手始终影响着中国人的日常行为，归拢着中国传统的长幼亲情，形成整个民族共同的心理趋向。"家"是生命的本源，所以中国人常常是安土重迁，故土难离，国人骨子里最深切、最浓郁、最真挚的是"恋家"情结。正是这种对家的情结，牵引着一代又一代游子思乡的神经。在现在的旅游产品中，寻根祭祖游、乡村游等也反映出了旅游者的乡愁情结。这种乡土情结包括两种，一种是只对乡村田园风光的向往，一种是对故乡的怀念，也包含了对家、对根的追寻。其实这个里面更多是一种对于家的向往，是一种乡土情结。

中华民族的农耕文化造就了对乡村的独有情感，乡村有着我们生活的记忆，而我们对待乡村景观的态度是带有文化偏见的，是我们作为人类集体进化的结果，是我们作为个体的经验的结果，这种经验使我们对乡村有着向往。同时与现在人的生活方式形成对比，现代生活的忙碌反而凸显了乡村的宁静与淳朴，尤其是那些生长在城市中的人，乡村不仅是祖辈生活过的地方，也是体验生活的地方。亲自下地采摘、品尝农家菜，体验的是一种感觉，一种久违了的生活方式，同时也提供了学习的机会。风靡网络的开心农场，从虚拟乡土情境走向了现实，城里人到乡下买块地种菜，找寻的就是一份返璞归真的感觉。对故乡的怀念，是乡愁，是对家乡的感情和思念。对故土的眷恋是人类共同而永恒的情感。寻访故乡是一种古老而又传统的旅游方式，源于对"故土"的眷恋。所以，旅游者对中华文化的根、对自己的故乡、对自己生长生活过的地方、对以前生活方式的追寻也从未停止。这种感情拉近了人与地方之间的联系。而这种联系、这种乡土情结，正是旅游者地方认同的重要内容。

以上的这些情境，表达了旅游者对地方的情感，都是旅游者地方认同的重要内容。无论是自然的情境中的美景、历史人文情境中的历史韵味风格、乡土境境中的故乡风情，还是游憩情境中的游戏与回忆，都使旅游者对地方产生情感，这些情境中的元素吸引着旅游者，使旅游者为之着迷。

（二）旅游者地方认同的分异

对不同个体的地方认同进行分异研究由来已久，且不同的个体对同一地方会产生不同的地方认同已得到验证，如马丁（GP Martin）曾对伦敦的中产阶级和工人阶级的地方认同的差异进行了研究，研究发现，中产阶级的地方认同是一个小资的、充满着浪漫主义的文化空间，而工人阶级的地方认同则是日常琐碎景观的呈现，且对士绅阶级充满了批判。[①] 旅游者的地方认同是游客对旅游地的总体印象，涉及地方的自然、社会和文化多个层面，并受到地方意象、旅游动机与旅游经历等诸多因素的影响。在启程之前，游客对旅游地大多持有美好的意象，在一定程度上奠定了对旅游地认同的基础。当旅游动机形成后，往往又进一步唤起旅游者的想象，强化其动机，增加其对旅游目的地的认同。旅游经历对旅游目的地认同起到决定性的影响。如果游客在旅游目的地感受到了当地的地方的特色，获得了高质量的旅游体验，通常会强化其对旅游地方的正向认同，提高其重游概率；反之，则会产生负面的认同，影响其对旅游目的地的地方认同。

从发生学的角度来看，在旅游过程中首先生成的是目的地的地方认同，这是因为目的地是作为"他者"而存在的。只有首先确认"他者"，才能发问"自己是谁"。就性质而言，目的地认同是对目的地"地方性"的一种确认，属于一种地方认同。根据人文地理学与环境心理学的解释，每个人都存在于一定的空间，都会和空间之间建立起一种关系，尤其是对那些和自己生长、生活或曾经有过特殊体验的地方，例如家乡、读书以及工作过的地方，往往都有强烈的情感投射，形成一定程度的情感依恋，这种情感体验就是地方认同。经由个人的居住与经常性涉入的行为，人对地方会产生各种强烈而持久的精神依附反应。在一些相关研究中，学者们提出了地方依附、地方认同与地方认同等多个概

---

① GP Martin，"Narratives Great and Small：Neighbourhood Change, Place and Identity in Notting Hill"，*International Journal of Urban and Regional Research*，Vol. 29，January 2005，pp. 67 - 88.

念，这些概念都代表了个人与环境之间的关系，并且多是一种令人愉悦的正向情感。旅游虽然是一种暂时性的行为，尽管游客在目的地停留时间较短。但目的地多是旅游者经过深思熟虑后的一种决策选择，是一个为游客提供了充满羡慕、希望、向往、冲动的地方。因此，许多游客都会对目的地产生一定的情感依附，因为这是一个与自己日常生活环境有着显著差异的地方，是一个能满足自己期望、实现自己梦想的地方。

但是，旅游者对地方的体验程度，旅游者所产生的地方认同，不仅受外在的情境影响，同样也与旅游者自身因素有关，即使在同样的旅游情境下，每个旅游者在心中都会对目的地有所想象，心中对地方的情结与期待，不同旅游者对同样的体验对象也有着不同的理解与体验。不同的游客所产生的情感是不一样的，随着年龄的差别、职业的差别、受教育程度的差别，他们在旅游的过程中，在旅游的地方认同的产生的过程中，其所产生的情感是不一样的，因此对于地方认同的强弱程度也是不一样的。

一是从年龄来看，不同年龄的人对于地方认同有着较强的差异。在此，我们按照一般旅游者所属的年龄，将旅游者划分为青年人，即 19 到 30 岁之间的人；中年人，即 31 到 55 岁之间的人；然后是老年人，即 55 岁以上的人。

第一是青年人。青年人由于自身的阅历有限，他们承袭的是长辈们的生活经验，聆听长辈讲过的故事，但是他们会觉得时代遥远，难以想象。但是在进入旅游目的地的情境时却产生相应的联结，有着集体怀旧的对象，早期的电影的记忆与教科书的观点，能使分散的个体成员成为具有相同文化凝聚下的群体，而产生集体怀旧。但是年轻人注目和留恋的已不是童年生活过的地方，不是老的街道或胡同，而是"新城"和城市里一些新的标记物。青年人对地方氛围的喜爱，多是受到书本或是影视剧的影响。当青年人面对社会的种种压力的时候，会对过去的美好生活产生怀念，追忆童年的无忧无虑，曾经英语课本中的"李雷"、"韩梅梅"，点燃了 80 后的怀旧思潮，曾经的军绿色书包、弹珠、铁皮青蛙、《葫芦娃》《黑猫警长》……课本、玩具、歌曲、偶像、动画片，不一而足。尽管那个时候物质缺乏，但是坦诚和团结的时光总是令人难忘，成为这代人集体怀念的对象。当旅游者进入旅游情境中，试图寻找自己熟悉的东西，看到这些事物会产生一种亲切感。他们认为这些景观、景物有着美好回忆，当重现这些回忆时，感到一阵阵的兴奋，对自己曾经经历的有着切身的体会。

青年在自己对地方情感的描述中出现频率较多的词是：美、古老和氛围等。在喜爱的情境的描述中，这个青年群体对当地的文化氛围触发的想象更有感觉，因为他们受教育程度较高，能够体会其中的文化内容。在对地方的体验中更像是个寻觅者，寻找地方的熟悉，对地方进行探索。

对那些"远离"自己或"陌生"的情境，青年人则是历史的聆听者，是长辈经历的故事的聆听者。面对一些老旧物品的情境，他们延续了上辈人对这些物品的情感，企图从属于父母亲或是祖辈那一时代的对象中去追寻过去，借由这些情境与过去所联结的情感进行对话。这些记忆对他们而言珍贵而重要，他们尝试通过这种间接体验延续长辈们的过往经历。这些记忆对他们而言是珍贵的、重要的，尝试在这些间接经验中去延续过往的一切。而对一些近代的人文历史景观，青年人缺少对那个年代的经历，多是聆听着长辈们的故事，难以体会其故事中的情境与情感。所触发的认知与情绪没有父辈母辈以及祖辈那样的深刻，但是青年人会对地方情境呈现出多样的价值和意义的解读。而对那些自己曾经熟悉的场景，青年人有着较高的认同感，他们旅游者在景区内不断地寻找着与自己认知一致的东西来不断地获得满足。

第二是中年人。按照我们的年龄划分来看，中年人大都是处于一个社会经济、政治与城市空间开始转变的时期，他们的儿童时期与老年人经历的年代相同，皆为物质生活比较贫乏与困苦的年代，这两代人都是经过时间的历练。这个年代的人有着共同的集体回忆，老电影里的片段，等等。中年人与青年人相比虽然都受影视剧的影响，但是内容却是千差万别。青年人对黑白电影不感兴趣，而中年人小时候看的都是黑白老电影，讲述的一般为革命故事。

在旅游的过程中，中年人更加注重对美好生活的体验，不同的旅游情境，也唤起他们对地方的情感，面对旅游情境的刺激，过去的一切似乎又重新回到眼前。中年人曾经处在一个物资十分贫乏的年代，也经历过经济快速发展的年代，他们认为今日物质生活虽已富足，但社会越趋复杂而且精神生活却更为贫乏。现代化使旅游者感到人与人之间的疏离，过去生活虽是贫苦，但那种单纯与质朴的生活，却是他们更为向往的，也是他们试图寻找的"家"的特征。无论是在自然景观、历史文化景观还是在他们曾经经历过的景观中，他们都能体会到单纯与质朴的"家"的感觉。让中年旅游者记忆深刻的多集中在生活中的衣食住行的基本需要方面，乡村的磨盘、小土屋、满院的鸡鸭，更是让他们记忆深刻、回味无穷。中年人对地方的情感是对曾经过往的回忆与对美好景物的追求，看到曾经熟悉的景物标志会倍感真切。

中年人的人生经历比较丰富，如果说青年人的地方情感是处于萌芽状态的话，那么中年人对地方的情感则比较成熟，对自己经历地方的了解程度比较深刻。尤其是处于与自己有关的"熟悉"的景观当中，当他们为年轻人讲述着曾经的故事时，当面对历史文化景观时，心中更是充满了敬重与热爱。可以说中年人对于地方认同的产生更加成熟，更加稳定，而又更加理性。

第三是老年人。老年人大都是出生在 1960 年以前的人，老年人大都经历过"文化大革命"和改革开放的浪潮，有的还经历过解放战争，甚至抗日战争。这些人对国家有着高度的忠诚，对伟人有着很高的崇拜心情。老年人的旅游大多是儿女们为老人安排的一项活动，以尽孝道。另一方面是老年旅游者休闲养老、以健康为目的。老年人对地方的记忆，多来自年轻时的经历与感受，容易"忆当年"，对自己生长的地方有一种很浓的乡愁感。老年人对地方的印象与他们的人生经历有关，如过往经历、人生阅历，如在红色餐厅，"文革"时装饰风格等更能唤起这个群体的共鸣，而在他人眼中则表现得难以理解。

在对地方的体验过程中，老年人用自己的经验诠释对地方所赋予意义的理解。这种理解同时也是对自己人生经历的怀念与感叹，老年人除了体验自然的美景之外，对历史景观、对革命景观、抗日战争遗址等景观会有更深的体会。老年人爱给年轻人讲述曾经的故事。老年人是在艰苦的环境下做出牺牲和奉献、辛勤的工作，责任感是他们的准则。记忆中的生活呈现让老年人有如找到回到过去的一扇门，门的后面是回忆中的生活场景和曾经发生过的事件，熟悉的物件，曾经居住过的城市街头样貌，民房及社会风貌。他们所经历的是一个贫苦的年代，这对于传统世代来说是一种难以忘怀的生活经验，过去的对象让他们有着强烈的归属感与认同感。面对风景如画的自然景区和历史景区，老年人的地方认同由简单的对家园的亲近感，上升到对祖国山河美景的喜爱。对于老年的受访者来讲，他们对于这些环境刺激的反应和情感认知已经超出了有形的范围，而是一种记忆与情感的重现，旅游经历让他们重拾过往快乐时光，同时引发他们对于过去与现在进行比较。

从上述对三个不同年龄段的旅游者进行分析可以看出，由于自身经历与生活背景的不同，不同的旅游者会对不同的景观产生不同的情感，即使面对相同的景观也会产生不同的情感。不同类型的旅游者面对自己熟悉或认同的场景、标志和物件时会产生格外的情感，以及被这些事物唤起愉悦的情绪。不同年代的人都有属于自己的独特的时代记忆和偏好。对旅游者来说，看到熟悉的物件、景物以及表演，总是让人感到亲切。

二是不同文化程度的旅游者在地方认同、地方认同的产生及表现上有着显著的差异。在地方认同、情感依恋、地方依赖、地方认同方面，高中（同等学历）及以下的旅游者明显地高于其他旅游者。在社会联系方面，高中（同等学历）及以下、专科、本科随学历的增加感知程度明显提高。硕士及以上的旅游者在地方认同及因子上均低于其他旅游者。同时，部分硕士及以上学历的旅游者是学生，对旅游期望比较高，造成感知比较低下，部分工作后的硕士学历的是重游的旅游者，感觉旅游地相比以前的当地特色而言具有一定程度的退化。可以说，不同的文化程度对于旅游者地方认同产生的影响是比较明显的。

三是不同职业的旅游者在对于旅游目的地的地方认同方面具有显著差异。职业是参与社会分工，利用专门的知识和技能，为社会创造物质财富和精神财富，获取合理报酬，作为物质生活来源，并满足精神需求的工作。职业是人类在劳动过程中的分工现象，它体现的是劳动力与劳动资料之间的结合关系，其实也体现出劳动者之间的关系，劳动产品的交换体现的是不同职业之间的劳动交换关系。这种劳动过程中结成的人与人的关系无疑是社会性的，他们之间的劳动交换反映的是不同职业之间的等价关系，这反映了职业活动职业劳动成果的社会属性。从对旅游地的地方认同方面来看，企业从业者对旅游地的地方认同感最低，退休人员和个体对旅游地的地方认同感程度明显高于其他职业旅游者。在地方认同、地方依赖、社会联系、情感认同维度，企业从业者的感知得分也是最低的，对地方的依恋程度较低。

四是不同个人年收入的旅游者在地方认同方面存在着显著的差异。刚开始，当收入不断增加时，旅游者的地方认同感会随着收入的增加而不断地得到强化。当收入的增加达到一定值，也就是这个临界值之后，收入对于旅游者的地方认同的影响就会降低，甚至呈现不断下降的趋势。可以说，收入对于旅游者的地方认同的影响是比较大的。收入与旅游者同旅游目的地所产生的地方认同之间呈现"W"形，有上升有下降。

五是不同的出行伴侣，不同的出行搭档也会对旅游者的认同形成影响。和一个好的旅游搭档一起出行，旅游的感知会完全不一样，旅游过程中所产生的体验也会完全不一样，也会形成完全不同的旅游地方认同。和家人一起旅游的地方认同一般是低于和其他人一起出行，而和一般同事一起出行的旅游感知最好，对旅游地的地方认同感也会比较强，而这主要是因为，作为同事，在公司工作时，相互间的情感交流活动比较少，公司企业一同集体外出旅游，会大大地增强同事之间的相互情感，从而增强旅游过程的旅游感知，进而达到更强的对于旅游目的地的地方认同感。

（三）旅游者地方认同的变迁

通过以上分析可知，旅游者地方认同，简单地说就是旅游者对地方的认识理解和情感偏爱，旅游者地方认同体现在不同的层面，从外在的目的地认同，到对自己角色的认同，再到文化认同，最后到自我认同，呈现出一个由外到内的层次性，旅游者对于旅游目的地的地方认同的形成不是一个简单的过程，是不断变迁的，旅游者对特定地方的认同在某些因素的影响下，会发生消解、停滞或转向，旅游者地方认同随着认同的主体（旅游者）和客体（地方）的变化而变化，以下对此进行粗略的讨论。

地方通常是一个开放的、变化的、过程性的空间，凝结了群体的集体记忆和情感归属，地方是人类生活的基础，在提供所有的人类生活背景的同时，给予个人或集体以安全感或身份感，地方是社会建构的产物，地方意义也在不断变迁之中，地方因此与个人或社会群体身份认同的建构密切相关。一般来讲，地方通过背景性元素和符号性元素两种方式建构旅游者地方认同，背景指的是地方的自然、社会、经济、文化等要素，这是形成地方的基本前提，符号性元素又称为符号性景观，它们是地方高知名度的、标志性的、可以成为地方符号的景观或环境，这是旅游者地方认同区别于其他认同的关键所在。诚然，每一个旅游者的地方认同建构是一个与众不同的独特的心理过程，随着旅游者情趣和知识的提升，地方认同也会发生变化，我们会惊讶地发现，以前认同的某些地方，随着时间的流逝已变得不那么认同了，随着我们的到访变得不再认同，旅游者在旁观他者的同时，也重新认识了自我，地方认同形塑人的自我，又能随着自我的更新而改变，需要指出的是，能传达到旅游者视线中的地方表达，通常是相对强势的，旅游地常常处于旅游者的"凝视"中，即旅游者所看到的往往是"舞台化真实"，使得旅游者所接受的认同是地方精心打造的合法性认同或是规划性认同，居民对地方的防卫性认同少有展现，而有时，地方的真实意义往往隐藏于这种防卫性认同中，一位理性的旅游者应该能合理地接纳这两种不同的地方表征，综合以上所有的地方表征才能算得上是一个真正的旅游者地方认同。

尤其需要指出的是，在全球化背景下，旅游活动变得更频繁，旅游成为大众化的一种活动，使得旅游中的人地关系变得更加多元化，不同社群的地方认同不断发生着碰撞、冲突、断裂或是融合，地方的异质性与多元性正在消解，地方的独特意义正在瓦解，"时间消灭空间"，全球一体化后，无地方化会更加明显，地方认同也因此失去了附着的基础，在这样的背景下，需要地方表达者与时俱进地用联系的观点来建构地方意义，外来的旅游者与地方的居住者们一样都必须要承认，地方的内部必然有一个内向的、抗争的世界，而地方的外部，则应当是一个尊重地方差异，欢迎地方联系的大同世界①，只有这样，旅游者的地方认同才能被良好地建构并得到健康的发展。

---

① 朱竑、钱俊希、陈晓亮：《地方与认同：欧美人文地理学对地方的再认识》，《人文地理》2010 年第 6 期。

第六章　深度在场：旅游者地方依恋的建构

一　旅游者地方依恋的研究意义

对旅游者地方依恋进行研究，有着重要的现实意义：有助于社区感的形成和社区建设，有助于地方认同的形成，有助于人们对新环境的适应。并且，地方依恋还对个体或集体的态度、行为具有影响。

第一，地方依恋有助于社区感的形成和社区建设。地方依恋和社区感在邻里复兴中发挥着重要的作用，地方依恋的培育被认为是社区建设的重要途径。相反，短暂性的居住及疏于与邻里沟通，难以建立人们与该居住地的感情联系。包括改善居家环境及配合当地机构一起改善邻里关系等，其根源于地方依恋的缺失。比起无依恋感的人，具有地方依恋的人有着较高的凝聚力，对他们的总体的生活更为满意，有着较强的社会资本和邻里联系，更关心家庭，对他人更为信任。由此普遍认为，地方依恋起到类似于桥梁的作用，通过个体与群体的地方依恋的培养可以促进社区感的形成、社区的和谐融洽发展。

第二，地方依恋有助于地方认同的形成。地方依恋通过共享活动将人们与地方联结起来，其功能性依恋与情感依恋对人们地方认同的形成都起到重要作用。当一个地方可以满足人们的情感需求的时候，就可以激发他们对这个地方产生情感；当人们对这个地方表示认可和产生了满意感、喜爱感和安全感的时候，也就形成了对这个地方的认同。地方通常可以通过积累于人们当中的共同的记忆和传统得到诠释，尽管受到现代城市发展的挑战，地方依恋仍然是城市中身份和社区的重要标志和缔造者。

第三，地方依恋有助于人们对新环境的适应。由于各种原因人们离开故土，对新的环境往往需要一个适应的过程，而原有的地方依恋对人们适应新环境将起到两面性的作用。一种情况是对故土的地方依恋将影响人们对新环境的认同，从而影响对新环境的融入；另一种情况是在不得不迁居到新环境后，将对故土的依恋转化为适应新环境的元素。

第四，地方依恋对个体或集体的态度、行为具有影响。通过对移民的地方依恋进行研究，社会学家们认为，人们对新的私人空间和公共空间地方依恋的缺失会导致反社会行为的增长。与之相对应的是，对邻里有着高度的依恋的人们倾向于留守在该社区。同时，依恋的空间尺度对于培养归属感相当重要。社区层面的地方依恋可以通过邻里、城镇或城市将人们与他们的邻居联结起来。由此促进和支持了集体的社区认同感、稳定感及集体力量的发展。

二　相关术语释义

（一）"在场"

1. 哲学中的"在场"

"在场"是西方哲学中的一个核心概念，属"存在论"（ontology）领域哲学范畴。自古希腊时期开始，"在场"（anwesen）就一直贯彻于形而上学的哲学史中，指存在意义的显现，或显现的存在。从通俗意义上讲，在场指直接呈现出来的事物或现在正在存在的东西抑或某物现在正在这里存在，它是可被直接感受和拥有的。著名哲学家海德格尔（Martin Heidegger）反对形而上学给存在规定的实在本质。因此，他从未间断过对希腊人"在场"思想的追本溯源，意图找到希腊思想中的存在之本真状态。他认为希腊人把正在存在的东西清楚地命名为寓于无蔽状态之中，这种已经到达状态乃是真正的到达，是真正在场的东西的在场。海德格尔特别指出，作为不在场者，它本质上依然关联于当前在场者。但这并不意味着有一种有别于当前在场者的普遍性意义的在场，它恰恰就是当前在场者和在当前在场者中起支配作用的无蔽状态，而这种无蔽状态贯穿于作为非当前在场者的不在场者的本质。① 海德格尔进一步强调，不能存在于普遍性的意义之外，或者说大于特殊的在场者，在场的无蔽状态就是一切，就是所有。存在就是寓居于无蔽状态，当前的存在就是全部存在，在场就是一切。② 而这又全然不同于黑格尔（Georg Wilhelm Friedrich Hegel）对普遍与特殊的辩证阐述。黑格尔认为普遍性永远要大于特殊性，普遍性是演绎的结果，特殊性不过是普遍性的偶然表现形式。而海德格尔认为，若存在具有普遍性，其前提是只存在于此在，即只在此在之在场的无蔽状态中显现。若无此在之在场，存在的普遍性将不复存在。海德格尔"在场"概念的提出，主要是反对西方巴门尼德（Parmenides）以来所形成的逻各斯（logos）之于存在的误解。海德格尔认为，若存在有历史起源，那便是一种被遗忘的状态。末了，他终究在古希腊思想中找出了"无蔽状态"即为存在的最初源头。因此，海德格尔是反对由逻各斯支配的依靠逻辑推演而得出的本质同一性的，他的一切思考均围绕着如何让某物在场。

至此，笔者欲澄清一点，笔者并非意图讨论"在场"的哲学思辨，而是想通过最高学科哲学对于"在场"内涵的阐释，来揭示人（旅游者）与地方（旅游地）之间的关系。由以上论述可知，西方哲学中的"在场"与"存在"有着密切关联。其核心意义不仅在于存在的显现，还有对存在的关注和理解。

2. 心理学中的"在场"

除上述哲学范畴中的含义外，在心理学领域，"在场"也有其自身内涵。"场"最初来源于物理学中法拉第（Michael Faraday）的电磁理论，后来被引入格式塔心理学（Gestalt Psychology）。格式塔理论阐述了人类如何加工信息以及通过何种方式将信息结构化，体现了整体性观念。强调了整体观念一直是人类一切心理现象和思维形式的本质结

---

① ［德］海德格尔：《海德格尔选集》，孙周兴译，上海三联书店1996年版，第559页。

② 陈晓明：《起源性的缺乏——论德里达的"补充"与海德格尔的"在场"》，《浙江大学学报》（人文社会科学版）2005年第1期。

构①。人类心理建立在生理基础之上，生理是人类行为与客观世界之间的中介。借此，物理、生理、心理在结构形式上相互关联，即它们都具有"完形性"。据此，在《格式塔心理学原理》（*Principles of Gestalt Psychology*）一书中，心理学家考夫卡（Kurt Koffka）创造了诸如"物理场"、"环境场"、"心理场"、"行为场"等一些新名词，在他看来"场"即是存人与环境的完形性。格式塔心理学的又一代表人物勒温认为，"场"不仅指知觉到的物质环境，还包括人的信念、感情等。而"在"是对存人与环境完形性的再次强调。

3. 旅游语境中的"在场"

通过上述对"在场"理论的介绍发现，"在场"的意义精髓在于人与物的互动。而旅游是旅游者在一定的时间于一定的地方发生的游览行为，即"旅游者"在此时此地发生的真实、直接的体验与感知。而这又恰与哲学中"在场"的真实、无蔽相切合。借此，笔者将哲学中的"在场"引入到旅游者地方依恋研究中来，用以描述旅游者与旅游地共同的、直接的呈现。基于以上认识，之于旅游，"在场"表达的是旅游者与旅游地之间物质与精神的一种互动关系，旅游者作为在场主体无法超脱于在场客体——旅游地。因而，旅游者对于旅游地的情感体验必定是"介入式"的。从这个层面上来说，"在场"有双重内涵，分别是旅游者处于在场的状态和旅游者表现出在场的行动，两者均发生于旅游地这个特定的地方。旅游者处于在场的状态主要是指旅游者到达旅游地准备旅游时，身心均做好了"介入"的准备。旅游者表现出在场的行动主要是指旅游者在旅游的过程中，身心均"介入"其中。

若是将"在场"二字拆分开来，那么特定的旅游地即为"场"，而"在"其实是对旅游者与旅游地之间相互作用的又一次强调。"在"能否实现则取决于作为在场主体的旅游者能否在旅游地环境的影响下让身体和心理共时共地地参与到旅游过程当中。具体而言，在场嵌入在环境

---

① 叶浩生：《西方心理学理论与流派》，广东高等教育出版社 2004 年版，第 225—227 页。

刺激→在场感知→在场行为→新的环境刺激这样一个 "感知—行为"
的耦合循环中，并经由该循环中旅游者的身体、心理与旅游地环境的频
仍互动而外显。① 由此，再结合勒温的 "在场" 指知觉到的物质环境和
人的信念、感情的观点，最后可以综合地认为，旅游视角中的 "在场"
就是旅游者在旅游地环境中的感觉、感情、意识、体验和状态等。

而所谓 "深度在场" 便是旅游者切身参与，与旅游地环境共时共
地，共同建立一个基于地方性物质和文化的深度体验之情境，使旅游者
触碰的不仅是地方的物质存在（或说物质在场），更是地方的文化存在
（或说文化在场）。从而筑构起一幅旅游时空的总体性的印象和情感画
卷，使旅游者完全地浸融其中。

（二）地方依恋

"地方依恋" 萌芽于人文地理领域，最初是环境心理学研究中描
述人与地方之间的情感联结的一个概念，后由格尔森等（Gerson et
al.）于 1977 年最早提出该术语。一般认为，地方依恋与人文地理学
中的地方感在核心内涵上基本等同。区别在于：地方依恋是人与环境
之间交换的一般性概念，强调人在心理上对于地方积极的情感依附，
而不强调客观环境本身。换言之，地方感强调地方，而地方依恋则偏
重心理过程。

学术界对于地方依恋的定义较为繁杂。1983 年，休梅克和泰勒
（Shumaker & Taylor）对其界定为：地方依恋是指人们与其居住地之间
的情感联结。② 但该定义的局限性在于将产生依恋的地方仅限于居住
地。伊达尔戈和埃尔南德斯（Hidalgo & Hernandez）将依恋对象从居住
地拓展到具有特殊意义的地方，并给出定义：地方依恋是指个体与特殊

---

① C Riener, J Stefanucci, *Perception and/for/with/as Action*, New York: Routledge Press,
2014, pp. 99 – 107.

② SA Shumaker, RB Taylor, *Toward a Clarification of People-place Relationships: A Model of
Attachment to Place*, New York: Praeger, 1983, pp. 219 – 251.

0

地方之间积极的情感联结，其主要特征是个体表现出与该地方的接近倾
向。① 随着研究的深入，不同学科背景和研究领域的学者纷纷依据自身
需要对"地方依恋"进行了不同定义，一度出现概念繁杂、维度分类
过多之现象。Scannell 等人对以上零散的定义进行梳理和整合，并提出
了包含人、地方、心理过程的三维结构理论②（见图 6-1）。其中，人
是依恋的主体，关注的是谁对地方依恋，个人或集体；地方是依恋的客
体，从地理空间范围、地方的社会或物理要素来认知；心理过程是指地
方依恋作为人对地方的一种态度而具有的情感、认知和行为，强调依恋
怎样影响认知和行为。

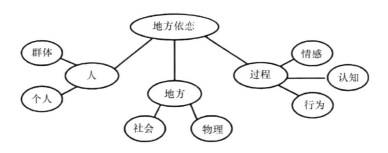

图 6-1　地方依恋的三维结构

　　地方依恋是一个多维度概念③，但对其维度构成尚存分歧。主要代
表有地方依赖和地方认同二维度观点；地方依赖、地方认同和生活方式
（lifestyle）③ 及地方依赖、地方认同和社会联结（social bonding）④ 与

　　① MC Hidalgo, B Hernandez, "Place Attachment: Conceptual and Empirical Questions", *Journal of Environmental Psychology*, Vol. 21, September 2001, pp. 273 – 281.

　　② L Scannell, R Gifford, "Defining Place Attachment: A Tripartite Organizing Framework", *Journal of Environmental Psychology*, Vol. 30, March 2010, pp. 1 – 10.

　　③ KS Bricker, DL Kerstetter, "Level of Specialization and Place Attachment: An Exploratory Study of Whitewater Recreationists", *Leisure sciences*, Vol. 22, April 2000, pp. 233 – 257.

　　④ G Kyle, A Graefe, and R Manning, "Testing the Dimensionality of Place Attachment in Recreational Settings", *Environment and Behavior*, Vol. 37, February 2005, pp. 153 – 177.

人、地方、心理过程的三维观点①；熟悉感（familiarity）、归属感（belonging）、认同感（identity）、依赖感（dependence）与根深蒂固感（rootedness）五维度观点。②

国内学者对地方依恋也做出了自己的解释，如有学者认为，地方依恋是有别于地方感（sense of place）的概念，它可以是一种行为，当个体强烈认同某地并将自己纳入地方环境内部时，对地方的依恋行为就可能发生。地方依恋不仅代表个体对地理位置之地方本身的依恋，也涵盖了在该地方发展的社会关系。因此，地方依恋是个体在地方发展社会网络后产生的情感联结，是个体对地方的长期感受所得的深刻意义，而不只是纯粹自然环境的空洞组合体。赵宏杰、吴必虎指出，地方依恋可视为个体认知到在地方获得的满足与对地方永恒的期待，对地方具有正面的情感，了若指掌且愿意去维持或促进地方的发展，积极信赖地方与响应地方感③。

综上所述，不管概念界定如何，"将地方依恋看作是人与特定地方之间的情感性联系"是一致认可的观点。因此，地方依恋的特征基本包括个人对于其居住的环境或其他地方的一种认知或感情上的联系，或是一种在情感上融入地方的感觉；而在空间上，则希望与情感依恋的地方保持临近的距离。通常来说，人最容易与自身居住的环境，如居所或社区产生依恋的情感，但对于特殊的地方，如旅游景点、游憩的目的地、宗教的神圣空间等也会产生依恋。

（三）旅游者地方依恋

关于旅游者地方依恋的内涵和维度，国内学者大多是直接引用和借鉴西方研究成果。其中，对威廉姆斯和罗根布克（Williams & Roggen-

---

① L Scannell, R Gifford, "Defining Place Attachment: A Tripartite Organizing Framework", *Journal of Environmental Psychology*, Vol. 30, March 2010, pp. 1 – 10.

② WE Hammitt, WP Stewart: "Sense of Place: A Call for Construct Clarity and Management", *Sixth International Symposium on Society and Resource Management*, Vol. 29, May 1996, pp. 18 – 23.

③ 赵宏杰、吴必虎：《长城攀登者游憩专业化与地方依恋关系之研究》，《人文地理》2012 年第 1 期。

buck）的地方依恋定义引用最为常见。威廉姆斯和罗根布克将地方依恋定义为个体对特殊场所的归属感，是使用者感觉到自己与场所的结合程度和对环境的情绪，以及环境对使用者所象征的意义与感觉。他们将地方依恋分为"地方依赖"（place dependence）和"地方认同"（place identity）两个维度并构建了地方依恋量表①。国内的研究多采用 Williams 和 Roggenbuck 的量表，并根据诸如旅游地等不同情境对测量项目进行调整。黄向和温晓珊运用 VEP 方法将游客地方依恋分为精神性依恋和功能性依恋两个纵向维度和环境景观、休闲、人际社交和设施服务四个要素维度②。许振晓将旅游者在旅游地环境中的地方依恋定义为：在特定的旅游地环境中，个体或群体通过在旅游过程中接触旅游地之人之物，根据自身的体验对目的地进行评价，从而赋予目的地某种意义、信仰、符号及价值，最后建立自身与地方唯一的情感性联结。同时认为，旅游地环境中旅游者的地方依恋应包括地方认同、地方依赖、情感依恋、社会联结四个维度。其中，地方认同维度强调环境对于个体的不可或缺和意义性；地方依赖维度强调环境对个体需要的满足程度；情感依恋维度体现个体与环境的情感联结和心理归属；社会联结指个体与环境产生社会交往后建立的一种关联。

　　通过以上的梳理，根据威廉姆斯和罗根布克对地方依恋的界定，笔者认为旅游者地方依恋是指旅游者对旅游地这个特殊场所的归属感，是旅游者感觉到自己与旅游地的结合程度和对旅游地环境的情感，以及旅游地环境对旅游者所象征的意义与感觉。在维度构成上，笔者倾向于引用 Scannell 的人、地方、心理过程三维结构理论，认为旅游者地方依恋包括旅游者—心理过程—旅游地三个维度。其中心理过程维度包括情感、认知和行为三种成分，旅游地维度由认知空间转换成为具有"地方意义"的空间，这种地方意义作用于旅游者的心理，促使旅游者对

---

① DR Williams, ME Patterson; and JW Roggenbuck, "Beyond the Commodity Metaphor: Examining Emotional and Symbolic Attachment to Place", *Leisure Sciences*, Vol. 14, February 1992, pp. 29 – 46.

② 黄向、温晓珊：《基于 VEP 方法的旅游地地方依恋要素维度分析——以白云山为例》，《人文地理》2012 年第 6 期。

旅游地产生地方依恋。

三　旅游者地方依恋建构的理论解释框架

旅游者地方依恋是旅游者深度"在"旅游目的地并与其"深度"交流后所表达的一种对旅游目的地的恋恋不舍、不忍离去的情感，而旅游者的这种情感对旅游目的地发展的重要性和意义是不言而喻的。那么，如何构建旅游者的这种地方依恋情感？首先，要搞清楚这种依恋情感受哪些因素的影响。其次，旅游者到底对哪些旅游目的地会产生依恋？他们依恋这些旅游目的地的什么？再次，旅游者一旦对旅游目的地产生了依恋，除了依依不舍、不忍离去的情感表现之外，还有哪些其他方面的表现？最后，通过何种途径和手段才能建构起旅游者对旅游目的地的依恋之情？随着对以上四个方面问题的解决，旅游者地方依恋建构问题也随之得到解决。相应地，它们其实也就构成了旅游者地方依恋建构的研究主体。鉴于此，笔者将旅游者地方依恋建构研究的理论解释框架梳理如图6-2所示。

下面，将根据图6-2的内容框架，对旅游者地方依恋的影响因素、对象、具体表现、建构途径分而论之。

四　旅游者地方依恋的影响因素

旅游者的地方依恋不是一蹴而就的，而是一个循序渐进的形成过程。在其形成过程中受诸多因素的影响。研究表明，不同人口特征，如不同的性别、年龄、职业、受教育程度、收入等的旅游者在地方依恋上存在显著差异；不同的旅游者背景因素，如不同的客源地、信仰、认知差距、情感特征等对旅游者的地方依恋的影响程度有所差异；旅游者的旅行特征，包括旅游方式、旅游涉入和游憩专门化等对旅游者的地方依恋也有显著影响；旅游地的环境特征，如地方特质、空间物质要素、环境感知、地方意象和地方品牌个性等方面也影响着旅游者地方依恋的形成。

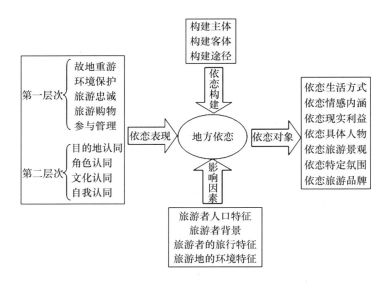

图 6-2　旅游者地方依恋建构的理论解释框架

（一）旅游者人口特征因素对旅游者地方依恋的影响

旅游者人口特征包括性别、年龄、职业、教育程度、收入等。已有的实证研究表明，不同人口特征的旅游者在地方依恋上存在显著差异，且在不同目的地情境下具体的影响因素和程度也存在不同。

目的地情境一：城市型旅游目的地——中山市。广东省中山市是孙中山的故乡，地理环境优越并具名人效应。2000 年，中山市荣获"中国优秀旅游城市"称号。该市的旅游资源类型主要有名人故居、都市风情、主题乐园、特色博物馆、工业示范点等，是典型的城市型旅游目的地。为了探究城市型旅游目的地游客地方依恋的影响因素，闵祥晓等以中山市为案例地，从地方认同和地方依赖两方面展开对中山市游客地方依恋的研究，发现性别、年龄对游客地方依恋没有显著影响；在职业和收入方面：游客的职业和收入对其地方依恋有影响，但无规律性。如教师和学生的地方依恋较强，企业职员和公务员、商人、农民等的地方依恋感逐步减弱；在教育程度方面：游客的受教育程度与其地方依恋存在正相关影响，即游客受教育程度越高（越低），对中山市的地方依恋越强（越低）。①

目的地情境二：世界文化景观遗产地——西湖国家级风景名胜区。西湖国家级风景名胜区云山秀水且人文与山水交融，不仅名列"中国十大风景名胜"，也是一个湖泊型国家 5A 级旅游区。杭州西湖文化景观更是作为中国唯一一处湖泊类文化景观遗产被列入世界遗产名录。为了研究旅游者在文化景观遗产地的地方依恋构成及其影响因素，许振晓以西湖风景名胜区为区域进行实证研究②。结果显示，旅游者人口特征的五个变量（性别、年龄、收入、常住地、文化程度）对文化景观遗产地的旅游者地方依恋四个维度的影响均存在分异。首先，来看性别变量。在地方认同和情感依恋两个维度上，旅游者性别对地方依恋存在显著差异；而在地方依赖和社会联结两个维度上，差异不大。可以说，男性游客比女性游客的地方认同感强，而情感依恋在女性地方依恋的形成过程中比男性有更重要的意义。其次，就年龄变量而言，仅在地方依赖和社会联结两个维度的影响上差异显著。具体表现为，随着年龄的增大，情感依恋也随之加深，超过 24 岁旅游者的社会联结均值明显高于24 岁以下旅游者。但是，超过 65 岁的老年旅游者社会联结的均值反而低于 25—64 岁组。可见老年游客在旅游当中的社会联结较少，比如与同行之外的人、服务员、当地人的沟通较少。第三，从收入水平变量来看。在地方认同和地方依赖两个维度有显著差异，即收入水平越高，地方依恋各维度感知越强。如 3000 元以上月收入的人要比以下的人在地方认同和地方依赖因子上的均值都要高。第四，从常住地变量来看。研究中将常住地分为浙江省省内、其他长三角地区以及长三角以外地区三类。该变量在地方依恋四个维度上均显著差异。其中省内游客在四个维度上均值均为最高。其他长三角地区与杭州在地缘和民风上都比较接近，因此相对于长三角以外地区的游客更容易产生情感依恋和社会联结。第五，在文化程度变量中，对地方认同、地方依赖和情感依恋均有

---

① 闵祥晓、陈秋帆、朱品瑜：《中山市游客地方依恋特征及影响因素调查》，《中国市场》2015 年第 43 期。

② 许振晓：《世界文化景观遗产地旅游者地方依恋构成及影响因素——以西湖风景名胜区为例》，《杭州师范大学学报》（自然科学版）2014 年第 3 期。

显著差异，即受教育程度与地方感知呈正相关关系。如本科以上文化程度的旅游者对地方认同、地方依赖和情感依恋均高于本科以下者。这主要是因为西湖作为一个文化景观遗产地，突出表现其文化性。因而，文化程度高的游客相对能捕捉并深入理解和"懂得"旅游地的文化内涵。而这种对旅游地的深层次解读又能积极影响旅游者地方依恋的形成。

目的地情境三：海滨休闲旅游地——厦门岛。素有"海上花园"之称的厦门岛，因其得天独厚的海滨环境和休闲文化氛围，近年成为国内的热点旅游目的地，且游客满意度和重游率都较高。贾衍菊、林德荣以厦门岛作为研究对象，探究旅游者个体特征对地方依恋的影响，得出性别、教育水平对地方依恋的负向影响显著等结论。[1] 首先，从性别来讲，相对男性游客，女性游客地方依恋水平较高。该结果支持了社会学中关于情感体验性别差异的结论，即男女在社会互动中的情感反应有明显的不同，女性比男性更频繁地体验到情感且体验更强烈。其次，从受教育水平来看，受教育水平越高，地方依恋水平越低。再次，从到访次数来看，到访次数越多，地方依恋越高。最后，从组团方向来看，相较于组团游客，自由行游客的地方依恋水平较高。

（二）旅游者背景因素对旅游者地方依恋的影响

除旅游者人口特征因素外，旅游者背景因素，如客源地、信仰、认知差距、情感特征等也是影响旅游者地方依恋的重要因素。比如，闵祥晓等以中山市为案例地，从地方认同和地方依赖两方面展开对中山市游客地方依恋的研究，发现游客客源地因素对地方依恋影响非常显著[2]。具体表现为对中山市地方依恋程度最高的是广东省内游客，其次为港澳台同胞，国内省外游客依恋程度最低。由此可见，游客的客源地空间距离越远，其对旅游目的地的地方依恋程度越低。因而客源地距离与游客地方依恋存在负相关关系。殷红卫从地域文化差异的视角出发，选取南

---

[1] 贾衍菊、林德荣：《旅游者环境责任行为：驱动因素与影响机理——基于地方理论的视角》，《中国人口·资源与环境》2015年第7期。
[2] 闵祥晓、陈秋帆、朱品瑜：《中山市游客地方依恋特征及影响因素调查》，《中国市场》2015年第43期。

京江心洲乡村旅游地个案，借助主成分分析、方差分析与结构方程模型，探讨了不同客源地地域文化差异背景下的旅游者对地方依恋的影响①。结果表明：旅游者地方依恋主要由地方依赖和地方认同两个维度组成，不同客源地文化背景差异对旅游者地方依恋产生显著影响，主要表现在不同文化背景的旅游者意象性显著正向影响地方依赖和地方认同，愉悦性显著正向影响地方认同，情感性显著正向影响地方依赖；同时，意象性维度中多数旅游者呈现苏南文化组低于北方文化组的态势，而在情感性维度中苏南文化组表现出较高的地方依赖，愉悦性维数中地方认同显著。

（三）旅游者旅行特征对旅游者地方依恋的影响

旅游者旅行特征主要包括旅游方式、旅游涉入和游憩专门化三个方面。研究表明，旅游者的旅游方式、旅游涉入和游憩专门化均对旅游者的地方依恋产生显著影响。

1. 旅游方式对旅游者地方依恋的影响

旅游方式主要包括到访次数、逗留时间和旅游同伴三个变量，而这三个变量对旅游者的地方依恋的影响显著。前文已述，有学者对世界文化景观遗产地西湖的研究得出，旅行方式的三个变量对文化景观遗产地的旅游者地方依恋的地方认同、地方依赖、情感依恋及社会联结四个维度的影响存在分异。到访次数方面：到访次数对地方依恋四个维度的影响均呈显著差异，具体为访问次数越多，地方认同、地方依赖、情感依恋及社会联结程度越高。所以，到访次数对旅游者地方依恋的形成具有重要影响。逗留时间方面：逗留时间的长短在地方依恋的四个维度上也均存显著差异。表现为，逗留时间越长，地方依恋感就越强。如逗留2夜以上的国内游客在地方认同、地方依赖、情感依恋上均比2夜以下者要强；逗留4夜以上的游客在社会联结程度上要比4夜以下者高。旅游同伴方面：不同的同伴选择对地方依恋的四个维度呈显著差异。其中，

---

① 殷红卫：《游客感知对乡村旅游地地方依恋影响——以南京江心洲为例》，《技术经济与管理研究》2016年第2期。

个人自助与朋友自助在地方认同和地方依赖维度上均值较高。跟团和单位组织旅游者在情感依恋和社会联结两个维度上均值较低。这可说明，相对集体出游方式，自助游者更易形成地方依恋。贾衍菊、林德荣的研究也证实，旅游者的到访次数越多，对地方的依恋越高，自由行游客的地方依恋水平相对于组团游客要高。[①]

基于以上论述，可以得出这样的论断：多次、长时间逗留或以自助游的方式游览旅游目的地需要旅游者投入更多的精力，从而更能促使旅游者对目的地的依恋情感的产生。

2. 旅游涉入对旅游者地方依恋的影响

旅游涉入是指由旅游地及其相关旅游产品所引发的动机、激活或兴趣的一种心理状态[②]，对地方依恋具有驱动作用。王坤等从游客的心理视角将游客涉入分为重要/象征性、愉悦性和风险性三个维度。[③] 其中，"重要/象征性"代表游客对旅游地的重视程度及借助旅游地来表达或传递某种意义或信息的意愿程度；"愉悦性"指游客在旅游地旅游过程中收获愉悦的大小；"风险性"既指游客在选择旅游地时所面临的风险大小，还指可能因选择失误而产生的负面体验程度之高低。王坤等以文化旅游地——徐州汉文化旅游区作为研究案例地类型，从以上三个维度剖析了游客涉入对地方依恋的影响，并得出结论：游客涉入的各维度与地方依恋的两个维度（地方依赖和地方认同）关系复杂，具体表现在，游客涉入重要/象征性维度对游客的地方依赖呈正向影响，但对游客地方认同并无显著影响；游客涉入的愉悦性维度同时正向影响游客地方依赖和地方认同，且对后者的影响更大；游客涉入的风险性维度负向影响游客的地方依赖，但对游客的地方认同未见显著影响。

由此可知，文化旅游区游客涉入对游客的地方依恋影响显著，是地

---

① 贾衍菊、林德荣：《旅游者环境责任行为：驱动因素与影响机理——基于地方理论的视角》，《中国人口·资源与环境》2015 年第 7 期。

② ME Havitz，F Dimanche，"Propositions for Guiding the Empirical Testing of the Involvement Construct in Recreational and Tourist Contexts"，*Leisure Sciences*，Vol. 12，February 1990，pp. 179 – 195.

③ 王坤、黄震方、方叶林：《文化旅游区游客涉入对地方依恋的影响测评》，《人文地理》2013 年第 3 期。

方依恋的直接前因变量。但游客对旅游地的重视程度及借助旅游地来表达或传递某种意义或信息的意愿程度仅影响地方依恋中的地方依赖维度，且重视程度或意愿程度越高，对地方的依赖越高；游客在旅游地旅游过程中收获的愉悦越大，其对地方也越依恋。

3. 游憩专门化对旅游者地方依恋的影响

游憩专门化理论是布莱恩（H Bryan）于 1977 年提出，他指出游憩专门化是从一般的游憩活动和较低涉入行为到对活动产生特殊兴趣并拥有较高涉入行为的连续性过程，可依据活动中所使用的装备、技巧以及个体对环境情境的偏好来测度游憩者的专门化程度。[①] 李（CC Lee）论证了旅游地游憩活动的专业化程度对游客地方依恋有较强影响。[②] 赵宏杰、吴必虎针对八达岭长城攀登者在长城攀登活动游憩专业化及其对八达岭长城地方依恋的程度进行了实证分析，[③] 结果表明：第一，攀登者游憩专业化与地方认同具有显著的线性关系。即游憩专业化行为程度越高，其对八达岭长城的地方依恋强度越低；而游憩专业化情感程度越高，其对八达岭长城的地方依恋强度越高。第二，攀登者游憩专业化与地方依赖具有显著的线性关系。即攀登者游憩专业化行为程度越高，对八达岭长城的地方依赖程度越低；攀登者游憩专业化情感程度越高，对八达岭长城的地方依赖程度越高。有学者以紫金山登山游憩者为例对游憩专门化对游憩者地方依恋的影响进行了研究，研究结果与国外学者的发现基本一致，即游憩专门化对地方依恋的整体影响并不明显，但对地方依赖和地方认同两个因子的作用均比较显著，主要表现为功能依赖的降低和情感认同的提高。这可能因为专门化程度较高的登山者，为了参与各种登山活动并提高技能，会主动寻访不同地点进行登山，因而不太容易对紫金山这一特定场景产生功能依赖。而又因为紫金山可达性和资

---

① H Bryan, "Leisure Value Systems and Recreational Specialization: The Case of Trout Fishermen", *Journal of Leisure Research*, Vol. 44, May 1977, pp. 861 – 864.

② CC Lee, "Predicting Tourist Attachment to Destinations", *Annals of Tourism Research*, Vol. 28, January 2001, pp. 229 – 232.

③ 赵宏杰、吴必虎：《长城攀登者游憩专业化与地方依恋关系之研究》，《人文地理》2012 年第 1 期。

源环境条件均较好，游憩者的使用频率较高，个体通过对环境的熟悉而逐渐产生情感上的认同。

（四）旅游地环境特征对旅游者地方依恋的影响

旅游地环境特征涉及地方特质、空间物质要素、环境感知、地方意象等方面，这些因素均对旅游者的地方依恋产生影响。因"地方意象"在前文中已详细介绍，这里不再赘述，主要讨论"地方特质、空间物质要素、环境感知"三个因素对旅游者地方依恋的影响。

1. 地方特质对旅游者地方依恋的影响

就旅游视角而言，"地方"是游客对特定环境感应和认知的结果。[①] 据此，可以认为地方特质是游客对"地方"属性的主观认知结果。它包括社会与物理环境特征两个方面，前者强调人与地方社会关系与情感关系的联结，后者主要指自然风光、城市建设、设施水平等。通常来讲，旅游者地方依恋的产生大多源于环境特征。[②] 有国外学者以到访南澳大利亚五个地区滞留一天的游客为样本，将当地的食物和酒水作为目的地核心特征，发现该变量对地方依恋的两个维度都有积极影响。罗文斌等以长沙市游客为对象研究发现，城市特征与游客的满意度评价显著相关。[③]

因而，可以说，旅游地良好的地方特征环境是影响游客地方依恋产生的重要因素。如湄洲岛的最大地方特质是其宗教氛围和文化特质，正是因为这种地方特质触动了旅游者的神经，冲击旅游者对湄洲岛的感觉并促使旅游者将湄洲岛嵌入自己的记忆。

2. 空间物质要素和环境感知对旅游者地方依恋的影响

空间物质要素是空间结构的基本单位，最初属于符号学范畴，它包

[①] 汪芳、黄晓辉、俞曦：《旅游地地方感的游客认知研究》，《地理学报》2009 年第 10 期。

[②] M Lewicka, "Place Attachment: How Far Have We Come in the Last 40 Years", *Journal of Enviromental Psychology*, Vol. 31, September 2011, pp. 207 – 230.

[③] 罗文斌、徐正雄、Dallen J Timothy 等：《城市特征对城市游客满意度的影响》，《旅游学刊》2013 年第 11 期。

括色彩、形制、样式等。要素的特性不同，所产生的空间感受也有所不同。① 这类因素最初发挥着娱乐、休闲、居住或其他功能，人们在使用过程中投入精力、金钱、时间、个性习惯等要素形成环境感知。环境感知是一个持续、动态的过程。此类情感在中后期逐渐演变成精神性依恋，即一种不依赖于地方功能，不受空间限制的个人特有的奇妙情感。地方依恋会随着个人发展、环境的年岁和设施的变化而改变。黄向等的研究也发现，66%的人群的地方依恋感因地方外在物质面貌的改变而受影响并希望地方保持原样，其中10.3%的人群的依恋感会彻底中断，其余人群的依恋感严重削弱。仅22.7%的人群赞成不断改变一个地方的物质面貌以满足发展需求。同时，他们还发现地方记忆是环境感知影响地方依恋的关键因素。② 这些说明，空间物质要素和环境感知的变化影响地方依恋的持续性。地方记忆是人们对与曾经在某地方活动有关的人、事、物等的难以忘怀的一种情感，这种情感有种无形的力量，能够使得人们即使不"在"这个地方却一如既往地依恋。但当这个地方的环境、设施和空间物质要素一旦发生改变，一旦与自己脑海中根深蒂固的地方记忆相冲突，又将严重影响人们对该地的地方依恋感。

五 旅游者地方依恋的对象

（一）旅游者依恋哪些地方

"地方依恋"是一种普遍存在的客观现象，特别是对于多民族、多文化、多风俗的中华民族来说并不陌生。无论是古人所谓的"落叶归根"，还是现在留学生们的"报效祖国"、春节期间的"回家过年"等现象，无不反映了人们对地方的依恋之情。

通常来讲，人最容易对与自己关系密切的家乡、家园、社区等地产生地方依恋。但不同个体，其依恋之地有所差异。例如：对于儿童来

---

① 董军：《杭州灵隐景区的空间解析》，硕士学位论文，浙江农林大学园林学院，2010年，第19—23页。

② 黄向、吴亚云：《地方记忆：空间感知基点影响地方依恋的关键因素》，《人文地理》2013年第6期。

说，依恋之地大多是自己常常嬉戏玩耍的地方，诸如池塘边、榕树上、操场边、秋千上以及山里面或绿油油的稻田里等；对于大学生来说，依恋之地多是与"美好回忆"或"有特殊意义"有关的地方，诸如浪漫书屋、林荫小道、阶梯教室、挥洒汗水的篮球场或宿舍边的小吃街等；对于喜欢养宠物狗的社区居民来说，他们因公园能满足其带宠物散步和结交志趣相投者的需求而对特定城市公园有所依赖；这种社会诉求同样会发生在外来人口和旅游者身上。

对于旅游者，具有良好地方特征或地方性的目的地环境是促成其地方依恋产生的重要因素。因此，具有良好地方特征或地方性突出的地方，如宗教圣地、游憩活动地、自然遗产地、少数民族旅游地等，因其特殊的地方性会驱动游客对其产生不同程度的依恋。以宗教圣地为例，宗教以其巨大的神秘的无形力量吸引着旅游者。旅游者对宗教的感情越深，对宗教圣地的依恋也越深。例如：基督徒在中东的耶路撒冷、伯利恒游走；犹太教徒在耶路撒冷哭墙下祷告、哭诉；伊斯兰教徒在"天房"的卡巴圣堂绕行；妈祖信众对湄洲岛的向往等无不体现出宗教旅游者对宗教圣地的深深依恋。

（二）旅游者依恋地方的什么

地方依恋是人—地交流的结果，因而，地方总是在有形或无形当中影响着旅游者的整个游程。那么，旅游者究竟依恋地方的什么？有些旅游者依恋地方的经济，有些依恋地方的文化，而有些则依恋地方的人文社会景观、生活方式、氛围、品牌形象等。可以说，旅游者地方依恋的对象是多种多样的。

一是对于生活方式的依恋。对生活方式的依恋，这种依恋是一种生活方式主导型的依恋，主要是一种情感的依赖和寄托。具体来讲，其所依恋的是一种生活方式，一种与城市快节奏相对应的慢生活。以厦门为例，厦门是世人眼中妙手偶得的灵韵，似若隔绝了尘世的喧嚣与尘埃，沉淀下历史的风韵与芳华，迸发出醉人的诗篇，零丁清澈的琴音奏响了她的心语，却有一片屋后的静谧与醇香，独独留给了路人，静静走过，不惊醒光阴……正是因为这种美丽、舒适、悠闲、有情调的慢生活，让厦门一举成为旅游者羡慕、向往和依恋的地方。

生活方式主导型的依恋主要在于，这些旅游者普遍为年轻的单身贵族或情侣，大多有良好的教育背景，自身经历丰富。或者工作数年后有所积累，或者人生态度使然精神追求高于物质追求。总之都不以赚钱为首要目的，而是对旅游地有着较高的心理认同和地方认同，旅游的目的更加纯粹、更加自由，旅游的选择更多，因此更加享受相对自由的生活状态。当对某一地产生情感依恋之后就更加容易地长期地依恋这一个地方。总体来说，生活方式主导型的依恋主要就是依恋旅游地的较为自由闲适的生活，其所追求的是一种生活上的享受，追求是对于人生目标，人生理想的实现。

二是对于情感内涵的依恋。对于情感内涵的依恋，这种依恋是一种情感主导型的依恋。主要依恋的是一种回忆。情感主导型和生活方式主导型依恋的区别主要在于，生活方式主导型是基于一种生活方式、生活理想的选择，是喜欢某一个地方、某个地方的闲适生活。而情感主导型的依恋，主要是因为某一个旅游地有着其独特的回忆。如今，高速发展的社会经济与科技加剧了地方的现代化和城市化进程，衍生出一系列的物质和文化变迁。在此背景下，回忆、怀旧已拓展为一种无时无刻不萦绕于心的文化情怀。寻觅自己曾经生活、经历和有过美好记忆的地方的人越来越多。比如说，曾经学习过、生活过、战斗过、工作过的地方，或者是曾经和某一个人抑或是和某些人一起去过的地方，心中还存在着这些美好的回忆，因此会时时想起。上了年纪的老人，容易对一个地方产生情感依恋，他所依恋的东西，大多是对那里的回忆。中年人对一个地方的依恋，是因为曾经和妻子孩子一起去过那里，或者说是和同事一起来过，在那里有过一段快乐的时光。年轻人对一个地方依恋，或许是曾经男朋友或女朋友一起去过，也是对于一种回忆的依恋。

三是对于现实利益的依恋。对于现实利益的依恋，这种依恋是一种现实利益主导型的依恋。具体来讲，促使旅游者产生地方依恋的原因主要是一种利益的驱动，利益驱使其对某个地方产生了特殊的依恋。这种旅游者对于旅游地所依恋的是一种利益。比如说，有的旅游者，在某一地旅游之后，喜欢上了这个地方，然后就在该旅游目的地开店做生意赚钱，然后就生活在那里了。很明显这种依恋就是一种对于利益的依恋。以桂林阳朔西街为例来看，阳朔独特的旅游市场蕴含了无限的商机。一些早期的旅游者看中了阳朔独特的旅游环境和市场，拥有前瞻性的商业眼光。他们渐渐地熟知阳朔的旅游市场，开店后凭借个性化的商品服务和特色化的经营，成为市场竞逐中的"良币"，不断在西街或阳朔其他地区连锁投资。这类旅游者，同时也是外来经营者，他们在旅游目的地生活惬意、事业有成、社交广泛，对旅游目的地有着强烈的地方依恋。

四是对于具体人物的依恋。对于具体人物的依恋，这种依恋是一种人物主导型的依恋。具体来讲，就是旅游者对某一个旅游目的地的人有着特别的依恋。或许这里有着旅游者曾经的战友、同事、亲人；或许这里有着旅游者喜爱的作家、戏剧家、政治人物等。这些战友、同事、亲人、作家、戏剧家、政治人物等的存在，使得旅游者对这一旅游地产生依恋，使得旅游者愿意并向往到这一旅游目的地去。比如说，英国小镇斯特拉福，一个小小的古镇，却每天游人如织，接待着无以数计的来自世界各地的旅游者。斯特拉福镇坐落于英国中部瓦维克郡，本与英国其他的小镇别无二样，但却因为是世界上最伟大的剧作家和诗人之一——莎士比亚的出生地和长眠地，从而吸引着无数游人慕名而来，来寻访、瞻仰这位对全世界的文化、教育和社会产生深刻影响的旷世奇才。然而岁月流失，千古奇才已无处寻觅，唯有斯特拉福镇和镇上莎士比亚生活过的房屋院落及铺在院中小径的各色卵石似时间的附形，记录着莎士比亚凄风苦雨、艰难困惑的经历，也记录着他磨砺毅力，追求艺术生活的心路。因而，斯特拉福镇作为莎士比亚故居吸引着无数国内外游客。再比如说韶山，韶山本是一座普通的江南农舍，但因为它又是中国人民伟大领袖毛泽东同志的故乡，引得怀着对伟人的敬仰之情前来瞻仰故居、缅怀伟绩的游人络绎不绝。由此可以看出，在人物主导型的背景条件下，旅游者所依恋的就是轨迹地的人，旅游者就是对于旅游地的人产生了情感的依恋。

五是对于优质旅游景观的依恋。对优质旅游景观的依恋，这种依恋是一种景观主导型的依恋。具体来讲，旅游者对于旅游目的地的依恋是由于旅游目的地的优质旅游景观所导致的，旅游者依恋旅游目的地优美的自然景色、厚重的人文景观等。比如说"彩云之南"的云南，不仅有"风·花·雪·月"、玉龙雪山、泸沽湖、蝴蝶泉、金沙江、香格里拉等著名的自然美景，还有丽江古城、纳西东巴文化和摩梭风情等闻名的人文景观，吸引大量游人到此驻足赞叹并沉溺在云南的柔软时光里而不忍离去。再如有"童话般的世界"之誉的九寨沟，不仅有由泉瀑、河滩、108个海子构成的五彩斑斓的瑶池玉盆，还有由翠海、叠瀑、彩林、雪峰、藏情、蓝冰构成的"六绝"，其不见纤尘、纯净、大美的自然环境足以让旅游者品读、陶醉和回味以至产生依恋。

六是对于某种特定环境氛围的依恋。对某种特定环境氛围，这种依恋属于环境氛围主导型的依恋，也就是说，具有某种特定环境氛围的旅游目的地，如神圣化的场所、充满泥土气息的乡村氛围等通常也是旅游者地方依恋的对象。其中，神圣化场所一般是指与宗教活动有关联的一些微观场所，如寺庙、教堂、纪念地等。"自古名山僧占多"，旅游的发展与神圣化场所无不紧密相联。近乎所有著名的旅游目的地都有一些与宗教活动相关的场所（如恒河、麦加、伯利垣、耶路撒冷、梵蒂冈、西藏等）。而对信徒而言，这些宗教场所及场所肃穆、清幽、神秘的宗教氛围本身就是旅游者地方依恋的重要构成部分。而乡村氛围是指在乡村中逐步形成的，可以被外来人员感知和认同的气氛或环境。乡村氛围是乡村所特有的环境氛围，比如，在"乡村"，人们日出而作、日落而息；在"乡村"，伴有静淌的水、静谧的山和肥沃的田地；在"乡村"小河边上有杨柳依依随风吹；在"乡村"，有纯净的夕阳静静地泻在树叶和树叶间的缝隙里；在"乡村"，偶有小鸟鸣叫着掠过，静下来的心能清晰地感觉到植物细微的生长……总而言之，无论是"乡村"的人还是"乡村"的物，都呈现出一种与都市生活的喧嚣和快节奏所全然不同的恬静和慢节奏。而正是因为这些，"乡村"往往成为都市人的"精神家园"，带给都市人心理上的放松和愉悦，不仅让人陶醉还让人依恋。

七是对于地方旅游品牌形象的依恋。对于地方旅游品牌形象的依恋，这种依恋是一种品牌主导型的依恋。也就是说，游客在游览过程中对旅游目的地的品牌是有感情的，但这种感情并非仅源自目的地旅游品牌的主题口号或象征性标记等，更深层的原因是品牌所传达的文化特质和地域性格与旅游者的内在价值诉求产生了深深的共鸣。例如，大家耳熟能详的"好客山东"、"浪漫大连"、"清新福建"、"美好江苏"、"给我一天，还你千年（杭州宋城）"等品牌口号主题突出、简练而形象，能有效地满足游客的内在价值诉求，因而容易让旅游者产生亲近感进而喜欢该品牌。倘若旅游者来到旅游目的地之后所收获的远远大于来之前的心理期望，或者邂逅了一种难以言说的美妙心情。那么，旅游者对这个地方就会产生"故乡"般的情愫，进而产生地方信任和依恋。再如，湘西凤凰的宣传口号"为了你，这座城市等待了千年"，就是这么一句极其简单、质朴的话语，却吸引着无数旅游者为之动心、倾倒。该旅游口号虽然并未向旅游者描述旅游地的风景，但却被倾注了浓浓的感情色彩，牵引着人们前往这座为自己已等待千年，却素未谋面的城市，寥寥数字却散发着浓烈的人文依恋。

六　旅游者地方依恋的表现

当旅游者对于某个旅游地产生依恋之后，会通过一定的外在表现来外显其对地方的依恋感。这种旅游者地方依恋的外在表现包括两个层次：第一个层次是，旅游者对于旅游目的地的地方依恋会导致旅游者的故地重游；旅游者对于旅游地方的依恋还表现在旅游者会对自己所依恋、所喜爱的旅游目的地的资源环境进行保护；旅游者产生地方依恋之后，还会产生较强的旅游忠诚度，并很有可能在当地进行购物活动；旅游者对于旅游目的地的地方依恋很有可能促使旅游者参与到旅游目的地的管理中来，为旅游目的地的发展和繁荣贡献自己的力量。第二个层次，也是更高的一个层次。也即旅游者在产生强烈的地方依恋的同时，还会产生强烈的认同感。这种认同感又包括四个方面的内容：一是目的地认同；二是角色认同；三是文化认同；四是自我认同。

从第一个层次来看，一是对于旅游目的地的故地重游。休闲游憩的研究认为地方感的意义在于对重游的影响上，旅游者对游憩环境具有地方感时，则游憩环境在旅游者心目中不但有印象且具有辨识度，然而具有"地方感"对旅游者来说，仍缺乏非去不可的理由。一些旅游者对于自己梦寐以求的旅游目的地产生依恋之后，就是非常喜欢这个地方，他会把这么一个美好的地方推荐给自己的同伴，向自己周围的人介绍，同时，对于一些休闲型的旅游目的地，旅游者对地方的体验比较强烈，较多的人还是愿意再来此旅游。

二是旅游地环境资源保护行为。旅游者对于旅游目的地的地方依恋表现为对于旅游地的环境资源的保护行为，主要是指对自然资源地的地方依恋影响到使用者对自然资源治理措施的态度和使用者保护资源环境的日常行为。地方依恋程度正向影响游客对地方负责任的环境行为，游客可以运用地方依恋的力量将地方资源妥善地管理及维护。当旅游者对于某一地产生旅游地的情感依恋之后，旅游者就会自觉地参与到旅游目的地的环境资源的保护之中，就会自觉地去保护旅游目的地的环境资源，自觉地去保护自己心目中的旅游胜地。

三是旅游忠诚及其购物行为。旅游忠诚及其购物行为是指旅游者的地方依恋影响到游客忠诚进而促使重复购买行为的发生。实际上，旅游者对某一旅游目的地产生场所依恋之后，便会自觉不自觉地产生对于旅游目的地的旅游忠诚，就会自觉不自觉地产生在旅游目的地购物的欲望。地方依恋程度正向影响游客对地方的忠诚度（place loyalty）并产生互动关系，地方依恋的直接结果就是惠顾意愿的形成，游客地方依恋对购物行为有显著影响。

四是旅游地社区发展行为。旅游地社区发展行为主要是指旅游目的地居民的地方依恋程度对其自身发展行为的影响。地方依恋能够影响人们改善居住环境，研究表明移居城市的居民会对乡村环境产生依恋，而对城市社区认同丧失。如何有效促使移居居民对新社区形成地方依恋，有学者认为人们可以利用植树造园等方式维持在迁居后对原居住环境的情感依恋。

从第二个层次来看，第二个层次是对于第一个层次的升华，由地方依恋所产生的目的地认同、角色认同、文化认同、自我认同，是旅游者地方依恋的深层次的体现。

一是目的地认同。目的地认同是游客对旅游地的总体印象，涉及目的地的自然、社会和文化多个层面，并受到目的地意象、旅游动机与旅游经历等诸多因素的影响。在启程之前，游客对目的地大多持有美好的意象，在一定程度上奠定了目的地认同的基础。当旅游动机形成后，往往又进一步唤起旅游者的想象，强化其动机，增加其对目的地的认同。旅游经历对目的地认同起到决定性的影响。如果游客在目的地感受到了目的地的特色，获得了高质量的旅游体验，通常会强化其对目的地的正向认同，提高其重游概率。反之，则会产生负面的认同，影响其对目的地的认同。从发生学的角度来看，在旅游过程中首先生成的是目的地认同，这是因为目的地是作为"他者"而存在的。只有首先确认"他者"，才能发问"自己是谁"。就性质而言，目的地认同是对目的地"地方性"的一种确认，属于一种地方认同。根据人文地理学与环境心理学的解释，每个人都存在于一定的空间，都会和空间之间建立起一种关系，尤其是对那些和自己生长、生活或曾经有过特殊体验的地方，例如家乡、读书以及工作过的地方，往往都有强烈情感投射，形成一定程度的情感依恋，这种情感体验就是地方认同。旅游虽然是一种暂时性行为，尽管游客在目的地停留时间较短，但目的地多是旅游者经过深思熟虑后的一种决策选择，是一个为游客提供了充满羡慕、希望、向往、冲动的地方。因此，许多游客都会对目的地产生一定的情感依附，因为这是一个与自己日常生活环境有着显著差异的地方，是一个能满足自己期望、实现自己梦想的地方。目的地认同是旅游地方依恋的重要表现。

二是角色认同。角色一词来源于戏剧用语。所谓角色是指"处于一定社会地位的个体或群体，在实现与这种社会地位的权利和义务时，表现出符合社会期望的行为与态度的总模式"。心理学家 G. E. 米德第一个将其引入社会心理学研究中，他把整个社会比作一个大舞台，人们在这个舞台上扮演着各种各样的角色，表现出不同的角色意识和文化特征。人们在社会生活中要扮演多种不同的角色，具体扮演何种角色则取决于具体的社会情境。同时，角色总是与某种特定的情境相关联，与来自社会以及他人的期望相关联。一般而言，角色期望主要分三种：剧本期望、其他演员期望、观众期望。剧本是指角色所受规范的总和，规范结构或社会关系决定了角色的扮演，制约了角色的行为。其他演员是指情境中的互动对象，是角色行为的作用对象。观众则是指角色行为是否符合各类期望的参考对象。一个人如果能够赞同社会对某个角色的行为标准，并按这个行为标准行事，就是角色认同。

用角色理论来审视旅游者，就会清晰地发现，在旅游过程中，旅游者实际上扮演着多种角色，并随着旅游情境的变化，在各种角色中不断转换。一般而言，在旅游过程中旅游者的角色认同主要表现在两个层面：一个是与旅游者身份相关的角色系列，包括游客、外地人和过客等；另一个是与旅游者角色无关而主要与自身生理属性和社会属性相关的角色系列，如性别角色、家庭角色等。其中，前者最能体现旅游体验中的角色认同。

从角色认同发生的初始点来看，自从游客走出家门踏上旅途的那一刻起，其角色就开始向"旅游者"转化了，开始了"旅游者"角色的扮演，并通过各种方式来认证自己的游客身份。受中国传统文化影响，游客在离开家时通常会有一种异样的感觉。但与迁徙者和旅行者不同，旅游者通常很快就会以旅游者的心态沉醉在他乡美景之中。尽管如此，作为一个外地人，旅游者在潜意识中会时刻提醒自己，你是一位过客，是一个外地人，虽然这里人好地美，但它不是你的家。你不属于这里，你仅是这里的一个匆匆看客。因此，旅游者最显著的角色特征就是"外地人"、"外来人"和"陌生人"，这种特征在很大程度上决定了旅游者的行为方式和处事心态。由于对这种角色知觉常占据主导地位，因而游客多以一种较强的包容心态，来处理旅游中的事情。即使是遇到了困难或者是欺骗，受到不公平的待遇，但大多数游客都能以宽容的心态来对待，因为他们知道自己是"外地人"，是来旅游的，追求旅游愉悦是其首要目标，不要因为一些小问题而破坏了"游兴"。所以，大多数游客并不是十分挑剔。作为外地人，尽管旅游者一方面不断地拉近与目的地的心理距离，另一方面又难以完全融入目的地，始终知道自己只不过是一个匆匆的过客，只是暂时地享受这一切，为享受旅游而带来的愉悦。当然，与旅游者自身属性相伴生的各种角色心理也在时时发生着作用，正是在这些不同类型的角色之间的不断转换过程中，才能变幻出色彩缤纷的旅游体验。所以，角色认同的产生恰恰就表明了旅游者对于旅游目的地的地方依恋，当旅游者产生了更加强烈的地方依恋这后，旅游者才更加会去扮演这么一个角色，才能去扮演好这么一个角色。

三是文化认同。旅游者从本土出发去另一地旅游时，不仅是从已知地域向未知地域的地理转移，同时也是从一个熟悉的文化环境向另一个不熟悉的文化环境的文化转移。在这种文化环境转移中，旅游者会不断地意识到自己的文化身份，发生各种形式的文化认同。文化认同是指某个个体或群体试图追寻、确认自己在文化上的身份。对于旅游者而言，身份和认同是不可分的概念，认同的过程就是反思性地理解到的自我身份的过程。而从文化身份的角度来看，旅游者行走在异域文化中，既是异域文化的猎奇者，又是异域文化里的边缘人、文化冲突的参与者和适应者，必然要确认自己的文化身份。旅游者虽不像侨居者那样长期生活在异域，希望被异域文化认同，旅游者只是当地的过客，他们并不强烈需要被异域文化认同，但是却需要在异域文化的对照下确认出自己的文化身份。由于现代旅游是一种对自然和人文环境的复杂消费行为，其中包含着强烈的仪式、角色扮演和生活规律的转换。借助于时空的转移，借助于旅游地的场景和当地人的凝视，旅游者会努力证实自己具有某种文化身份。人是文化的产物，对自己的家乡、民族、国家都有一种强烈的归宿感。正因如此，当在异域他乡看到自己家乡的事物时，游客都会感到一种亲切感和熟悉感。每个人都隶属于一个民族和一个国家，都会对自己的国家和民族有强烈的依恋感和认同感，这种文化印记和感情是无法消除的。基于此，旅游中的文化认同主要呈现出两种基本形态，一种是对自己家乡文化的反刍，是一种家乡情结；另一种是对民族认同与国家认同。

家乡情结是游客对自己家乡文化的一种认同。人是由其本土文化所塑造的一个文化人，尽管陌生感和新奇感是旅游体验的重要元素，但在一个新的陌生环境中，如果能够发现一些熟悉的东西，看到一些能让人想起"家乡"的事物，会给游客带来一种熟悉感，这将生成一种旅游愉悦，并勾起旅游者的文化认同。毕竟，家乡通常成为人们最具认同感的"地方"，叶落归根也是人们普遍的一种情结。一方水土养一方人，旅游中所谓的水土不服，不仅是身体对于他乡自然环境的不适，也是心理上对异文化的不适。文化之根在故乡，而故乡永远在心上。人们去某地旅游，往往对当地优美的自然风景和具有地方特色的民俗风情特别感兴趣，这实际上是唤醒游客对自己文化体系的反刍。由于对当地习俗的种种不适应，旅游者甚至对本身原有的文化产生一种前所未有的亲切感。在旅游中，人们往往采购一些能够代表当地特色的纪念品，并常常回来后馈赠亲朋好友。在这个过程中，人们得到的还是与异文化比较中获得的对本文化的认同。

除了家乡情结外，在旅游过程中亲眼看到祖国大好的河山和巨大的变化，也会激发游客对祖国的深深挚爱之情，这是一种国家认同。而当游客看到历史文化与文物古迹时，也会唤醒游客的民族情感，产生民族认同。安德森（Anderson）认为，文化是想象的共同体，民族认同或国家认同都是基于一种"想象的关系"。因此，尽管团体内的成员互不相识，但却想象彼此之间存在着某种相同的意念或是一体性，安德森把这种民族认同的关系定义为"想象的社群"（imaginative community）。在旅游的场域中，通过这种"想象的关系"，会激发出游客内心深处的民族认同和国家认同，这是许多游客一种共性的体验。在日常生活中，人们很少感受到自己的国家和民族，而在旅游的情境中，那种隐藏的、潜在的、深沉的爱国情感在此时此刻得以释放，激发了游客的民族认同和国家认同。而旅游者在旅游过程中的，在某一旅游目的地上产生的对于家国的认同，就恰恰说明了这一旅游目的地对于旅游者的吸引力所在，也就体现出了旅游者的强烈的地方依恋。

四是自我认同。自我是心理学和社会心理学中的一个核心概念。不同流派的心理学者根据不同的理论志趣、设问方式、话语概念和范式理解框架，对自我概念有不同的诠释。一般情况下，人们把自我看成是一种对自我的知觉或自我意识。在这种意义上，自我认同主要是指个人在一定的社会环境结构中，通过与他人的长期互动，逐渐形成与发展出的关于自我的认知。"自我认同"能帮助个人明确而清楚地认识自己的生活现状、个性特征、心理倾向、生活经历以及理想规划等方方面面。在日常生活世界中，人们要认识自我通常是一件比较困难的事情。正因如此，在古希腊德尔斐神庙上镌刻着一句箴言——"认识你自己"。古希腊哲学家苏格拉底曾对这句话进行过论证和解说，并成为古希腊哲学里面一个重要的命题，深深影响了人类两千多年来的思辨和认识。旅游为人们认识自我提供了一种很好的机会，这是因为旅游发生在日常生活圈之外，接触异域，能够引发游客反思自己。旅行的意义在于脱离日常生活的轨迹，在于撤除界限，在于放松自我，在于融入他乡，在于嬉游中的观察与反省。可以说，旅游是一个"自我"与"他者"相遇的过程，在这一过程中，"他者"与"自我"的界限被撤除，旅游者除了对外在"他者"进行观察外，也必须对内在的"自我"进行认识与反省。换言之，旅游为认识自我奠定了情境基础，旅游体验从深层意义上是一种认识自我的行为。如果说旅游最大的功效在于发现，那么最大的发现并不是美景，而是自己。在旅游体验中，最重要的不是欣赏别人怎样生活，而是自己获得的陌生感、新奇感、漂泊感和自我观照感。在旅游的场域中，旅游目的地作为一面镜子，旅游者不仅观察他人，而且也映照自己。在这一过程中，旅游者的自我图像是一直在转变和变化的，从离家到返家，一直都在调试，直到将自我的图像调整到一种理想的状态为止。在这种状态下，旅游者能够真正进入"游"的世界。而只有在游的世界里，人们才能感受在日常生活世界中很难体验到的事物，并以游者的心态去品尝人生百味。此时，旅游者自己成了一个旁观者，眼中的一切，甚至包括自己本身，都成为被窥视的事物。虽然这种窥视好似水中望月或雾里看花，并不能把这世界看得明明白白，但跟着"游"的感觉走，也可以发现一个完全不同的"我"和一个完全不同的"世界"。换言之，通过旅游，拉开距离来审视世界和自我，从而引发态度、行为、观念等方面的变化，这才是旅游最根本的价值所在。同时，当旅游者在这种根本的价值中产生愉悦和欢快感的同时，也恰恰表明了旅游者对于轨迹目的地的依恋的认可。

七　旅游者地方依恋的建构

（一）建构主义释义

"建构"、"建构主义"、"社会建构"等字眼在一些人类科学、旅游研究等学术著作及其标题中常可见到。1966 年，"社会建构"（social construction）的概念由伯格（Berger）和拉克曼（Luckmann）在其著作

《现实的社会建构》（*The Social Construction of Reality*）一书中提出。他们认为，日常生活现实是经外部化、客观化和内在化等过程由个体在日常的生活行为中建构出来的。这里的现实是指主观现实（即人们关于世界的信念）。按照国外学者的一般认识，建构主义可以从以下两个方面来理解，其一，从本体论来讲，建构主义认为现实世界是人的解释或建构的产物，而这种解释或建构具有不同"版本"。因此，没有"唯一"的现实，只有不同"版本"的现实。现实对不同的人呈现为不同的样子，因为它是人们建构的产物。其二，从认识论来讲，建构主义认为知识或真理是建构出来的。因此，知识或真理的正确与否并不根据它是否是对独立存在的现实世界的符合或真实摹写来判断。因为知识或真理是被人建构出来的，不同的人建构角度或立场不同，建构出来的知识就自然也有所差异。

综上，建构主义强调主体对现实的建构，认为现实世界并非既定，而是通过每个个体不断地实践和个体间的互动建构起来的。因此，现实并不是唯一和绝对的，而应该从建构的视角来看现实的社会建构。

（二）建构主义在旅游研究中的应用

建构主义认为，现实世界是被主体构建的。据此，可以说包括自然的、社会的任何事物都存在被建构的可能。建构主义的这种立场深刻地影响着旅游研究，并在旅游研究领域得到广泛应用，取得较丰硕的成果。归纳起来，研究成果集中于五个方面：旅游目的地形象的建构、旅游吸引物的建构、旅游体验的建构、旅游世界的建构和对本真性问题的研究。

建构主义在旅游领域的应用始于对旅游目的地形象的建构研究。形象是一种能引发人的思想或感情活动的形态，它既非既定也非恒定，而是可通过一定的表征进行建构的。既然形象是被建构起来的，因此，它又具有动态性、可变化的特点，旅游目的地形象也是如此。旅游目的地形象的形塑过程实则为社会建构过程，如海滨旅游地形象的建构、凤凰古城和丽江古城形象的建构、中国国家旅游形象的建构。

随着建构主义在旅游研究中应用的深入，部分研究者提出，除旅游形象可以建构外，旅游体验、旅游吸引物、旅游世界等均可进行社会建构。

首先，从旅游体验来看，旅游体验是旅游者的主观感受，看似仅关乎旅游者本人这一个个体，但事实并非如此。旅游体验这种感受受诸如受教育程度、社会阶层、周遭氛围等的综合影响，因而，可以说旅游体验其实就是社会建构的产物且以一种隐蔽的方式被建构。其次，从旅游吸引物来看，研究表明，旅游吸引物往往是人为建构的结果。① 一般认为，旅游吸引物是一个旅游目的地所拥有的一个或一群客观存在，不以人的意志为转移。但是，旅游吸引物之所以对游客产生吸引力，除了其本身的客观属性外，还因其具备一种被投射了一定意义、价值或文化的符号属性，而这种符号属性是被人为建构的。因此，从建构主义视角来说，旅游吸引物也是社会建构的产物。再次，从旅游世界来看，现象学认为，旅游世界并非宇宙论意义上的世界，而是旅游主体通过叙事或实地旅游体验的方式所体验到的世界。② 因此，旅游世界是一个主观和相对的世界。③ 最后，从旅游体验本真性来看，建构主义还用于对旅游体验本真性问题的探究。建构主义研究者认为真实性是一种符号的、象征意义的真实性，所以，旅游体验的真实性是社会建构的结果。④

人们离开惯常居住地到其他地方去旅游，就是寄希望通过"凝视"那些旅游吸引物及感知旅游吸引物的符号意义以获得愉悦、怀旧、刺激等体验。而旅游者对旅游地的依恋是在旅游者到达旅游目的地并发生了旅游行为后才产生的。因此，可以说，"凝视"旅游吸引物及感知旅游吸引物的符号意义是旅游者地方依恋产生的前提之一；此外，旅游者地方依恋实质上是旅游者对旅游地的一种主观感受，一种情感体验，属于旅游体验范畴。而由上文论述可知，旅游吸引物及其符号属性是人为建

---

① 马凌：《社会学视角下的旅游吸引物及其建构》，《旅游学刊》2009年第3期。
② 屈册：《基于网络文本分析的旅游世界建构对比研究——以平遥古城为例》，《北京第二外国语学院学报》2014年第3期。
③ 谢彦君、谢中田：《现象世界的旅游体验：旅游世界与生活世界》，《旅游学刊》2006年第4期。
④ N Wang, "Rethinking Authenticity in Tourism Experience", *Annals of Tourism Research*, Vol. 26, February 1999, pp. 349 – 370.

构的产物，旅游体验也是人为建构的产物。鉴于此，可以得出结论，旅游者的地方依恋也是可以被社会建构的。

（三）社会建构视角下的旅游者地方依恋建构

从理论上讲，建构通常有三要素，它们分别是建构主体、建构客体和建构行为。在建构的实践过程中，建构主体是建构行为的发起者、实施者。建构客体是建构行为的对象。从哲学层面上看，建构主体与建构客体是一对建构与被建构、改造与被改造的关系，两者相对比而存在，并通过建构这一实践活动或行为将两者统一起来。据此，同样地，从哲学视角来看，旅游者地方依恋的建构主体与建构客体也是一对建构与被建构的关系，两者相对比而存在，并通过建构这一实践活动或行为将两者统一起来。由此可知，旅游者地方依恋的建构主体、建构客体、建构实践或建构行为构成了旅游者地方依恋建构研究的核心内容。

1. 旅游者地方依恋建构的主体

旅游者地方依恋是旅游者对旅游地这个特殊场所的归属感，是旅游者感觉到自己与旅游地的结合程度和对旅游地环境的情感，以及旅游地环境对旅游所象征的意义与感觉。因此，旅游者对旅游目的地的依恋不能说只是旅游者自身的一种生理性反应，而是在旅游过程中，在对旅游符号的寻觅与对话中被悄然建构的。有必要强调一点，旅游者地方依恋的主体和旅游者地方依恋的建构主体是两个有区别的概念。旅游者地方依恋是一种心理现象，是旅游者对旅游地的一种情感或情绪。因此，旅游者地方依恋的主体是旅游者。在旅游者地方依恋的建构主体当中，毫无疑问，旅游者本人是建构主体之一，但并非全部。除旅游者本人外，建构主体还包括与旅游相关的行政部门、旅游生产经营人员、导游、目的地居民等。以上主体从不同方面，均可对旅游者的地方依恋起到不同程度的建构作用。因而，旅游者地方依恋是多主体共同建构的结果。

第一，旅游者对其地方依恋的建构作用。旅游者对其地方依恋的建构作用贯穿了旅游的全过程。在旅游前，旅游者对拟前往旅游地充满想象和期待。尤其在接触有关旅游地的一些表征物，如电影、电视、小说、录像、游记、旅游攻略等之后，可增加旅游者对旅游地的了解，增强其对旅游地的感知，进而帮助建构旅游者对旅游地的情感体验。在旅游中，旅游者通过与旅游地的物质环境和文化环境的"深度在场"和"深度互动"，建构自己对旅游地的各种情感体验。在旅游后，旅游者通过记录和分享自己的旅游心得，通过观看和分享自己的旅游照片或摄像来强化或重塑自己对旅游地的情感体验。

第二，旅游生产经营人员对旅游者地方依恋的建构作用。旅游生产经营人员对旅游者地方依恋的建构作用主要是通过制造景物标志以增加旅游地的吸引力并对其进行营销，促使旅游者地方依恋情感的产生。旅游生产经营人员通过诸如商业筹划、广告宣传等一系列活动和诸如旅游手册、旅游书籍等表征物，把原本平凡的地方筹划为充满故事的旅游消费地，进而对这些被故事化了的地方进行营销。[①] 要想把一个地方变为充满故事的旅游目的地，就要对旅游目的地的意义和价值进行建构，而这实际上就是文化生产，而文化生产就是符号。[②] 旅游者对旅游地的情感体验经过以上被初步建构。

第三，旅游相关行政部门对旅游者地方依恋的建构作用。旅游相关行政部门对旅游者地方依恋的建构作用主要有两方面：其一，对旅游目的地进行营销。旅游相关行政部门不仅自己，还经常与旅游生产经营部门联袂对目的地进行营销，在建构旅游者对旅游目的地意象的同时，创造旅游者对目的地的想象，从而影响旅游者对目的地的选择，这又将影响旅游者"深度在场"的实际体验。其二，调控闲暇时间。时间并不是纯粹的自然现象，而是被赋予了社会内容，是社会互动过的产物，即社会时间。闲暇时间是旅游前提条件之一，我国自从1995年起实行五天工作制，1999年10月开始又实施春节、"五一"、"十一"三个长假，使得我国的法定假日增加到114天。2007年国家法定节假日调整方案实施后，一年中又形成了"元旦"、"清明"、"端午"、"五一"、"中秋"五个分布均匀的小长假。在闲暇时间这种稀缺资源增加后，人

---

① A Chronis, "Between Place and Story: Gettyburg as Tourism Imaginary", *Annals of Tourism Research*, Vol. 39, October 2012, pp. 1797 – 1816.

② ［美］麦肯奈尔：《旅游者休闲阶层新论》，张晓萍等译，广西师范大学出版社2008年版，第123—128页。

们外出旅游的需要逐步增强。欲借环游各地以达到悦耳悦目、悦心悦意和悦志悦神，并已成为人们的一种精神追求。而这些闲暇时间和旅游意愿不仅是旅游产生的前提条件，同时也是旅游者地方依恋产生的前提条件。

第四，导游对旅游者地方依恋的建构作用。导游对旅游者地方依恋的建构作用主要体现在旅游者旅游时的"深度在场"阶段。俗话说，"祖国山水美不美，全靠导游一张嘴"。这便是导游及其语言对旅游者地方依恋建构作用的形象体现。语言是思想的前提。无论是过去还是现在，人们对世界的认识和理解不是来自客观"现实"，而是来自"他者"。① 对旅游者而言，导游语言讲解对旅游者的旅游地"深度在场"情感体验有着深刻的影响。因为生动、形象的导游讲解不仅是向旅游者传递有关旅游目的地的历史、地理、民情、风俗等知识信息，更是通过对这些知识信息背后的文化挖掘去引导游客发现美、了解美、欣赏美，以此激发游客对旅游地景观和文化的热爱，启发游客对地方的思维和想象力，引起游客对旅游地的共鸣，增加游客对旅游地的情感甚至依恋。

第五，目的地居民旅游者地方依恋的建构作用。众所周知，当地居民是旅游目的地人文旅游资源不可分割的一部分，是构成旅游目的地吸引力不可或缺的一个因素，也是影响旅游者地方依恋的一个重要方面。因此，旅游目的地居民也是旅游者地方依恋的建构主体之一。在当今泛旅游时代背景下，旅游者的旅游活动和空间泛化，人们外出旅游不一定都是前往那些著名、热点的旅游目的地，深度融入当地居民的生活中去"深度在场"体验当地独有的风土人情已经成为很多人的选择。从而，旅游者的旅游空间与目的地居民的生活空间不可避免地交叉、重叠。当地居民的生活方式、民情风俗、对旅游者的态度和行为等都对旅游者的地方依恋有着重要影响。

此外，其他组织或个人出自非旅游营销目的而生产出来的文化产品

---

① V Burr, *Social Constructionism*, New York, NY: Routledge, 2003, pp. 56 – 63.

（如电影、电视、音乐、小说、游记等）也对旅游体验的建构产生影响。① 因为以上文化产品在一定程度上起到了对某地或某地居民文化和信念的传播，加强了人们对其的感知，增加了目的地的吸引力。厄里（Urry）指出，人们之所以选择去凝视的地方，是因为他们期待，特别是通过幻想期待凝视的地方会带来愉悦感。而这种期待是可以被建构的，且通过如电影、电视、文学作品、杂志、录音和录像等非旅游的东西加以维系，正是这些非旅游的东西建构了旅游凝视并且强化着它。这种凝视是通过符号被建构起来的，而旅游就包含着这种符号的收集。

综上所述，旅游者地方依恋的建构主体不仅包括旅游者本人，还包括旅游相关行政部门、旅游生产经营人员、导游、目的地居民及其他组织或个人等，这些建构主体或以外显或以隐蔽的方式，或直接或间接地建构着旅游者对旅游目的地的依恋。

2. 旅游者地方依恋建构的客体与途径

旅游不像其他消费品，它具有不能储存、不能异地消费、不能试用等特点，这也就决定了旅游者旅游行为的实现首先是基于旅游者对旅游地的感知。因此，但凡旅游者需要对旅游目的地进行选择时，其头脑中出现的有关旅游目的地的形象，即对旅游目的地的印象感知起到了近乎决定性的作用。所以，旅游目的地的品牌形象被认为是旅游者对旅游目的地产生依恋的前提。因此，对旅游者地方依恋进行建构，首先需要对旅游目的地的品牌形象进行建构。众多旅游者表示，之所以选择某地作为旅游的目的地，除了对该地旅游形象有良好的感知和认同外，还因为该旅游地有着吸引旅游者前往的特定旅游吸引物。当然，旅游吸引物之所以对旅游者具有吸引力，很多时候并不仅仅因为景物本身的物理特性，更多的还因为这些景物传达了某种信息或承载了某种价值，如自由女神像是美国的象征、埃菲尔铁塔是巴黎的象征、万里长城是中国的象征等。可知，旅游吸引物也是旅游者地方依恋产生的前提之一。因此，对旅游者地方依恋进行建构，其次需要对旅游目的地的旅游吸引物进行

---

① 马天、谢彦君：《旅游体验的社会建构：一个系统论的分析》，《旅游学刊》2015 年第 8 期。

建构。此外，为旅游者营造一个友好的旅游目的地环境，让置身于这种环境中的游客切身感受到来自旅游目的地的热情和友好，让游客感受到舒适、安全并产生好感，可有效帮助旅游者对地方产生依恋。因此，对旅游者地方依恋进行建构，还需要建构友好型旅游目的地环境。最后，在大众传媒迅速发展的今天，对旅游者地方依恋进行建构，还应充分发挥社会媒介对旅游者地方依恋的建构作用。

（1）对旅游目的地品牌形象的建构

旅游地品牌形象是现实的旅游者在旅游地旅游后，或潜在旅游者通过各种媒体，如电视、杂志、广告和网络等而获得的关于旅游地的总体印象。这种总体印象其实是经过旅游者感知、判断和评价后产生的一种特殊信息符号，它能够引起和影响旅游者的思想或感情活动。旅游者在旅游过程中除了凝视旅游目的地的各种符号外，也在不断探寻这些符号的意义。而大众传媒又使得旅游目的地的形象符号及其意义以惊人的速度得以生产、传递和交流，加速唤起旅游者对旅游目的地的文化认同，从而促进旅游者对旅游目的地产生依恋。因此，在对旅游地品牌形象进行建构过程中，建构旅游目的地的形象符号并对其进行传播尤为关键。

第一，建构旅游目的地的形象符号。正是通过一系列符号的表征后，旅游地的品牌形象及其意义才得以被建立和识别。因而，旅游地的品牌形象可以通过对形象符号的建构而得以建构。旅游地品牌形象符号主要有品牌形象口号、标志、字体、字号、色彩、旅游宣传片和宣传册、建筑与环境、官方网站形象等。从而，对旅游地品牌形象的表征物进行建构，重点可从以下几方面进行：其一，品牌形象口号设计。品牌形象口号设计是旅游目的地品牌形象构建的重要内容，一个优秀的形象口号是对旅游目的地最凝练和精辟的表达。然而，设计出一条精彩的形象口号并不容易：它要求旅游形象口号不仅要充分表现出当地的特色，还要能够凸显时代特征；它要求形象口号使用的字词通俗、易懂，便于识别；它要求形象口号使用的字数简短并朗朗上口，便于记忆；它要求形象口号具有号召力或启发性等。虽然设计出优秀的旅游形象口号有一定难度，但它终究是有创意模式可遵循的。旅游形象口号创意模式可分为资源导向型和游客导向型两种①，资源导向型旅游形象口号着重从资源本身出发，提炼出区域内优质的旅游资源，以资源独特性为卖点，来达到宣传的效果。但是，资源导向型旅游形象口号创意的运用有一定的前提条件，即对处于旅游发展初期和旅游资源突出的旅游地比较适用。如 2001 年，浙江省提出"诗画江南，山水浙江"的旅游形象口号让浙江省走在了省域旅游形象设计的前列。该口号凝练地表达出了浙江省旅游资源"山水见长，文化著称"的优势，因为在浙江，无论是醉美的西湖，还是秀丽的雁荡山，或是浩渺的千岛湖，无不令人心驰神往。这样一个山水兼美、如诗如画的地方吸引了历史上众多的文人墨客驻足赞叹，并留下宝贵的文学作品，为这如诗如画的山水增添了文化内涵和灵性。游客导向型旅游形象口号是基于旅游者视角，从情感上刺激旅游者，促使旅游者增强对本区域的认同感和自豪感。如"好客山东"就是一个经典的例子。"好客山东"虽然只有寥寥四个字，但却被倾注了浓浓的感情色彩，给人以体验感、亲情感、友好感。似乎觉得山东不是一个陌生的地方，而是像极了自己的一位亲人或朋友。因此，该口号一经推出便得到广泛关注并产生良好效果：对于山东本地人而言，其对本省的认同感和自豪感得到增强；对于山东之外的外省人而言，一下子拉近了与山东省的距离，且大大加强了其对山东地域及地域"好客"精神内涵的认知。因此，设计旅游地的品牌形象口号时，遵循一定的创意模式，设计出优秀的旅游形象口号尤为重要。其二，色彩设计。色彩设计即灵活运用色彩的变化与对比来充分展现当地品牌形象。如在"多彩贵州"的标志中，可运用绿、红、蓝、黄、灰、白等多种色彩的搭配来体现贵州"多彩"的自然与人文资源。其中，绿、红、蓝作为标准色彩，辅以黄、灰、白三种配色。大面积地运用绿色渐变象征着生态的绿意盎然，红色渐变象征着民族的千姿百态，蓝色渐变象征着地貌的浑然天成。其三，建筑与环境设计。对建筑与环境进行设计时，应该注重保留与沿袭当地特色传统民居建筑形式，充分体现这些建筑上的美感

---

① 李燕琴、吴必虎：《旅游形象口号的作用机理与创意模式初探》，《旅游学刊》2004年第 1 期。

和空间感，并从材料、结构、功能和风格等多方面融入地方品牌形象的表征物。另外，应特别注意使建筑与环境融为一体、相辅相成，以增强地方的整体视觉效果。其四，官方网站形象设计。官方网站无疑是旅游地品牌形象的代言人之一，因此，官方网站的形象设计不容忽视。官方网站的形象设计中，应该统一运用品牌形象识别中的标志、口号、色彩等元素，科学设计网站版式，合理安排网站内容，要充分体现出官方网站的设计感、艺术感并且不失实用性，给访问官方网站的游客留下深刻的印象，起到较好的宣传效果。

第二，对旅游目的地的形象进行传播。旅游目的地的形象一旦确立，接下来便要通过多种途径对形象进行传播。如山东省在确立了"好客山东"形象后，为了很好地实现该品牌形象，政府将其写入各项工作报告、会议文件。2010 年，"好客山东"甚至被写进了《山东省旅游条例》，通过立法的形式确定"好客山东"的形象地位。① 在政府的高度重视和大力倡导下，"好客山东"理念在全省范围内被广泛认知，并在各行业全面渗透。不仅景区、饭店、旅行社等旅游行业积极践行"好客山东"的精神内涵，并将其作为企业文化来运作，推行"有问必答、有求必应、微笑迎宾"等服务规范。全省各城市、各行业也投身于"好客山东"品牌形象的传播中，举办了诸如"好客山东休闲汇"、"好客山东贺年会"等节事活动，进一步丰富和深化了"好客山东"的品牌形象内涵。"好客山东"之所以能成为一个家喻户晓的品牌形象，取得良好的品牌形象效应，是山东省政府主导传播、各行业支持传播、全社会形成合力传播的结果。

关于形象传播的具体策略，总结起来主要有广告传播、公共关系传播、节事活动传播、新媒体传播等。其中，广告传播主要有电视、电影、报纸、杂志、广播等传统大众传媒广告。公共关系传播策略主要是要协调旅游地与公众之间的关系，可采取新闻报道、新闻发布会、邀请媒体体验、参加旅游展销会、聘请旅游形象大使等方法来树立旅游地在

---

① 刘印河、冯维国：《万众一心共筑"好客山东"品牌》，《中国旅游报》2012 年 12 月 24 日第 12 版。

公众心目中的良好品牌形象。节事活动对旅游地形象可起到重要的宣传和促进作用，如湄洲妈祖文化节为莆田市亮出了一张旅游城市的名片。新媒体传播是一个相对概念，是相对于报刊、广播、电视等传统传播手段而言的，主要是指利用数字技术、网络技术，通过互联网的渠道及电脑、手机等终端，向受众传播信息的一种传播策略。相对于传统传播手段，新媒体传播具有诸多优势，如传播的成本更低、传播速度更快、目标更精准、互动性更强、内容更丰富等。因此，在当今移动互联网时代，新媒体传播手段越来越被广泛运用，如微博营销、微信营销、APP客户端营销等。在对旅游目的地的形象进行传播时，要注意将新媒体传播与传统传播方式相互搭配、有机结合，以实现形象传播的最佳效果。

（2）对旅游目的地吸引物的建构

而对旅游目的地的吸引物进行建构，首先需要明确何为旅游吸引物，其次才能谈如何构建的问题。

何为旅游吸引物？保继刚认为"旅游吸引物是指旅游地吸引旅游者的所有因素的综合，包括了旅游资源、适宜的接待设施和优良的服务，甚至还包括了快速舒适的旅游交通条件"。谢彦君认为，旅游吸引物是外延大于旅游资源的一个概念，包括了作为核心的旅游资源、旅游产品、旅游接待服务与设施、旅游者和旅游标志物。基于以上认识，笔者以旅游吸引物中的城市景观和传统民族文化的构建为例，来探讨旅游目的地吸引物的具体建构。

第一，城市景观的构建。城市景观是指存在于城市内的各种视觉事物、事件的总体，具体包括城市广场、公共公园、传统的商业街道、各种标志建筑等。城市景观是城市旅游吸引物的重要构成部分和重要的旅游资源。随着旅游者抵达城市并开始旅游，该座城市便开始扮演旅游目的地的地方身份，该城市的城市景观也就开始成为旅游景观，发挥着旅游景观的功能。作为"他者"的旅游者正是可以通过"在场"或"深度在场"来体验城市的旅游景观以感知城市的社会、文化与城市氛围等，并产生喜欢、兴奋、愉悦、认同等情感，而这些可有效促进旅游者对该城市依恋情感的产生。已有的研究也显示，良好的城市景观与地方依恋关系密切：景观认同对地方依恋中的地方认同维度有显著的正向影响①；咖啡屋、商业街区等城市建筑的整体景观性装饰对地方依恋的形成也有重要影响。②③ 因此，之于旅游者地方依恋的构建，旅游目的地的城市景观建设不容忽视。

良好的城市景观是在规划师、设计师、建筑师、建设者、使用者的合力参与和建设中得以形塑的。具体说来，在城市景观的构建中，以下个几方面尤其需要注意。其一，注意保护当地生态环境。城市旅游要做到可持续发展，对城市的生态环境保护是其重要前提。在建设城市景观时，必须保护好当地的生态环境。其二，充分展现当地的地域文化。城市独特的地域文化是构成一个城市内在品质的基础，是标识城市性格最传神的因素。诚如建筑界大师沙里宁说过："让我看看你们的城市，就知道你们在想什么。"为什么古城罗马、佛罗伦萨、威尼斯、巴黎、阿姆斯特丹、布鲁塞尔、巴塞罗那等地方总是那么吸引人？关键在于它们的个性和特征一直被中外建筑师所叹服。承载古徽州几千年文明史的徽派建筑也做到了这一点。徽派建筑流行于黄山市、婺源县等徽州地区和金华、衢州等浙西地区，建筑结构严谨、雕镂精湛、淡雅简约、兼容并蓄，集徽州山川之灵气，融汉族民俗之精华，充分体现了鲜明的地方特色，成为地方感和地域文化——徽文化的标志与象征。因此，在建设城市景观时，一定要充分了解并融入当地的地域文化个性和特征，充分展现当地的地域文化，独特的地域文化对于人们的记忆、偏好、依恋等具有重要的驱动作用。其三，加强配套基础设施建设。围绕城市景观的大骨架，通过加强对基础配套设施的建设，把城市景观的各组成部分有机、系统地连接起来。互为贯

---

① Qi Qiuyin, Yang Yang, Zhang Jie, "Attitudes and Experiences of Tourists on Calligraphic Landscapes: A Case Study of Guilin, China", *Landscape and Urban Pjarming*, Vol. 113, May 2013, pp. 128 – 138.

② MAR Tumanan, JRG Lansangan, "More than Just a Cuppa, Coffee: A Multi-dimensional Approach Towards Analyzing the Factors that Define Place Attachment", *International Journal of Hospitality Management*, Vol. 31, June 2012, pp. 529 – 534.

③ N Ujang, "Place Attachment and Continuity of Urban Place Identity", *Procedia-Socialand Behavioral Sciences*, Vol. 49, Februrary 2012, pp. 156 – 167.

通、相互呼应，增强城市景观的可进入性和整体感，有利于旅游者对旅游城市好感的产生。其四，传播城市景观的魅力。城市景观是旅游目的地的重要吸引物，在重视对景观吸引物进行建设的同时，还应综合运用各种传播媒体手段，积极传播景观的魅力，推广城市景观的形象，以吸引广大游客。

第二，传统民族文化的建构。民族文化是指由各民族在其生产、生活当中创造的、具有鲜明民族特点的文化，包括物质文化和精神文化。其中，物质文化包括饮食、衣着、住宅、生产工具等；精神文化包括语言、文字、文学、艺术、宗教、风俗、节日等。一说到传统的民族文化，浮现在人们脑海中的感知形象近乎都是古朴、神秘、原始等。但在经济和旅游高速发展的冲击下，一些传统民族文化的最初功能被弱化，其文化符号功能反而得以加强。因而，民族文化又被看作是一种符号系统，成为满足外来旅游者精神、生态需求的文化符号。旅游者正是通过感受这些符号信息来感知、体验它们所指代的民族旅游地独特、传统的文化内涵，使旅游者体会到美、独特和"心"的愉悦，从而产生共鸣、认同甚至依恋。旅游是人们对惯常居住地和日常生活的一种短暂"出场"。因而，总希望在旅游地的短暂"在场"能实现效用最大化，即在有限的时间里最大限度地体验民族文化的魅力。所以，对民族旅游文化符号系统进行建构，首先，应该在与其他民族文化比较的基础上，识别、选取最能体现自己民族文化精髓、对游客最具吸引力的符号信息。其次，对这些符号信息进行组合和建构，通过一系列的载体来传递、体现符号所蕴含的民族文化的专有性和标志性。这些载体大致可分为物象载体和事项载体两类，其中，物象载体主要包括民族建筑载体，如侗族的鼓楼、白族的三坊一照壁和四合五天井、傈僳族的千脚落地房等；民族服饰载体，如纳西族的披星戴月衣、蒙古族的蒙古袍、藏族的藏袍、满族的旗袍等；民族饮食载体，如白族三道茶、傣族的竹筒饭、藏族的青稞酒和酥油茶；此外，物象载体还有民族交通、民族工艺品等。事项载体主要包括民族舞蹈表演，如苗族的木鼓舞和古瓢舞、侗族的芦笙舞、彝族的阿西跳月、傣族的孔雀舞等；音乐表演载体，如纳西古乐、壮族歌圩等；民族节庆载体，如傣族泼水节、藏族的雪顿节等；此外，事项载体还有民族婚俗和宗教信仰等。最后，对构建好的民族文化符号载体进行宣传，使旅游者看到、感知到并依据这些符号载体，经过自身的"心理图构"来形成对旅游地的主观意象和旅游记忆。

（3）对友好型旅游环境的建构

人们外出旅游，本就是想放松心情、收获审美及愉悦。但每到旅游旺季，全国绝大部分热门景点都是人山人海、拥堵不堪。旅游服务质量也大打折扣，甚至旅游企业不诚信经营和交通安全事故频发。如此一来，严重影响了旅游者的审美体验和心理情绪，甚至让旅游者身心备受煎熬，以至于眼前的景色再美，也无心赏悦了。因此，为旅游者营造一个友好的旅游环境尤为重要。在这里，友好的旅游环境主要是指软件环境方面，例如：当地居民之间表现出的和睦融洽相处；当地居民对外来旅游者表现出的热情、好客；旅游服务人员为旅游者提供的优质服务；旅游经营人员对旅游者的诚信经营、童叟无欺……给予旅游目的地的"在场"旅游者以强烈的安全感和归属感，这样的旅游环境则可称为友好型旅游环境。

友好型旅游环境的构建只有在政府、旅游服务人员、旅游经营人员、当地居民等相关利益主体的通力合作下方能实现。因此，从利益相关者的角度出发，友好型旅游环境的建构可从以下方面进行：首先，从政府部门的角度出发，政府部门要履行好其政策引导、规范服务、强化监管等职能。尤其要对旅游旺季堪忧的旅游环境进行"提质增效"，引导游客合理分流。加强道路交通的运输量和运输力，尽量减少交通堵塞和交通事故。为旅游者营造一个畅通、安全的旅游环境。其次，从旅游服务人员的角度出发，旅游服务人员要不断提升自身的专业素质和服务水平，为旅游者提供优质的服务体验。再次，从旅游经营人员角度出发，旅游经营人员应该诚实经营，不降低服务标准、不出售假冒伪劣产品、不进行价格欺诈、不损害旅游者利益等，为旅游者营造一个放心消费的旅游环境。最后，从当地居民角度出发，应充分重视当地居民对旅游和旅游环境所能发挥的重要作用，并最大限度地争取当地居民对旅游发展的支持。当地居民对旅游和旅游环境的建设有重要作用，具体体现在，旅游地居民本身就是旅游目的地特殊的旅游资源和重要的利益相关者。在旅游发展过程中，当地居民会根据其对发展旅游的效益感知而形成对旅游发展的不同态度与行为：当感知旅游收益大于成本时，当地居民对旅游发展的支持度将有效提升，表现出热情好客、乐于参与旅游业、与各方利益相关者的摩擦与矛盾也会相应减少，从而游客所感知的旅游环境较好；当感知旅游收益小于成本时，当地居民将会排斥甚至抵触旅游发展，对游客抱怨、有敌意，与各方利益相关者产生摩擦与矛盾，从而游客所感知的旅游环境欠佳。此外，研究显示，当地居民的地方依恋越强，居民的旅游影响受益感知越强，其对旅游发展的支持度也就越高。因此，可通过对当地居民地方依恋的建构来促使其加入到旅游发展和友好型旅游环境建设过程中来，最大限度地得到当地居民的支持。具体策略为：通过保护当地的环境、加强建设基础设施和休闲娱乐设施、提供就业机会、增加收入和福利等来改良当地居民的生活环境，提高当地居民的生活水平，以此增强当地居民对所居住地的功能性依恋；旅游地社区可定期或不定期组织一些节庆或其他活动等，吸引当地居民和游客参加，增进居民之间、居民和游客之间的人际关系和情感联结，以此增强当地居民对所居住地的情感性依恋；在当地居民中积极开展与旅游相关的知识与技能教育，鼓励当地居民积极参与到旅游发展决策中来，加大当地居民的旅游参与度与支持度；通过利益共享，让居民真实感受到旅游发展带来的收益，可进一步加强当地居民的地方依恋和旅游参与度，进而提高他们的旅游发展支持度。

（4）充分发挥社会媒介对旅游者地方依恋的建构作用

从建构主义角度来说，社会现实都是可以被建构的。那么，建构现实就必须借助一定的媒介。语言、话语、学术、大众文化（如小说、电影）和大众媒体（如新闻、广告、网络）等均是社会建构的重要媒介。[1] 而旅游者地方依恋建构隶属于社会建构的内容，因而，在旅游者地方依恋的建构过程中，我们要充分发挥上述所说的各种媒介，尤其要

---

① 马凌：《旅游社会科学中的建构主义范式》，《旅游学刊》2011 年第 1 期。

充分发挥话语、大众文化和大众媒体的媒介作用。

首先，充分发挥话语的作用。话语指某种体系化的论述与语言。在法国思想家福柯看来，话语是指与社会权力关系相互缠绕的具体言语方式。在旅游场域，大量的图片、文本、声像、文件、口头语言等构成了旅游话语的表现形式。根据旅游信息媒介物的不同，"隐性介体"视角下（隐性介体是指处于旅游服务后台，不直接与游客接触，但在旅游形象与旅游吸引物构建等方面扮演"操盘人"角色的各媒体、摄影师、旅游规划机构、旅游行业协会、政府及旅游相关部门、旅游投资公司、旅游研究者、旅游评论家等），旅游话语可分为四种类型，它们分别是：独立性旅游话语（如图片、评论、旅行日志等）、专业性旅游话语（如旅游规划文本、旅游研究成果、对地方性知识的解释）、商业性旅游话语（如旅游广告与宣传）和消费性旅游话语（如旅游地图、旅游指南、旅游节目）①，这些旅游话语对旅游者地方依恋有着或直接或间接的建构作用。王宁认为旅游话语的建构作用主要体现在以下五个方面：其一，旅游话语对旅游者旅游动机的建构。旅游者旅游动机之所以从潜在变成现实，旅游话语起着不可忽视的形塑作用。其二，旅游话语对旅游趣味的建构。旅游话语不仅有助于旅游者决定去或不去旅游，还有助于旅游者决定去哪儿旅游，参加哪些旅游活动等。其三，旅游话语对旅游吸引物的建构作用。旅游话语对旅游吸引物的形象建构有着重要作用，它是一种将旅游吸引物加以理想化的机制。其四，旅游话语对旅游体验的建构作用。旅游话语对人们的观看方式有着直接影响，并告诉人们在目的地应该体验什么以及如何体验。其五，旅游话语对旅游者群体的分化起着建构作用。随着话语体系发生分化，旅游者也随之分化，分属于不同的"话语圈"，其动机、趣味与体验模式越来越与该话语圈内趋向一致，而与其他话语圈则趋于不同或分化。

其次，充分发挥大众文化的作用。大众文化，如文学小说、诗歌、

---

① WC Gartner, "Image Formation process", *Journal of Travel and Tourism Marketing*, Vol. 2, February 1994, pp. 191 - 216.

影片、电视剧等对旅游吸引物的建构作用显而易见，并通过对旅游吸引物的中介作用来作用于旅游者的地方依恋。一些原本毫不起眼或名不见经传的地方，因为一些文学小说、诗歌、影片、电视剧等而名声大振，成为热捧的旅游地，得到旅游者的青睐。比如说，沈从文的乡土小说《边城》是对以凤凰为代表的湘西旅游地影响最大的文学作品。沈从文凭借自己对故乡的热爱与文学才华，将自己魂牵梦萦的故土描绘得如诗如画，如梦如歌，荡气回肠。构建了人们精神世界中的"湘西世界"，成为无数读过其作品的读者的"理想国"和心灵的"圣地"①，并吸引着这些读者前往湘西，要么追寻作家在"理想国"和"圣地"的生活轨迹，要么寻找《边城》等小说中所描述的各个地方，要么出于对《边城》和作者沈从文的特殊情怀而对作者及其文学作品的相关地进行旅游……这些实质上都是旅游者对小说《边城》中所描述的凤凰等湘西旅游地的一种认同、向往、爱恋等情感的抒发。

最后，充分发挥大众媒体的作用。大众媒体是指在信息传播过程中处于职业传播者和大众之间的媒介形式，它既包括广播、电视、报纸、杂志等传统媒介，也包括利用数字技术、网络技术发展兴起的各种网络媒体、户外媒体、手机媒体等新媒体形式。这些大众媒体通过塑造地方形象、宣传旅游吸引物等的中介作用对旅游者地方依恋产生间接的影响。因此，在对旅游者地方依恋的建构过程中，要充分发挥大众媒体的作用。例如：杂志这种媒体，读者群稳定，针对性强，还可通过文字与图片的结合，达到图文并茂、生动形象的效果，再结合个性、新颖、特别的旅游选题，可为地方增加神秘感。相对于杂志，电视媒体的覆盖面更广，表现力更强、更丰富。电视可通过视听兼备、声画统一的旅游宣传片、旅游广告、旅游纪录片等方式来传播旅游地的吸引物，给人以身临其境和心神向往之感；在各大众媒体形式中，电影可以说是最能触动人心的一种媒体。它不仅能完美融合文字、图片、视频和音频等要素，还通常以音效和影效来吸引观众的注

---

① 刘晨、朱竑、安宁：《文学旅游地的社会文化建构：以凤凰古城为例》，《旅游学刊》2014 年第 7 期。

意力，诉诸观众的内心需求，走进观众的内心世界，带给人以愉悦的情感。相应地，电影中出现的旅游场景或旅游地自然也成为人们向往和追寻之地。

相较于传统媒体，新媒体在旅游信息传播的速度和便捷性等方面有着传统媒体无法比拟的优势。新媒体传播能够实现网民真正参与传播，且能够实现网民之间高度自由和互动。从而，构建起一个人人可以传播、人人可以共享的四通八达的庞大公共空间，并能实现病毒式高效传播效果。在旅游语境下，广被运用的新媒体主要有旅游博客、旅游微博、旅游微信等。旅游博客间接作用于旅游地形象的传播，博主可通过记录并分享自己的旅游经历、观点、情感，介绍旅游地的资源、美食、购物、地方特产，描述旅游地所提供的产品、服务信息等向其他网民传递有关旅游地的信息，其他网民借此获得了对该旅游地的初步形象认知甚至转载，或引用该博客信息，从而对旅游地形象又进行二次传播，以此循环往复，可实现病毒式高效传播效果。与旅游博客相比，旅游微博的传播方式更加多样、简单。因其以小博大、成本较低、传播快捷等特点。众多国内外官方旅游主管部门、知名旅游机构、景区（点）等均开设官方微博账号，加强与网民互动、宣传地方旅游形象。在互联网时代，旅游微信已成为一种全新的新媒体形式，具有互动性强、信息传播快捷、点对点精准营销、反馈及时等特点。旅游微信可以通过旅游微信公众号和朋友圈来实现对旅游地形象的传播。旅游微信公众号已经成为旅游管理部门、景区、旅行社、旅游相关经营户等首选的宣传渠道。他们通过旅游微信公众号可以发布时效强且权威性信息，可以解读相关政策，可以推送旅游地的旅游攻略、线路推广、产品特色等；朋友圈则不仅是个人找寻心灵回应的开释空间，还是人们分享旅游的"直播间"。人们通过文字、美图、视频等"晒"出自己旅游的所见、所闻、所思和所悟，引起好友的艳羡，激发好友对相约一起潇洒旅行的向往。总之，不管是旅游微信公众号还是朋友圈，已经浸透到旅游地传播的各个方面，不仅可实现旅游地旅游资源的推介和营销，还可实现对旅游地品牌形象的推广。

在新媒体背景下，本土微电影这种创新媒体，因准入门槛低、题材丰富、方便观赏、叙事性强，已经成为城市形象宣传的新视角和有益补充。本土微电影开端于本土城市，本土创作人员凭着自己对本土文化的深刻感知，从故事的编撰、场景的筛选、拍摄的角度、剪辑的方法等诸多方面深刻描述着所在城市的人物和事物，充分挖掘着城市的地方感，使它成为具有特殊象征意义或值得记忆或值得情感依附的地方，从而创造出独特的地方感审美和地方依恋。

八　旅游者的认知差距、情感与其场所依恋的关系研究——以都江堰为例

（一）研究背景

"人与场所之间存在着某种依恋关系"是一种广泛存在的客观现象，这一现象最早是被观察于人们的"思乡情结"。20世纪60年代以来，学者们就不断地对其进行着探索，就概念的演化来看，赖特（Wright）首创"敬地情结"（geopiety）一词，用以表示人对地理空间产生的深切敬重之情。段（Tuan）提出"恋地情结"（Topophilia），之后瑞夫（Relph）又提出"场所感知"（sense of place）一词，直至威廉姆斯和罗根布克（Williams & Roggenbuck）提出"场所依恋"（place attachment）的概念，并对此作出了系列研究，"场所依恋"这个概念被人们广泛认可并基本固定下来，90年代初开始被应用于游憩领域的研究。

"场所依恋"是指人与场所之间基于感情（情绪、感觉）、认知（思想、知识、信仰）和实践（行动、行为）的一种联系，其中，感情因素是第一位的。学者们分别从环境心理学、人文地理学和社会学等专业背景出发，以不同的视角对"场所依恋"进行着理论和实证研究。国外理论研究关注的焦点集中在"场所依恋"的概念、维度和组成上，威廉姆斯等（Williams et al.）无疑是最为杰出的代表，他们不仅提出了"场所依恋"的概念，还将"场所依恋"解构成"场所依靠"和"场所认同"两个层面，并科学地设立了"场所依恋"

量表，为量化"场所依恋"做出卓越贡献。① 随后的研究者在解构"场所依恋"上继续做出卓有成效的努力，哈密特和斯蒂威特（Hammitt & Stewart）认为熟悉感、归属感、认同感、依赖感到根深蒂固感五个由浅至深的感情共同组成了"场所依恋"，并设计了量表用以测定这五种强度不同的"场所依恋感"。雷拉和罗伯特（Leila Scannell & Robert Gifford）认为"场所依恋"是由"人—心理过程—场所"三个方面构成，其中，"人"包括个人或集体的决定，"心理过程"由情感、认知和行为组成，"场所"的重点在于人所依恋的这个场所的特点，如自然或社会特征等。实证研究中，"场所依恋"理论被广泛应用于户外游憩地、公园、遗产地等，被研究的"场所"遍布美国、欧洲和亚洲，成果丰富。学者们常以游憩者和当地居民两个角度入手，采用多种数理统计方法，讨论"场所依恋"的程度，揭示活动涉入程度、影响因素、游憩动机等因子与场所依恋的关系，得到许多有价值的结论。②

第一次以游憩角度将"场所依恋"概念引入到国内的是黄向和保继刚，他们用数学方法表示"场所依恋"的结构，并构建了"场所依恋"理论的 CDEEM 研究框架。③ 唐文跃撰文介绍了地方感研究进展及研究框架，将"地方依恋"作为一个重要内容进行阐述④，后又以皖南的三个古村落为例，探讨了当地居民的场所依恋与资源保护态度之间的关系。⑤ 周慧玲阐述了"场所依恋"在旅游业的利用。赵多平、王兴中指出康体保健型休闲娱乐场所使用者的主体性价值观、感

① DR Williams, ME Patterson and JW Roggenbuck, "Beyond the Commodity Metaphor: Examining Emotional and Symbolic Attachment to Place", *Leisure Sciences*, Vol. 14, January 1992, pp. 29–46.

② G Kyle, A Graefe and R Manning, et al, "Effect of Activity Involvement and Place Attachment on Recreationists' Perceptions of Setting Density", *Journal of Leisure Research*, Vol. 36, February 2004, pp. 209–231.

③ 黄向、保继刚、Wall Geoffray：《场所依赖（place Attachment）：一种游憩行为现象的研究框架》，《旅游学刊》2006 年第 9 期。

④ 唐文跃：《地方感研究进展及研究框架》，《旅游学刊》2007 年第 11 期。

⑤ 唐文跃、张捷、罗浩等：《古村落居民地方依恋与资源保护态度的关系——以西递、宏村、南屏为例》，《旅游学刊》2008 年第 10 期。

知、意象性以及活动时间、频次与此类场所的空间认知关系，继而总结出基于人文主义场所观的城市康体保健型休闲娱乐场所认知结构。周慧玲、许春晓提出了旅游者"场所依恋"的形成机制并对其进行了严密的思辨。①

梳理国内外文献可以发现，对"场所依恋"的研究重在概念和描述型研究上，而在解释型、评估型研究和方法论上尚待加强。同时，国内的研究无论从数量还是质量上，与国外还有一定的差距，因此，对此问题还有进一步研究的空间和可能。"场所依恋"理论对旅游业经营与管理有巨大的指导作用已得到广泛认可，本书对"认知差距"（旅游者对某一旅游目的地的游后认知与游前期望之间的差距）、"情感"与旅游者"场所依恋"的关系作一个定量分析，一方面可验证"场所依恋"的定义，补充和丰富"场所依恋"的研究内容；另一方面可以让旅游目的地精确了解三者的关系，以便更有针对性地提高旅游者对该地的"场所依恋"水平，使其"贡献更多的金钱与时间"②。

（二）研究设计

1. 研究假设

根据"场所依恋"的定义，作出如下假设：

H1："情感"对"场所依恋"具有正向影响；

H2："认知差距"对"场所依恋"具有反向影响。

2. "认知差距"、"情感"与"场所依恋"的关系概念模型

根据以上分析，本研究构建了"认知差距"、"情感"与"场所依恋"的关系概念模型，如图6-3所示。该模型是具有因果关系的结构方程模型，包括结构模型和测量模型两个部分，结构模型包括三个潜变量："认知差距"、"情感"和"场所依恋"（用椭圆表示）。其余的则是测量变量（用方框表示）。其中"情感"和"认知差距"的测量指

---

① 周慧玲、许春晓：《旅游者"场所依恋"形成机制的逻辑思辨》，《北京第二外国语学院学报》2009年第1期。

② RL Moore and AR Graefe, "Attachments to Recreation Settings: the Case of rail-trail Users", *Leisure Science*, Vol. 16, January 1994, pp. 17 – 31.

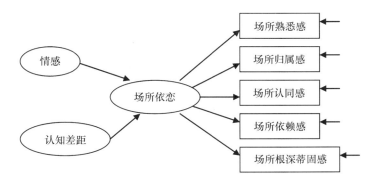

图 6 - 3　"认知差距"、"情感"与"场所依恋"的关系概念模型

标是通过预调查后得出，在此没有列出。

3. 调查设计

本研究采用封闭式调查问卷，施测于都江堰景区的旅游者，都江堰是全世界迄今为止，年代最久、唯一留存、以无坝引水为特征的宏大水利工程，选择此地作为施测地点是因为景区的面积适中、游客流量大且游览线路是一条闭合环线，方便调查且可控性较高。调查结果可帮助该景区把握游客的"情感"、"认知差距"和"场所依恋"现有水平，在分析三者关系的基础上，有针对性地提出提升该地旅游者"场所依恋"水平的对策，为都江堰旅游业的震后恢复尽绵薄之力。

本研究分为预调查和正式调查两次调查，问卷调查表详见附录 D，时间为某年 7 月至 12 月，本研究所有量表均采用里克特五点量表法，其中 1 分——非常不同意，2 分——不同意，3 分——一般，4 分——同意，5 分——非常同意。

第一次调查为预调查，主要是为了提炼"认知差距"和"情感"的主因子，共发放问卷 50 份，回收 47 份，回收率 94%，其中有效问卷 41 份，有效率 87.2%。从旅游目的地的角度来看，影响旅游者认知评价的因素一般来说包括三个方面：一是旅游产品（即旅游吸引物的质量和类型、独特性等）；二是旅游从业人员的行为和态度；三是旅游环境（如食宿条件、旅游安全等）。因此，在预调查中，根据以上三个方面共设计了 15 个选项，并对收集上来的数据进行因子分析后，将主因子用于正式调查中。具体分析过程详见后文。

"情感"量表采用伊扎德的情绪体验主观评定方法中的分化情绪量表（DES）[①]，考虑到旅游者旅游过程中"害羞"情感出现的可能性极小，因此，根据实际情况，决定剔除"害羞"这个指标，从其 10 种基本情绪中精选了 9 种，包括了兴趣、愉快感、惊奇感、痛苦感、愤怒感、厌恶感、轻蔑感、恐惧感和内疚感。对收集上来的数据进行因子分析后，将主因子运用在正式调查中，具体分析过程详见后文。

第二次调查则是正式调查，调查问卷共分三个部分：第一个部分为人口统计的基本特征。第二个部分为"场所依恋"量表，利用哈密特和斯蒂威特（Hammitt & Stewart）设计的"场所依恋"五层面量表，即场所熟悉感、场所归属感、场所认同感、场所依赖感和场所根深蒂固感[②]，用于测量旅游者的场所依恋水平。第三个部分为"认知差距"和"情感"量表，采用预调查中经因子分析后的"认知差距"主因子和"情感"主因子。正式调查共发放问卷 350 份，回收问卷 321 份，回收率为 91.7%，其中有效问卷为 302 份，有效率为 94%。

4. 研究方法

本研究先使用 SPSS 软件进行 R 型因子分析，提取"认知差距"和"情感"的主因子，因子分析是从具有共线性的多个变量中筛选出少数几个变量，它们概括了原始变量观测值中绝大部分信息，使用这些变量建立的回归方程能再现原始变量之间的关系。然后通过 LISREL 软件进行结构方程模型的研究，结构方程模型是在已有的因果理论基础上，用与之相应的线性方程系统表示该因果理论的一种统计分析技术，目的在于探索事物间因果关系并将这种关系用因果模式、路径图等表述，因而，可验证本研究所建构的"场所依恋"与"认知差距"、"情感"的因果关系。

---

① 孟昭兰：《情绪心理学》，北京大学出版社 2005 年版，第 127—141 页。

② DR Williams and JW Roggenbuck，"Measuring place attachment：Some preliminary results"，*Proceeding of NRPA Symposium on Leisure Research*，San Antonio，TX，1989.

（三）预调查中的因子分析

1. "认知差距"的因子分析

对"认知差距"量表作因子分析，对其 15 个测量变量进行巴特利特球形检验，KMO 值为 0.798 > 0.7，可认为这 15 个变量适合进行因子分析，最后提取出 5 个主因子，累积方差贡献率为 82.834%，说明 5 个因子对原有的 15 个变量具有 82.834% 的解释能力，各因子和全体变量都具有较好的内在一致性。因子 1 包括 2 个测项，即景观质量和景观独特性，其因子载荷分别为 0.839 和 0.764，累积贡献率为 42.141%，可概括为景观质量。因子 2 只包括 1 个测项，即景区文化展示，其因子载荷为 0.933，累积贡献率达到 57.858%。因子 3 包括 4 个测项，即景区环境卫生、旅游安全、从业者的行为与态度和食宿条件，因子载荷分别为 0.927、0.884、0.884、0.583，累积贡献率为 68.382%，可命名为旅游环境。因子 4 包括 3 个测项，即景区通信、景区道路和景区建筑，因子载荷分别为 0.931、0.773、0.690，累积贡献率达到 75.859%，可总结为景区基础设施。因子 5 包括 5 个测项，即景区管理、资源保护、可进入性、景区购物和景区游览线路，因子载荷分别为 0.862、0.847、0.809、0.745、0.740，累积贡献率达到 82.834%，可命名为景区管理，将此 5 个因子运用在正式调查的"认知差距"量表中。

2. 预调查中"情感"量表因子分析

与上述分析相同，对"情感"的 9 个测量变量作因子分析，其中 KMO 值为 0.787 > 0.7，累积方差贡献率为 79.035%，最后提取了 3 个主因子，因子 1 包括 6 个测项，即痛苦感、愤怒感、厌恶感、轻蔑感、恐惧感和内疚感，因子载荷分别为 0.755、0.863、0.907、0.834、0.642、0.573，累积贡献率为 40.442%，可命名为负面情绪。因子 2 包括 2 个测项，包括兴趣和惊奇感，因子载荷为 0.838 和 0.832，累积贡献率为 64.7%，可概括为兴趣。因子 3 只含 1 个测项，即为愉快感，因子载荷为 0.883，累积贡献率为 79.035%。将此 3 个因子运用在正式调查的"情感"量表中。

（四）测量模型修正

正式调查对象中男女比例大体相当，且以中青年、汉族为主；样本的学历分布在高中到本科层次，职业以企事业管理人员居多；样本的家庭人均月收入在 1000 元以上的比例较大，收入颇丰；成都和重庆旅游者占据调查对象的六成以上，说明都江堰景区目前以周边短程旅游者居多，调查数据与都江堰市旅游局掌握的情况基本符合，能代表都江堰旅游者总体情况。"认知差距"、"情感"和"场所依恋"三个量表的克朗巴哈α系数分别为：0.875、0.855 和 0.918，均大于 0.8，量表设计体现了较高的信度。

使用 LISREL 8.7 软件，利用正式调查数据进行验证性因子分析（CFA），检验观测变量对潜变量的影响显著性程度，即观测变量是否正确地测量了潜变量。观测变量的因子载荷表示观测变量对潜变量的相对重要程度，从表 6 - 1 可以看出，"认知差距"中的景区基础设施，"情

表 6 - 1　　　　　　　　　　　测量模型效度分析

潜变量	观测变量	标准化载荷	复相关系数平方	误差方差
认知差距	景观质量	0.61	0.55	0.42
	景区文化展示	0.73	0.58	0.46
	旅游环境	0.51	0.30	0.53
	景区基础设施	0.36	0.36	0.65
	景区管理	0.64	0.56	0.46
情感	负面情绪	0.38	0.52	0.55
	兴趣	0.62	0.68	0.40
	愉快感	0.65	0.60	0.47
场所依恋	场所熟悉感	0.72	0.53	0.44
	场所归属感	0.61	0.54	0.32
	场所认同感	0.63	0.52	0.47
	场所依赖感	0.67	0.50	0.43
	场所根深蒂固感	0.66	0.55	0.48

感"中负面情绪标准化载荷值小于 0.5，其余因子都符合大于 0.5 的标准。各主因子的复相关系数平方是说明测量变量对潜变量的解释能力强弱的，除了"认知差距"中的旅游环境、景区基础设施以外，均大于 0.4，说明各因子较好地测量了所属的潜变量。

一般认为，模型整体拟合程度可通过规范拟合指数（NFI > 0.9）、拟合优度指数（GFI > 0.9）、调整后的拟合优度指数（AGFI > 0.9）、近似均方根残差（RMSEA < 0.08）、不规范拟合指数（NNFI > 0.9）等指标来反映。分析发现，原模型中的 GFI 和 AGFI 值小于 0.9，不符合拟合要求，可考虑对原模型进行修正。表 6 - 1 显示，"认知差距"中的景区基础设施和"情感"中的负面情绪完全标准化载荷小于 0.5，"认知差距"中的旅游环境和景区基础设施的复相关系数也特别低，小于 0.4，两者和负面情绪的误差方差也相对较高，因此，本研究决定删除这三个变量，修正后模型的拟合指标达到所规定的标准，且都要好于原模型，修正前后的拟合指标值列入表 6 - 2，因此，结构模型采用修正后的模型。

表 6 - 2　　　　　　　　**原模型与修正模型的拟合指数比较**

测量模型	NFI > 0.9	NNFI > 0.9	GFI > 0.9	AGFI > 0.9	RMSEA < 0.08
原模型	0.96	0.90	0.84	0.86	0.067
修正模型	0.97	0.90	0.92	0.94	0.050

（五）结构模型检验及结果

1. 结构模型检验

为了使模型具有识别性，在构建模型时使用了固定负荷法在每个潜变量中选择一个可测指标负荷固定为 1，如表 6 - 3 所示，参数估计时，要检验估计值是否显著不等于 0，一般可简单地取 T 值大于 2 为显著，从表 6 - 3 可以看出，各个可测指标的因子负荷的 T 值的绝对值明显大于 2，表明各个因子负荷是显著的，各个因子所包含的指标较好地反映了因子特征。

寻找理想与深度在场

表6-3   因子负荷参数估计值

潜变量	可测变量	因子负荷参数估计值	T 值
情感	兴趣	1.00	
	愉快感	1.20	14.18
认知差距	景观质量	1.00	
	景区文化展示	1.52	8.4
	景区管理	1.58	8.57
场所依恋	场所熟悉感	1.00	
	场所归属感	0.96	11.20
	场所认同感	0.79	9.34
	场所依赖感	0.49	6.71
	场所根深蒂固感	0.59	8.38

潜变量间的影响参数估计值见表6-4。假设1（"情感"对"场所依恋"有正向影响）和假设2（"认知差距"对"场所依恋"有负向影响）的T值的绝对值均大于2，两个假设均被接受。

表6-4   潜变量的影响参数估计值

假设	影响参数估计值	T 值	是否显著	假设检验
"情感"对"场所依恋"有正向影响	0.56	4.98	显著	接受
"认知差距"对"场所依恋"有负向影响	-0.59	-3.13	显著	接受

2. 结构模型结果

模型中各变量间的路径系数如图6-4所示，图中显示："认知差距"对"场所依恋"的路径系数为负，具有反向影响，"情感"对"场所依恋"的路径系数为正，具有正向影响，假设1和假设2被证实。

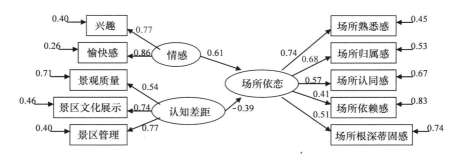

图6-4 "认知差距"、"情感"与"场所依恋"的结构模型结果

（六）结论及展望

通过以上分析，可得如下结论：（1）"情感"对"场所依恋"确有正向影响（路径系数为0.61），"认知差距"对"场所依恋"确有反向影响（路径系数为-0.39），因而用数理分析验证了"场所依恋"的概念，且正向影响的绝对值要大于反向影响的绝对值，由此可知，旅游者在该地旅游时所产生的正面情绪可冲淡营销宣传与实际旅游体验的差异所带来的不快，都江堰应该努力提高服务水平，促使旅游者正面情绪的产生，方能更有利于旅游者对该地产生"场所依恋"。（2）"场所依恋"各测量指标的影响系数从高到低依次排列为："场所熟悉感"（0.74）、"场所归属感"（0.68）、"场所认同感"（0.57）、"场所根深蒂固感"（0.51）、"场所依赖感"（0.41），除"场所根深蒂固感"外，符合随着"场所依恋"程度的加深，影响系数依次减小的规律，说明游客对都江堰的"场所依恋"水平还处于较低层次，需进一步提升且空间较大。（3）"认知差距"各测量指标的影响系数按从高到低排列依次为："景区管理"（0.77）、"景区文化展示"（0.74）、"景观质量"（0.54）。说明夯实管理、加强景区文化展示，对提高都江堰的"场所依恋"水平更有贡献。（4）"愉快感"对"情感"的影响系数（0.86）要高于"兴趣"对"情感"的影响系数（0.77），因此，加强游客在都江堰旅游时实际的"愉快"体验对提高"场所依恋"很有帮助。

总之，文章以定量的方式证实了本研究提出的两个假设。而对于都江堰这个个案来说，旅游工作者应该清醒地认识到，该地游客的"场所依恋"水平还处于较低层次，进一步提升有很大的可能和空间，进而可提高游客对该地的美誉度和回头率。震后的都江堰要想提高游客的"场所依恋"水平，在当前形势下可分两步走：第一步，若资金短缺，可维持现有景观质量，注重景区管理，合理进行文化展示，加强游客的"愉快"体验，可促进"场所依恋"水平的提高。第二步，在突破资金壁垒后，再建设景观质量，促使游客的"场所依恋"水平更上一层楼。未来还应对都江堰旅游者的"场所依恋"水平做时间序列上的动态研究，监测旅游者的"认知差距"、"情感"与"场所依恋"的关系，揭示其历史演变规律。

附　录

附录 A

地方感的访谈提纲

1. 观察性别，做好记录
2. 您的年龄和职业
3. 您是否对某个地方有感情
4. 这个地方是否是您的家乡
5. 是什么原因才使您有这样的感情
6. 这个地方您是否去过
7. 如果去过，您去过几次
8. 如果没有去过，您是否想去这个地方

附录 B

居民的旅游目的地类型偏好调查表

请根据您的实际情况在相应的选项上打"√",本次调查的所有数据仅用于学术研究,所有资料将会严格保密,敬请放心填写,非常感谢!

1. 您的性别是 (　　)

(1) 男　　　　　　　　(2) 女

2. 您的家庭月收入为 (　　)

(1) 少于 300 元　　(2) 301—500 元　　(3) 501—1000 元

(4) 1001—2000 元　(5) 2001—3000 元　(6) 3001—4000 元

(7) 4001—5000 元　(8) 5000 元以上

3. 您的家庭结构为 (　　)

(1) 单身　(2) 结婚无子　(3) 三口之家

(4) 与父母生活　(5) 三代同堂

4. 您的文化程度是 (　　)

(1) 初中及以下　　(2) 高中　　(3) 大专

(4) 本科　　(5) 研究生

5. 您对下列类型的旅游目的地的偏好程度为:

旅游目的地类型	最不偏好	不偏好	一般	偏好	最偏好
自然山水					
热闹都市					
清静乡村					
宗教圣地					
古城古镇					
休闲娱乐					

附录 C

旅游形象广告效果调查表（一）

请根据您的实际情况在相应的选项上打"√"，本次调查的所有数据仅用于学术研究，所有资料将会严格保密，敬请放心填写，非常感谢！

1. 您的性别：（1）男　　（2）女

2. 您的年龄：

（1）14 岁以下　　（2）15—17 岁　　（3）18—30 岁

（4）31—44 岁　　（5）45—59 岁　　（6）60—74 岁

（7）75 岁以上

3. 您的文化程度是：

（1）小学及以下　　（2）初中　　（3）高中或中专

（4）大专或本科　　（5）研究生

4. 您目前的主要职业：

（1）国家公务员　　　（2）商务管理人员

（3）专业技术人员　　（4）工人

（5）农民　　（6）军人　　（7）服务和销售人员　　（8）教师

（9）学生　　（10）个体经营者　　（11）离退休人员　　（12）暂时无业

5. 您家庭的人均月收入：

（1）少于 300 元　　（2）301—500 元　　（3）501—1000 元

（4）1001—2000 元　　（5）2001—3000 元

（6）3001—5000 元　　（7）5000 元以上

6. 请对以下的句子进行评价，在相应的区域里打勾。

题项	完全不同意	不同意	一般	同意	完全同意
对于我来说旅游很重要					
我认为旅游很有趣					
旅游和我很有关系					
旅游能够使我很兴奋					
旅游对于我来说很有意义					
旅游是很迷人的活动					
我对旅游的信息很投入					
我很需要旅游活动					

7. 以下每行的两个形容词分别表示两种相对的情绪，尽管这两个词并不是完全相反，但请仔细考虑，你可能会发现，其中一个词比另一个词更能准确地反映你看了这则广告后的情绪，请在相应的数字上打勾。

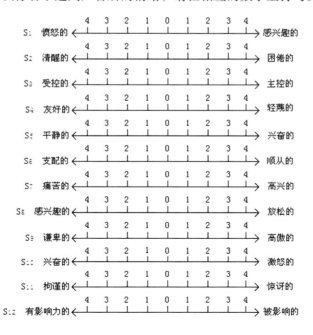

8. 您以前看过这个广告吗？（1）是　（2）否

9. 您以前去过广告中的城市吗？（1）是　（2）否

10. 看了这则广告后，您对下列句子的看法是什么，请在相应的区域里打勾。

题项	完全不同意	不同意	一般	同意	完全同意
我对广告有比较完整的印象					
我能清楚地记得广告中的人物					
我能清楚地记得广告中的场景					
我能清楚记得广告所宣传的城市名					
我能清楚地记得广告的背景音乐					
我能清楚地记得广告的旁白					
我能清楚地记得广告中的广告语					
我能理解广告的诉求					
我觉得这个广告很吸引人					
我觉得这个广告传递的信息很清楚					
我觉得这个广告的创意很独特					
我很喜欢这个广告					
未来我会关注广告中宣传的城市					
我会到这个城市去旅游					
我会向周围的人推荐到这个地方去旅游					

附录 D

预调查表

请根据您的实际情况在相应的选项上打"√",本次调查的所有数据仅用于学术研究,所有资料将会严格保密,敬请放心填写,非常感谢!

1. 请根据您游览都江堰时的现实意象与期望意象差距,在下列条目的相应地方打勾。

题项	与期望意象的差距				
	最小	小	一般	大	最大
旅游安全					
景区建筑					
景区环境卫生					
景区道路					
景区管理					
景区可进入性					
景区通讯					
景区游览线路					
景观独特性					
景观质量					
资源保护					
食宿条件					
景区文化展示					
从业者的行为与态度					

2. 下面列举了八种基本情绪，请就您在都江堰游览时的实际情绪，在相应的程度上打勾。

基本情绪	无	较弱	一般	较强	极强
兴趣					
愉快感					
惊奇感					
痛苦感					
愤怒感					
厌恶感					
轻蔑感					
内疚感					

都江堰游客场所依恋调查表

请根据您的实际情况在相应的选项上打"√"，本次调查的所有数据仅用于学术研究，所有资料将会严格保密，敬请放心填写，非常感谢！

1. 您的年龄是：

（1）14 岁以下　（2）15—24 岁　（3）25—44 岁

（4）45—65 岁　（5）65 岁以上

2. 您的性别是：（1）男　（2）女

3. 您的文化程度是：

（1）小学及以下　（2）初中　（3）高中或中专

（4）大专或本科　（5）研究生

4. 您的职业是：

（1）工人　（2）学生　（3）公务员　（4）农民

（5）军人　　（6）教师医师律师　　（7）企事业管理人员

（8）服务人员或销售人员　　（9）离退休人员

（10）专业技术人员　　（11）其他

5. 您的家庭在去年的人均月收入情况是：

（1）499 元以下　　（2）500—999 元　　（3）1000—1999 元

（4）2000—2999 元　　（5）3000 元以上

6. 您的民族状况是：（1）汉族　　（2）少数民族

7. 您来自_____省_____市

8. 下面列举了三种基本情绪，请就您在都江堰游览时的实际情绪，在相应的程度上打勾。

基本情绪	无	较弱	一般	较强	极强
兴趣					
愉快感					
负面情绪如痛苦等					

9. 请根据您游览都江堰的现实意象与期望意象认知差距，在下列条目的相应地方打勾。

问项	与期望意象的差距				
	最小	小	一般	大	最大
景观质量					
景区文化展示					
景区基础设施					

10. 回去后，您会向别人推荐都江堰景区吗？

（1）会　　（2）不会

11. 您还会再来都江堰景区吗？

（1）会　　（2）不会

12. 回去后，您会很乐意向朋友展示此次购买的旅游纪念品吗？

（1）会　　　（2）不会

13．请根据您游览此地的实际情况，对下列语句进行判断，在相应的地方打勾。

题项	完全不同意	不同意	一般	同意	完全同意
我对此地很熟悉					
我在此地很有归属感					
我对此地很认同					
我对此地很依赖					
这个地方在我的心中已根深蒂固					
我能概略画出都江堰主体景区的游览线路图					
我来过都江堰景区多次，而且我很熟悉这里					
我了解都江堰景区背后的历史故事					
我能在地图上指出都江堰景区的相对位置					
都江堰景区给我的感觉是很亲密的					
我热爱都江堰景区这个地方					
我觉得我就像是这里的一分子					
我感觉我很适合这个地方					
这个地方对我来说非常特别					
我非常依恋这个地方					
都江堰景区对我而言是有特别的意义					
我非常认同都江堰景区这个地方					
参观都江堰景区，可让我认识我自己					
我感觉都江堰景区是我生活中的一部分					
都江堰景区是从事旅游活动的最好地方					
没有其他的旅游景区能跟都江堰景区相比					
比起其他景点，在都江堰景区旅游让我感觉更加满意					
没有其他的旅游地点能代替都江堰景区在我心中的地位					

题项	完全不同意	不同意	一般	同意	完全同意
与其他的旅游点相比，这里对我来说是重要的					
来过都江堰后，我会喜欢到与都江堰景区相似的地方旅游					
没有任何一个地方可给我与都江堰景区相似的文化体验					
这里是我唯一渴望从事旅游活动的地方					
除了这里，我似乎不想去其他地方从事旅游活动					
假如不能来都江堰景区旅游，我就不想从事旅游活动					
当我想去从事旅游活动时，我只考虑这个地方					

参考文献

第一部分 中文参考文献

1. 许全兴:《情感简论》,《现代哲学》2004 年第 3 期。

2. 〔德〕海德格尔:《荷尔德林诗的阐释》,孙周兴译,商务印书馆 2014 年版。

3. 〔美〕约翰·O. 西蒙兹,巴里·W. 斯塔克:《景观设计学——场地规划与设计手册》,朱强、俞孔坚、王志芳译,中国建筑工业出版社 2009 年第 4 版。

4. 〔美〕库利:《人类本性与社会秩序》,包凡一等译,华夏出版社 1989 年版。

5. 周晓虹:《认同理论:社会学与心理学的分析路径》,《社会科学》 2008 年第 4 期。

6. 尹国均:《作为"场所"的中国古建筑》,《建筑学报》2000 年第 11 期。

7. 〔美〕约翰·凯利:《走向自由——休闲社会学新论》,赵冉译,云南人民出版社 2000 年版。

8. 沈惠平、邓小冬:《试析部分台湾民众的"恐中"情绪——一种群际情绪理论的视角》,《台湾研究集刊》2015 年第 6 期。

9. 许春晓、周慧:《都市居民的近郊休闲旅游意向特征研究——以长沙市为例》,《北京第二外国语学院学报》2004 年第 1 期。

10. 李溪:《段义孚人文主义地理学的哲学视野》,《人文地理》2014 年第 4 期。

11. 〔德〕胡塞尔：《内时间意识现象学》，倪梁康译，商务印书馆 2009 年版。

12. 王姗姗、宗秀蔡：《地方感与生态身份认同——梭罗生态观新读》，《鄱阳湖学刊》2012 年第 2 期。

13. 肖祥：《"他者"与西方文学批评——关键词研究》，硕士学位论文，华中师范大学，2010 年。

14. 〔美〕段义孚：《经验透视中的空间与地方》，潘桂成译，台北国立编译馆 1998 年版。

15. 赵建飞：《商业电影的全球化景观展示与地方认同》，《同济大学学报》（社会科学版）2015 年第 1 期。

16. 〔美〕舍伍德·安德森：《小城畸人》，吴岩译，上海译文出版社 1983 年版。

17. 蒋蕴：《全球化时代，我们怎么寻找"地方感"?》，《浙江日报》2008 年 10 月 21 日第 5 版。

18. 吴瑶：《〈舌尖上的中国〉对地方感的构建》，《青年记者》2014 年第 32 期。

19. 孙艳新：《〈圣经〉故事的空间解读》，硕士学位论文，河北大学，2008 年。

20. 陆大道、郭来喜：《地理学的研究核心——人地关系地域系统》，《地理学报》1998 年第 2 期。

21. 吴传钧：《论地理学的研究核心——人地关系地域系统》，《经济地理》1991 年第 3 期。

22. 朱竑、刘博：《地方感、地方依恋与地方认同等概念的辨析及研究启示》，《华南师范大学学报》（自然科学版）2011 年第 1 期。

23. 杨念群：《"地方性知识"、"地方感"与"跨区域研究"的前景》，《天津社会科学》2004 年第 6 期。

24. 吴莉萍、周尚意：《城市化对乡村社区地方感的影响分析——以北京三个乡村社区为例》，《北京社会科学》2009 年第 2 期。

25. 孔翔、唐海燕、钱俊杰：《基于不同租住模式的加工制造园区周边社会空间分异研究——以漕河泾出口加工区浦江分园周边社区为例》，《地域研究与开发》2012 年第 4 期。

26. 朱竑、钱俊希、吕旭萍：《城市空间变迁背景下的地方感知与身份认同研究——以广州小洲村为例》，《地理科学》2012 年第 1 期。

27. 孔翔：《经济技术开发区建设对城郊社会空间分异的影响初探——基于闵行经济技术开发区周边社区的调研》，《城市问题》2011 年第 5 期。

28. 张宇飞：《开发区建设对周边社区居民地方感影响研究——基于闵行开发区周边社区的调研》，硕士学位论文，华东师范大学，2013 年。

29. 于良全：《高新区建设中的居民地方感研究——基于上海两个高新区周边居民的调研》，硕士学位论文，华东师范大学，2014 年。

30. 李淑梅：《大学生成人依恋与人际问题的关系研究》，硕士学位论文，复旦大学，2009 年。

31. 朱佳颖：《依恋理论述评及展望》，《黑龙江教育学院学报》2012 年第 8 期。

32. 李凤莲：《关于儿童依恋的研究综述》，硕士学位论文，东北师范大学，2008 年。

33. 杨洁：《成人依恋及其对抑郁影响的探索性研究》，硕士学位论文，华东师范大学，2005 年。

34. 高娇：《鲍尔比的依恋理论简介及其现实意义》，《社会心理科学》2012 年第 6 期。

35. 熊帼：《大学生的地方依恋特征与形成机制——基于南京仙林大学城的调查》，《人文地理》2013 年第 5 期。

36. 杨昀、保继刚：《旅游社区外来经营者地方依恋的特征分析——以阳朔西街为例》，《人文地理》2012 年第 6 期。

37. 钱树伟、苏勤、郑焕友：《历史街区顾客地方依恋与购物满意度的关系——以苏州观前街为例》，《地理科学进展》2010 年第 3 期。

38. 万基财、张捷、卢韶婧等：《九寨沟地方特质与旅游者地方依恋和环保行为倾向的关系》，《地理科学进展》2014 年第 3 期。

39. 王宁、刘丹萍、马凌：《旅游社会学》，南开大学出版社 2008 年版。

40. 罗纪宁：《消费者行为研究进展评述：方法论和理论范式》，《山东大学学报》（哲学社会科学版）2004 年第 4 期。

41. 晏国祥：《消费者行为理论发展脉络》，《经济问题探索》2008 年第 4 期。

42. 李英弘、林朝钦：《地方情感概念在户外游憩研究上之探讨》，休闲、游憩、观光研究成果研讨会论文，台北，1997 年 6 月。

43. 吕怡儒：《台北近郊森林地方感之研究》，硕士学位论文，台湾大学，2001 年。

44. 汤澍、汤溇、陈玲玲：《深度休闲、游憩专门化与地方依恋的关系研究——以紫金山登山游憩者为例》，《生态经济》2014 年第 12 期。

45. 马凌：《旅游社会科学中的建构主义范式》，《旅游学刊》2011 年第 1 期。

46. 李蕾蕾：《海滨形象的社会建构与深圳海滨旅游发展的思考》，载中国地理学会 2002 年学术年会论文摘要集《地理教育与学科发展》。

47. 刘建峰、王桂玉、张晓萍：《基于表征视角的旅游目的地形象内涵及其建构过程分析——以丽江古城为例》，《旅游学刊》2009 年第 3 期。

48. 马凌、王瑜娜：《旅游目的地形象的社会文化建构："文本与语境"的分析范式——以湖南凤凰古城为例》，《学术研究》2013 年第 3 期。

49. 陈麦池：《基于建构主义理论的中国国家旅游形象的研究与设计》，《旅游论坛》2013 年第 5 期。

50. 保继刚、楚义芳：《旅游地理学》，高等教育出版社 2012 年第 3 版。

51. 谢彦君：《基础旅游学》，中国旅游出版社 2011 年第 3 版。

52. 王宁、刘丹萍、马凌等：《旅游社会学》，南开大学出版社 2008 年版。

53. ［英］R. J. 约翰斯顿：《人文地理学词典》，柴彦威等译，商务印书馆 2004 年版。

54. 周慧玲：《场所依赖，旅游业发展的新视角》，《中国旅游报》2007
    年 6 月 15 日第 7 版。

55. 赵多平、王兴中：《基于人文主义场所观的城市康体保健型休闲娱
    乐场所认知研究》，《人文地理》2008 年第 6 期。

56. 周慧玲、许春晓：《旅游者"场所依恋"形成机制的逻辑思辨》，
    《北京第二外国语学院学报》2009 年第 1 期。

57. 周慧玲、许春晓、唐前松：《"认知差距"、"情感"与旅游者"场
    所依恋"的关系研究——以都江堰为例》，《人文地理》2010 年第
    5 期。

58. 黄文炜、袁振杰：《地方、地方性与城中村改造的社会文化考
    察——以猎德村为例》，《人文地理》2015 年第 3 期。

59. 邵培仁：《地方的体温：媒介地理要素的社会建构与文化记忆》，
    《徐州师范大学学报》（哲学社会科学版）2010 年第 5 期。

60. 杨昀：《地方依恋的国内外研究进展述评》，《中山大学研究生学
    刊》（自然科学、医学版）2011 年第 2 期。

61. 范莉娜、周玲强、李秋成等：《三维视域下的国外地方依恋研究述
    评》，《人文地理》2014 年第 4 期。

62. 古丽扎伯克力、辛自强、李丹：《地方依恋研究进展：概念、理论
    与方法》，《首都师范大学学报》（社会科学版）2011 年第 5 期。

63. 王志弘：《地方意象、地域意义与再现体质：1990 年代以降的文山
    地区》，《台湾社会研究季刊》2005 年第 58 期。

64. 余意峰、龚晶：《国内旅游者地方依恋研究进展》，《旅游纵览》
    2015 年 12 月下半月刊。

65. 吴丽敏、黄震方、王坤等：《国内外旅游地地方依恋研究综述》，
    《热带地理》2015 年第 2 期。

66. 张中华、王岚、张沛：《国外地方理论应用旅游意象研究的空间解
    构》，《现代城市研究》2009 年第 5 期。

67. 张中华、文静、李瑾：《国外旅游地感知意象研究的地方观解构》，
    《旅游学刊》2008 年第 3 期。

68. 黄向、温晓珊：《基于 VEP 方法的旅游地地方依恋要素维度分

析——以白云山为例》,《人文地理》2012 年第 6 期。

69. 李九全、王立:《基于地方依附感原理的景区旅游竞争力探析》,
《人文地理》2008 年第 4 期。

70. 杨卉:《基于地方依恋理论的古村落旅游价值研究——以安徽宏村
为例》,硕士学位论文,东北师范大学,2013 年。

71. 项文惠、王伟:《基于地方依恋理论的古村落旅游开发研究——以
富阳龙门为例》,《浙江工业大学学报》(社会科学版)2010 年第
3 期。

72. 黄静亚:《基于地方依恋理论的少数民族社区旅游社会文化影响研
究——以西安市回民街旅游社区为例》,硕士学位论文,西安外国
语大学,2013 年。

73. 王东昊:《基于居民地方依恋的婺源古村落旅游资源保护研究》,硕
士学位论文,江西财经大学,2013 年。

74. 江春娥、黄成林:《九华山游客地方依恋与游后行为研究》,《云南
地理环境研究》2011 年第 1 期。

75. 钱树伟、苏勤、祝玲丽:《历史街区旅游者地方依恋对购物行为的
影响分析——以屯溪老街为例》,《资源科学》2010 年第 1 期。

76. 周曼诗:《庐山旅游者地方感与旅游者满意度、忠诚度的关系研
究》,硕士学位论文,江西师范大学,2014 年。

77. 肖舒:《论杜诗中的地方感》,硕士学位论文,江西师范大学,
2012 年。

78. 胡波:《旅游社区原住民地方依恋对社区参与的影响研究》,硕士学
位论文,湖南大学,2014 年。

79. 邱慧、周强、赵宁曦等:《旅游者与当地居民的地方感差异分
析——以黄山屯溪老街为例》,《人文地理》2012 年第 6 期。

80. 蒋长春、张捷、万基财:《名山风景区书法景观在游客地方感中的
作用——以武夷山风景区为例》,《旅游学刊》2015 年第 4 期。

81. 蔡晓梅、朱竑、刘晨:《情境主题餐厅员工地方感特征及其形成原
因——以广州味道云南食府为例》,《地理学报》2012 年第 2 期。

82. 林嘉男、许毅瑞:《人与环境关系之论述:厘清地方感、地方依附

与社区依附在环境研究上的角色》,《环境教育研究》2007 年第
1 期。

83. 廖娟:《少数民族旅游地居民地方依恋与旅游开发研究——以云南
大理为例》,《中国商贸》2013 年第 11 期。

84. 张朝枝、曾莉萍、林红霞:《社区居民对景区开发企业社会责任的
感知——基于地方依恋的视角》,《人文地理》2015 年第 4 期。

85. 李悦:《皖南古村落地方芭蕾与地方意义研究——以宏村、西递为
例》,硕士学位论文,北京林业大学,2014 年。

86. 钟丽莉:《乡村旅游地居民地方依恋与旅游发展支持度的关系研
究——以南京江宁区石塘人家旅游村为例》,硕士学位论文,南京
财经大学,2014 年。

87. 何致中:《宜兰地区地方特质与认同政治间的关连》,《育达学院学
报》2005 年第 9 期。

88. 黄礼强、张长义:《宗教圣地居民地方感之研究——以苗栗狮头山
为例》,《都市与计划》2008 年第 3 期。

第二部分　英文参考文献

1. C Iwashita, "Media Construction of Britain as a Destination for Japanese Tourists: Social Constructionism and Tourism", Tourism and Hospitality Research, Vol. 4, April 2003, pp. 331 – 340.

2. I Knez, "Autobiographical memories for places", Memory, Vol. 14, June 2006, pp. 359 – 377.

3. KJ Mackany, MC Smith, "Destination Advertising: Age and Format Effects on Memory", Annals of Tourism Research, Vol. 33, January 2006, pp. 7 – 24.

4. JM Baldwin, Dictionary of Philosophy and Psychology, New York: The Macmillan Company, 1998, pp. 200 – 231.

5. PJ Burke, "Identities and Social Structure: The 2003 Cooley-Mead Award Address", Social Psychology Quarterly, Vol. 67, March 2004, pp. 405 –

436.

6. HM Proshansky, "The city and self-identity", *Environment and Behavior*, Vol. 10, June 1978, pp. 147 – 169.

7. J Scott, JP Carrington, *The SAGE Handbook of Social Network Analysis*, London: SAGE Publications, 2011, pp. 121 – 232.

8. NJ Clifford, S Hollouay, SP Rice et al., "*Key Concepts in Geography*", London: Sage, 2003, pp. 10 – 109.

9. LF Barrett, "Core affect, prototypical emotional episodes, and other things called emotion: Dissecting the elephant", *Journal of Personality and Social Psychology*, Vol. 76, June 1999, pp. 805 – 819.

10. RJ Davidson, P Ekman, CD Saron, et al., "Approach-withdrawal and Cerebral Asymmetry: Emotional Expression and Brain Physiology", *Journal of Personality and Social Psychology*, Vol. 58, February 1990, pp. 330 – 341.

11. Leonard Lutwack, *The Role of Place in Literature*, New York: Syracuse University Press, 1984, pp. 23 – 48.

12. J Wright, I Terrae, "The place of imagination in geography", *Annals of the Association of American Geographers*, Vol. 37, January 1947, pp. 1 – 15.

13. R Peet, *Modern Geographical Thought*, Oxford: Wiley-Blackwell, 1998, pp. 36 – 48.

14. H Proshansky, "The City and Self Identity", *Environment and Behavior*, Vol. 10, June 1978, pp. 147 – 169.

15. I Altman, SM Low, *Place attachment*, New York: Plenum Press, 1992, pp. 68 – 90.

16. MC Hidalgo, B Hernandez, "Place attachment: Conceptual and empirical questions", *Journal of Evironmental Psychology*, Vol. 21, April 2001, pp. 273 – 281.

17. R Stedman, "Toward a social psychology of place: Predicting behavior from place-based cognitions, attitude, and identity", *Environment and*

Behavior, Vol. 34, May 2002, pp. 561 – 581.

18. HM Proshansky, AK Fabian, and R Kaminoff, "Place identity: Physical world socialization of the self", *Journal of Evironmental Psychology*, Vol. 3, April 1983, pp. 57 – 83.

19. YF Tuan, Topophilia: *A Study of Environmental Perception, attitudes, and Values*, New York: Columbia University Press, 1974, pp. 84 – 96.

20. R Stedman, T Beckley and S Wallace, "A picture and 1000 words: Using Resident-employed Photography to Understand Attachment to High Amenity Places", *Journal of Leisure Research*, Vol. 36, April 2004, pp. 580 – 606.

21. BS Jorgensen, RC Stedman, "Sense of place as an attitude: lakeshore owner' attitudes toward their properties", *Journal of Evironmental Psychology*, Vol. 21, March 2001, pp. 233 – 248.

22. BS Jorgensen, RC Stedman, "A Comparative Analysis of Predictors of Sense of Place Dimensions: Attachment to, Dependence on, and Identification with lakeshore Properties", *Journal of Environmental Management*, Vol. 79, March 2006, pp. 316 – 327.

23. GH Pretty, HM Chipuer, and P Bramston, "Sense of place amongst adolescents and adults in two rural Australian towns: The discriminating features of place attachment, sense of community and place dependence in relation to place identity", *Journal of Environmental Psychology*, Vol. 23, March 2003, pp. 273 – 287.

24. DM Hummon, *Community attachment*, New York: Plenum Press, 1992, pp. 2 – 36.

25. H Hashemnezhad, Heidari, and M Hoseini, "Sense of Place" and "Place Attachment", *International Journal*, Vol. 3, January 2013, pp. 5 – 12.

26. S Shamai, "Sense of place: An empirical measurement", *Geoforum*, Vol. 22, March 1991, pp. 347 – 358.

27. BS Jorgensen, RC Stedman, "A comparative analysis of predictors of

sense of place dimensions: Attachment to, dependence on, and identification with lakeshore properties", *Journal of Environmental Management*, Vol. 79, March 2006, pp. 316 – 327.

28. A Ortiz, MD Garcia-Ramon, and M Prats, "Women's use of public space and sense of place in the Raval (Barcelona)", *GeoJournal*, Vol. 61, March 2004, pp. 219 – 227.

29. R Hay, "Sense of place in developmental context", *Journal of Environmental Psychology*, Vol. 18, January 1998, pp. 5 – 29.

30. F Steel, *The Sense of Place*, Boston: CBI Publishing Company, 1981, pp. 30 – 181.

31. A Williams, P Kitchen, "Sense of Place and Health in Hamilton, Ontario: A Case Study", *Social Indicators Research*, Vol. 108, No. 2, February 2012, pp. 257 – 276.

32. BP Kaltenborn, "Nature of place attachment: A study among recreation homeowners in southern Norway", *Science*, Vol. 19, March 1997, pp. 175 – 189.

33. A Dale, C Ling, and L Newman, "Does place matter? Sustainable community development in three Canadian communities", *Ethics Place and Environment*, Vol. 11, March 2008, pp. 267 – 281.

34. CD Campbell, Place making in Los Angeles: Constructing a sense of place out of ordinary urban space through symbolic and social means, *LosAngeles: University of California*, 2002, pp. 28 – 96.

35. GH Pretty, HM Chipuer, and P Bramston, "Sense of place amongst adolescents and adults in two rural Australian towns: The discriminating features of place attachment, sense of community and place dependence in relation to place identity", *Journal of Environmental Psychology*, Vol. 23, March 2003, pp. 273 – 287.

36. C Lobo, "The role of environmental perceptions in sense of place: Case studies of neighborhoods in Phoenix, Arizona", *Arizona: Arizona State University*, 2004.

37. T Vidal, H Berroeta, AD Masso, S Valera and M Pero, "Place attachment, place identity, sense of community, and local civic participation in an urban renewal context", *Estudios De Pstcologia*, Vol. 34, March 2013, pp. 275 – 286.

38. Marie Mahon, Frances Fahy, and Micheal Cinneide, "The significance of quality of life and sustainability at the urban-rural fringe in the making of place-based community", *GeoJournal*, Vol. 77, February 2012, pp. 265 – 278.

39. Miriam Billig, "Sense of place in the neighborhood, in locations of urban revitalization", *GeoJournal*, Vol. 64, February 2005, pp. 117 – 130.

40. Bowlby John, *Attachment and Loss VOLUME I Attachment*, New York: Basic Books, 1969, pp. 30 – 85.

41. C Hazan, P Shaver, "Conceptualizing Romantic Love as an Attachment Process", *Journal of Personality and Social Psychology*, Vol. 52, March 1987, pp. 511 – 524.

42. RP Hill, M Stamey "The Homeless in America: An Examination of Possesions and Consumer Behaviors", *Jounal of Consumer Research*, Vol. 17, March 1990, pp. 303 – 321.

43. J Urry, *Consuming Places*, London: Routledge, 1995, pp. 28 – 96.

44. C Rojek, J Urry, *Touring cultures—Transformations of Travel and Theory*, London: Routledge, 1997, pp. 36 – 76.

45. R Riley, DB Carlton and SV Doren, "Movie Induced Tourism", *Annals of Tourism Research*, Vol. 25, April 1998, pp. 919 – 935.

46. A McGregor, "Dynamic Texts and Tourist Gaze: Death, Bones and Buffalo", *Annals of Tourism Research*, Vol. 27, January 2000, pp. 27 – 50.

47. J Urrye, *The Tourist Gaze*, London: SAGE Publication, 1990, pp. 46 – 121.

48. Hoyer, *Consumer Behavior* (3rd Edition), Boston: Houghton Mifflin (Academic), 2003.

49. E Kassarjian, T Robertson, *Perspectives in Cnosumer Behavior*, Glenview: Scott Foresman and Company, 1981, pp. 200 – 301.

50. A Buttimer, D Seamon *Home, Reach, and the Sense of Place*, London: Croom Helm, 1980, pp. 38 – 121.

51. E Relph, *Place and Placelessness*, London: Pion Limited, 1976, pp. 160 – 176.

52. D Seamon, *The Human experience of Space and Space*, London: Croom Helm, 1980, pp. 148 – 165.

53. YF Tuan, *Space and Place: Humanistic Perspective*, Berlin: Springer Netherlands, 1979, pp. 387 – 427.

54. CS Fischer, *Networks and Places: Social Relations in the Urban Setting*, New York: The Free Press, 1977, pp. 36 – 49.

55. MC Hidalgo, B Hernandez, "Place attachment: Conceptual and empirical questions", *Journal of Environmental Psychology*, Vol. 21, March 2001, pp. 273 – 281.

56. GH Pretty, HM Chipuer, and Bramston P, "Sense of place amongst adolescents and adults in two rural Australian towns: The discriminating features of place attachment, sense of community and place dependence in relation to place identity", *Journal of Environmental Psychology*, Vol. 23, March 2003, pp. 273 – 287.

57. S Shamai, "Sense of place: An empirical measurement", *Geoforum*, Vol. 22, March 1991, pp. 347 – 358.

58. KS Bricker, DL Kerstetter, "Level of specialization and place attachment: An exploratory study of whitewater recreationists", *Leisure Sciences*, Vol. 22, April 2000, pp. 233 – 257.

59. MJ Gross, G Brown, "An Empirical Structural Model of Tourists and Place: Progressing Involvement and Place Attachment into Tourism", *Tourism Management*, Vol. 29, June 2008, pp. 1141 – 1151.

60. B Brown, DD Perkins, and G Brown, "Place attachment in a revitalizing neighborhood: individual and block levels of analysis", *Journal of Environ-*

mental Psychology, Vol. 23, March 2003, pp. 259 – 271.

61. P Berger, T Luckmann, *The Social Construction of Reality: A Treatise in the Sociology of Knowledge*, NY: Anchor Books, 1966, pp. 131 – 182.

62. Noman K Denzin, Yvonna S Lincoln, *Handbook of Qualitative Research*, London: Sage, 1994, pp. 74 – 98.

63. J Culler, "The Semiotics of tourism", *American Journal of Semiotics*, Vol. 1, January 1981, pp. 127 – 140.

64. WE Hammitt, WP Stewart, "Sense of place: A call for construct clarity and management", *Paper presented at the Sixth International Symposium on Society and Resource Management*, State College, PA., 1996, pp. 18 – 23.

65. Leila Scannell, Robert Gifford, "Defining place attachment: A tripartite organizing framework", *Journal of Environmental Psychology*, Vol. 29, January 2009, pp. 1 – 10.

66. Huimin Gu, Chris Ryan, "Place attachment, identity and community impacts of tourism—the case of a Beijing hutong", *Tourism management*, Vol. 29. April 2008, pp. 637 – 647.

67. M Budruk, SAW Stanis, IE Schneider, et al., "Crowding and experience-use history: A study of the moderating effect of place attachment among water-based recreationists", *Environmental Management*, Vol. 41, April 2008, pp. 528 – 537.